COUPLE, FILIATION
ET PARENTÉ AUJOURD'HUI

Rapport
à la ministre de l'Emploi et de la Solidarité
et au garde des Sceaux, ministre de la Justice

IRÈNE THÉRY

COUPLE, FILIATION
ET PARENTÉ AUJOURD'HUI

LE DROIT FACE AUX MUTATIONS DE LA FAMILLE
ET DE LA VIE PRIVÉE

EDITIONS
ODILE JACOB

La Documentation française

© ÉDITIONS ODILE JACOB/LA DOCUMENTATION FRANÇAISE, JUIN 1998

15, RUE SOUFFLOT, 75005 PARIS

INTERNET : http://www.odilejacob.fr

ISBN : 2-7381-0644-7

REMERCIEMENTS

Je tiens à remercier très vivement toutes les personnes qui ont contribué à l'élaboration de ce rapport.

En effet si, conformément à la mission qui m'était confiée, ce texte est une réflexion personnelle dont les conclusions n'engagent que moi-même, mon travail est loin d'avoir été solitaire.

Il a bénéficié, en particulier, de la réflexion collective de la commission « Prospective de la famille », qui a travaillé sans relâche dans des délais extrêmement courts.

Que toutes celles et ceux qui, au sein de cette commission, m'ont fait bénéficier de leur compétence, de leurs critiques et de leurs suggestions trouvent ici l'expression de ma chaleureuse gratitude.

Je remercie également le Service des droits des femmes du ministère de l'Emploi et de la Solidarité, qui a accueilli très aimablement nos travaux dans ses locaux.

Enfin, je dois à Marianne Schulz, qui m'a assistée pour l'ensemble de ce travail, et à Muriel Moritz, qui en a assuré le secrétariat, plus que des remerciements. Sans elles, ce rapport n'aurait simplement pas pu voir le jour.

La Garde des Sceaux
Ministre de la Justice

La Ministre de l'Emploi
et de la Solidarité

Paris, le ⸗ 3 FÉV 1998

Madame,

Vous savez, mieux que quiconque, que la famille demeure et qu'en même temps elle change. Elle reste un point de repère fondamental. C'est dans la famille que s'exprime en premier lieu la solidarité, que s'apprend le respect de l'autre et que se construisent les premières expériences et les apprentissages, que se transmettent les valeurs, que s'éveillent et s'éduquent la créativité, la soif de savoir. Elle est un refuge pour les jeunes, et même pour de moins jeunes, face aux adversités de la vie. Elle est un maillon central de la cohésion sociale. C'est pourquoi elle doit être protégée, elle doit être confortée.

Comment tout à la fois lui donner les moyens de rester ce creuset premier où se construit la personne et cette cellule de base de la vie en société et, en même temps, prendre en compte les changements qui l'affectent : retard et diminution des mariages, accroissement des divorces, des familles recomposées et des familles monoparentales, allongement de la transition pour les jeunes entre la période de dépendance dans une famille et la période de pleine autonomie, responsable d'une nouvelle famille ou, à tout le moins, d'un foyer fiscal ?

Comment analyser ces mutations et prendre en compte ces évolutions, dans la politique de la famille, dans les règles juridiques qui l'encadrent, dans les objectifs qu'elle poursuit et dans les moyens qu'elle met en oeuvre ? En définitive, quels points de repères se donner pour construire l'indispensable politique de la famille dont notre pays a besoin ?

Quelle doit être la cible ? La cellule familiale ou les individus qui la composent ? Et comment traiter le jeune adulte ?

Quelle solidarité la collectivité doit exprimer vis-à-vis des familles ? Selon quels vecteurs fondamentaux ? Quelle place pour la solidarité entre les familles ? Quelle priorité pour les plus démunis ?

La question de la famille renvoie naturellement aussi à celle de la protection des enfants. Quel équilibre trouver entre le respect de la sphère privée et les garanties que la société doit apporter à tout individu, et en particulier les plus fragiles ? Quel cadre juridique pour la liberté et la responsabilité des parents, dans un contexte où le modèle familial n'est plus uniforme ? Et, en définitive, quel est l'acte fondateur de la famille ? Quelle place aussi pour les jeunes adultes restant au domicile parental ?

Madame Irène THERY
Centre de Recherche Politique
Raymond Aron
105, boulevard Raspail
75006 PARIS

Face à tous ces phénomènes, quel est le rôle, quelle est la place du droit ? Comment ces évolutions ont elles été appréhendées par le droit ? Notre dispositif législatif est-il adapté aux réalités familiales actuelles ? Quels perfectionnements, quelles innovations techniques dans le domaine juridique de la filiation, de l'autorité parentale, du mariage, du divorce, du concubinage, des successions ou des mesures de protection appellent ces mutations.

Quelles sont les règles incontournables ? Quelles sont celles qui peuvent ressortir de la volonté individuelle ? Quels sont les domaines du droit de la famille dans lesquels des avancées significatives pourraient intervenir ?

La famille est un enjeu central pour la cohésion sociale, pour la vie en société tout court. Le Gouvernement entend mener, dans ce domaine, une politique ambitieuse, proche des réalités, sans tabou. C'est pourquoi il entend réaliser une mise à plat de l'ensemble des politiques dans ce domaine, avant d'élaborer des propositions qu'il soumettra au Parlement.

C'est dans cet esprit qu'il souhaite que vous puissiez lui faire part, sur l'ensemble des questions évoquées, de votre réflexion personnelle. Bien évidemment, vous tirerez parti des travaux déjà réalisés sur le sujet et vous pourrez vous appuyer sur les administrations concernées, en particulier, au ministère de l'emploi et de la solidarité, la Direction de la Sécurité Sociale et la Direction de l'Action Sociale, et, au ministère de la justice, la Direction des Affaires Civiles et du Sceau et la Direction de la Protection Judiciaire de la Jeunesse. Il vous revient aussi de procéder à toutes les consultations nécessaires et d'établir tous les liens utiles, en particulier avec la CNAF.

Nous vous prions d'agréer, Madame, l'expression de nos sentiments les meilleurs.

Elisabeth GUIGOU   Martine AUBRY

PREMIÈRE PARTIE

LES TRANSFORMATIONS DE LA FAMILLE

POUR UNE NOUVELLE APPROCHE

La famille a changé. Ce qui pouvait passer il y a trente ans pour une péripétie est désormais reconnu comme une véritable mutation. Les indices démographiques sont les indicateurs les plus éloquents de ce bouleversement, qui affecte tous les pays occidentaux, à des rythmes et des degrés divers, mais dans des directions semblables. La France, qui sera le seul pays étudié dans ce rapport, occupe dans l'ensemble au regard de ces changements familiaux, une position moyenne en Europe. Dans notre pays, les chiffres classiquement retenus sont connus, et semblent parler d'eux-mêmes :

- *baisse du taux de nuptialité* : 6,2 pour mille en 1980 ; 4,9 pour mille en 1997,
- *baisse du taux de fécondité* : 1,9 enfant par femme en 1980 ; 1,7 en 1997,
- *augmentation des couples non mariés* : 4,2 millions de personnes parmi les 29,4 millions vivant en couple en 1994,
- *augmentation des naissances naturelles* : 11,4 % des naissances en 1980 ; 37,6 % en 1995,
- *augmentation du taux de divortialité* : 22,5 % en 1980 ; 38,3 % en 1996,
- *sur fond d'un allongement spectaculaire de l'espérance de vie* : elle atteint, en 1996, 74,1 ans pour les hommes et 82 ans pour les femmes.

(Voir l'Annexe 1 : données statistiques par Henri Leridon et Catherine Villeneuve-Gokalp.)

Pourtant, tout se passe comme si nous ne parvenions pas à établir une véritable analyse de ces changements. Nous mènent-ils au désastre et à la « mort de la famille » comme certains le prétendent ? Nous conduisent-ils à l'inverse à un renouveau du lien familial, émancipé des modèles autoritaires du passé ? Ou ni l'un ni l'autre ? L'opinion hésite, ballottée entre des messages contradictoires.

I. Famille/individu :
une alternative récurrente

Pourquoi est-il si difficile d'interpréter la mutation de la famille ?

Certes, le changement, quand il est profond, porte inévitablement sa part d'opacité. En l'occurrence, personne n'avait prévu les renversements qui ont commencé à se produire au milieu des années soixante. Non seulement la tendance est de prolonger l'existant, mais le modèle de la famille des années cinquante avait été théorisé, sous l'influence du sociologue américain Talcott Parsons, comme le plus conforme au développement des forces productives (Parsons, 1955). Les « surprises du démographe » (Roussel, 1985) ont incité à la précaution, et il s'est bien écoulé une dizaine d'années entre les premiers renversements des courbes démographiques et la conscience, dans l'opinion, d'un changement très profond. Tout cela est normal.

La question en revanche se pose bien différemment trente ans après. La sociologie de la famille a connu un essor très important. Au-delà, les travaux sur la famille se sont accumulés dans toutes les disciplines des sciences humaines, prenant une mesure plus exacte des phénomènes, explorant la diversité des comportements contemporains, proposant des interprétations nouvelles. En outre, l'expérience même du changement, les années passant, puis les décennies, aurait dû conduire à un certain consensus social sur la signification des bouleversements à l'œuvre. Pourtant, ni ces travaux, ni cette expérience n'ont vraiment

réussi à faire émerger une interpétation commune dans l'opinion. Tout se passe comme si rien n'avançait. Pourquoi ?

On doit mesurer ici l'impact déterminant du caractère fortement idéologique de la question familiale. Il est très ancien.
Depuis deux siècles, le débat social sur la famille demeure marqué par l'opposition entre « familialistes » et « individualistes ».
Cette opposition, qui prolonge la dichotomie entre la famille et
l'individu, deux valeurs entre lesquelles il faudrait choisir, n'est
pas propre à la France. Aux États-Unis, en Grande-Bretagne,
on retrouve le même affrontement, parfois plus accusé encore
que chez nous. En France, nous pouvons en quelque sorte dater
historiquement le phénomène : l'opposition entre les deux
« camps » a pris naissance dans les années décisives qui mènent
de l'aube de la Révolution – qui promulga des lois véritablement
révolutionnaires en matière familiale – au Code Napoléon de
1804, premier Code civil des français. Elle s'est toujours poursuivie depuis. Quand l'ampleur des bouleversements contemporains est devenue patente, elle a structuré d'emblée le cadre
d'analyse des changements, au sein duquel s'affrontent les
adversaires.

On doit comprendre que ce n'est pas le manque d'interprétation qui fait l'opacité et l'incertitude actuelles, mais à l'inverse
le poids de la surinterprétation. Le jugement, positif ou négatif,
s'est imposé avant tout et a forgé, sans que l'on en prenne conscience, un cadre obligé au débat.

A. DÉBAT SUR LA FAMILLE : UN CADRE IMPOSÉ

Quel est ce cadre ? Un paradoxe demeure aujourd'hui très
peu compris. Le débat social sur la famille, très fortement marqué par les désaccords idéologiques, est aussi consensuel sur le
cadre global d'analyse qu'il l'est peu sur les jugements portés. Il
y a peu de discussion sur les indicateurs retenus, la liste en est
quasi obligée et semble aller de soi. Il y a peu de discussion sur
le basculement du milieu des années soixante, et l'opposition
presque absolue qu'il dessine entre les deux périodes de l'après-

guerre. Il y a peu de discussion enfin et surtout sur l'interprétation des changements.

L'interprétation communément admise rapporte les mutations de la famille à trois grandes transformations :

- *Une transformation des références : l'individualisation.*
  Elle est perçue comme passage de la référence au groupe
  à la référence à l'individu. L'individu devient la véritable
  « cellule de base » de la société, la famille étant désormais non un groupe prédéfini mais le réseau que dessinent *a posteriori* des échanges interindividuels de plus en
  plus autonomes et électifs. Le risque induit par cette
  redéfinition de la référence est l'atomisation du groupe,
  tendance en partie contrebalancée par les besoins affectifs et les intérêts matériels des individus.
- *Une transformation des normes : la privatisation.* Conséquence de la transformation précédente, elle la relaie et
  l'assure. L'individu prenant le pas sur le groupe, la norme
  collective en est radicalement dévaluée. Toute intrusion
  de la règle, en particulier quand elle prend une forme
  prescriptive, apparaît comme une immixtion de la
  société dans l'espace privé de l'autonomie individuelle.
  Parce que l'individu ne prend sa véritable valeur que dans
  l'accomplissement de son authenticité singulière, les
  échanges intersubjectifs ne peuvent être régulés que par
  la négociation personnelle, la communication privée. Le
  droit reflue au profit de la régulation gestionnaire.
- *Une transformation des modèles : la pluralisation.* Le
  passage de la famille (au singulier) aux familles (au
  pluriel) est à son tour la conséquence des deux premières
  transformations. L'individu cherchant à accomplir son
  authenticité, privilégiant l'échange électif et intersubjectif, la famille se diversifie : familles légitimes et
  naturelles, familles biparentales, monoparentales et
  recomposées, marquent une profonde diversification du
  paysage familial. Ces catégories structurent désormais le
  débat public, qui est passé imperceptiblement de la

notion de diversité des situations à celle de pluralisme des modèles familiaux.

Individualisation, privatisation, pluralisation de la famille : les sciences humaines n'ont pas échappé au cadre d'analyse imposé par le contexte socio-politique, et ont parfois contribué à le théoriser. Mais la force de ce cadre d'interpétation, qui n'a pas bougé depuis près d'un quart de siècle, est ailleurs. Elle tient d'abord à ce qu'il nourrit en permanence les affrontements idéologiques sur lesquels il s'est construit, en particulier l'opposition entre la « valeur famille » et la « valeur individu ».

De l'*individualisation*, on retiendra d'un côté, l'individualisme et l'égotisme, le refus des engagements, le désir à court terme, le triomphe du chacun pour soi. De l'autre, l'épanouissement, l'authenticité, l'élection affective et le triomphe de l'amour.

De la *privatisation*, on retiendra tantôt le refus des règles, la disqualification de la morale, le désordre des passions, la jungle des intérêts personnels. Tantôt le refus des préjugés, des conventions sociales et du formalisme, la reconnaissance des singularités, la valeur nouvelle de la responsabilité de soi.

Enfin, de la *pluralisation* des formes familiales, on retiendra d'un côté l'affaiblissement de la vraie famille, la promotion de modèles inférieurs, de sous-familles, voire de non-familles. De l'autre la fin du modèle unique, l'authenticité des trajectoires, l'exigence du dialogue et la force du lien.

B. UN CADRE D'ANALYSE PEU PERTINENT

Cependant, le développement même des transformations de la famille, dans un contexte social et économique de plus en plus difficile, a complexifié les choses. Il est devenu plus difficile de disqualifier des changements qui affectent toute la population française, et même occidentale, par-delà les différences sociales et les diversités géographiques, par-delà même les clivages culturels et politiques. Il est devenu plus difficile aussi de nier les problèmes parfois graves que provoquent, pour les individus eux-mêmes, les changements familiaux. De là le sentiment que nous sommes enlisés dans l'incertitude par des dichotomies trop simples auxquelles nous ne croyons plus vraiment, tout en ne parvenant pas à nous en extirper.

Or, depuis un certain nombre d'années, le cadre imposé de l'analyse a commencé d'être fortement contesté. De nombreuses enquêtes et recherches ont mis en cause le bien-fondé des trois piliers d'interprétation jusqu'alors admis :

- Peut-on vraiment parler d'individualisation et d'atomisation de la famille, quand toutes les enquêtes sur les solidarités intergénérationnelles soulignent leur extraordinaire intensité et quand la famille est plébiscitée dans tous les sondages, en particulier par les jeunes ?
- Peut-on vraiment parler de privatisation des normes, alors que, plus que jamais, les attentes sociales en matière familiale s'expriment sous la forme de l'appel au droit, au point que de nombreux auteurs s'inquiètent de la frénésie législative, de la montée en puissance des tendances procédurières, et enfin que se développent en référence à l'intérêt de l'enfant des formes toujours plus actives de contrôle de la vie familiale ?
- Peut-on vraiment parler enfin de pluralisation des modèles familiaux, alors que l'on sait d'une part qu'il n'y a aucune fracture sociologique séparant les mariés et les concubins (les enquêtes constatent l'homogénéité des comportements, des valeurs et des modes de vie de ces deux populations, en particulier en présence d'enfants), d'autre part que les familles monoparentales et recomposées ne sont en rien des modèles alternatifs, mais des séquences du cycle de vie familiale consécutives à une rupture du couple (y compris par décès, dans 20 % des cas), autrement dit que ce sont *les mêmes personnes* qui peuvent se trouver, selon les étapes de leur vie, dans l'une puis l'autre situation ?

À partir de ces questions, il devient possible et nécessaire de rechercher une autre interprétation d'ensemble.

II. Une autre approche

Les nouvelles recherches sur la famille ont deux grands traits communs. Elles tentent de dépasser l'alternative famille *ou* individu au profit de la dialectique individu *et* famille (Singly, 1996). Elles tentent de dépasser la thèse longtemps prégnante d'une « individualisation » du lien social. L'idée selon laquelle notre époque serait marquée par des trajectoires biographiques ou professionnelles de plus en plus personnelles, variées et imprédictibles apparaît en effet de plus en plus comme un simple effet de la myopie de l'observateur (Blöss, 1997).

On cherche alors à comprendre quelles sont les logiques sociales fortes qui guident, modèlent, voire contraignent les comportements singuliers. Au sein de cette double perspective, les analyses sont très diverses.

L'approche que l'on proposera ici ne prétend pas à une sorte d'objectivité mythique mais veut tenter de proposer une interprétation cohérente et argumentée des mutations de la famille. Celle-ci exige de rompre avec certaines traditions bien établies dans le débat social, et suppose cinq choix clairs :

- *Privilégier le centre et l'ordinaire*
  La fascination du changement tend à opposer le nouveau ou l'extraordinaire à une norme implicite, censée ne pas avoir changé. On cherche alors à expliquer par leur logique propre et leur « différence » les faits qui ont l'évidence de la nouveauté. Seuls les comportements inédits sont interrogés. Or, si nous avons affaire à une mutation, c'est au centre du lien familial contemporain qu'il faut porter le regard. La famille ordinaire, grande absente du débat public, est le cœur des changements. Cette démarche reprend les acquis théoriques développés dans d'autres domaines, par exemple ceux qui ont permis de situer l'exclusion en référence à une mutation de la société salariale en son centre (Castel, 1993).

- *Privilégier le temps long sur le temps court*
  La coupure des années soixante est réelle. Mais elle peut être trompeuse. La famille des années cinquante est loin de représenter le modèle d'une famille « traditionnelle » à l'aune de laquelle on pourrait mesurer la « modernité » de la famille contemporaine. Ce fut une période en bien des points très exceptionnelle : le déclin séculaire de la fécondité s'interrompt, la norme du mariage s'impose (alors que dans le passé, le célibat et le concubinage ouvrier étaient très fréquents), le taux d'activité des femmes décroît et connaît son minimum historique en 1961. Il ne redeviendra qu'en 1988 ce qu'il était... en 1911. Une telle exceptionnalité ne prend sens que dans le temps long.
  A fortiori, pour comprendre le présent, faut-il prendre ce recul du temps long. Les travaux des historiens se sont multipliés sur la famille. Ils permettent de repérer les grandes évolutions.

- *Situer les changements dans leur contexte*
  La famille n'est pas un lieu autonome, et les liens qui s'y jouent ne sont pas seulement psychologiques ou relationnels. Pourtant, on peut constater une tendance forte à la psychologisation des interprétations dans le débat social sur la famille. Non sans un certain moralisme : les individus contemporains seraient plus « égoïstes » ou plus « authentiques » que naguère, ils auraient d'autres « motivations personnelles ». Cette tendance (dans laquelle les psychologues, psychiatres ou psychanalystes ne se reconnaissent pas) sous-estime en permanence le poids du contexte social, économique, culturel et politique sur les échanges familiaux. La famille n'est pas qu'une question privée, mais aussi une question sociale et politique (Martin, 1997 ; Singly et Schulteis, 1991).

- *Ne pas séparer la famille nucléaire de la famille étendue*
  La terminologie de la famille est très complexe, et l'on n'entrera pas ici dans les dédales du vocabulaire spécialisé. Retenons seulement de façon simple que, sous le

terme unique de famille, on se réfère dans la vie quotidienne à deux entités distinctes. La *famille nucléaire* est le groupe (souvent le ménage) que forment les parents et leurs enfants. La *famille étendue* est l'ensemble plus large des ménages formant la parentèle. Elle se modifie au cours de la dynamique du cycle familial : les enfants quittent les parents, fondent à leur tour des ménages, etc. Les études sur l'une et l'autre famille ont longtemps été séparées, voire opposées, surtout quand toutes les attentions se sont portées sur la famille nucléaire (Segalen, 1981). On peut voir là un effet de la vulgarisation de la thèse durkheimienne du « rétrécissement » de la famille, autrement dit du passage de la famille étendue à la famille nucléaire. Or, non seulement cette thèse a été contestée, mais on sait bien que la famille étendue, si elle s'est profondément remodelée, n'a pas disparu. Aujourd'hui, le débat public a tendance à se focaliser, de façon un peu « schizophrénique », tantôt sur la famille nucléaire (sujet d'inquiétude : les ruptures), tantôt sur la famille étendue (sujet de réassurance : les solidarités intergénérationnelles). Or l'une et l'autre ne prennent tout leur sens que mises en regard (Attias-Donfut, 1995).

• *Situer la famille dans le système symbolique de la parenté*
La famille n'est pas un groupe social tout à fait comme les autres. Les travaux des anthropologues ont montré que ce groupe n'existe, dans toutes les sociétés humaines, que rapporté à un système symbolique institué, lui-même très variable : celui de la parenté. Autrement dit, la famille ne se résume jamais au simple fait, que l'on entende par là le fait biologique des liens du sang, ou le fait social que sont les modes de vie et les échanges intersubjectifs qui se nouent au quotidien. Au sens le plus universel du terme, au-delà des différences selon les cultures, la parenté est *l'institution qui articule la différence des sexes et la différence des générations*, et les familles, si diverses soient-elles concrètement, s'inscrivent dans cette dimension symbolique (Théry, 1996).

Rapportant à l'institution du symbolique la loi de l'interdit de l'inceste, la psychanalyse souligne le caractère fondamental de la Référence pour la construction du sujet humain (Legendre, 1985). La génétique et les techniques de procréation médicalement assistées, les transformations des structures de la famille (familles recomposées) ont donné à ces questions une actualité nouvelle. Longtemps, l'idée superficielle d'une inexorable « désinstitutionnalisation » de la famille a détourné de s'en préoccuper. Prendre toute la mesure de la dimension anthropologique des mutations que nous vivons implique de placer au cœur de l'analyse de la famille contemporaine la question de l'institution.

Dans cette perspective, le singulier du mot famille, que l'on emploie depuis le début de ce texte, doit être expliqué. Le singulier revendiqué ici n'est évidemment pas celui du modèle unique, mais celui de la généralité. Ce choix repose sur la conviction que la diversité – évidente – des familles ne prend tout son sens que rapportée aux grandes évolutions structurelles qui affectent l'ensemble de la société. Comment, sinon, distinguer la diversité revendiquée de l'inégalité subie ? Comment distinguer le pluralisme heureux des mœurs de la hiérarchie impitoyable des conditions ? Appréhender la généralité des phénomènes est la condition d'une mesure sérieuse de l'inégalité sociale.

On s'efforcera de montrer dans un **premier chapitre** que nous vivons une double mutation structurelle, de la famille nucléaire et de la famille étendue. Les trois moteurs de fond en sont *la dynamique de l'égalité des sexes, la progressive personnalisation du lien à l'enfant, l'allongement continu de l'espérance de vie.* Ces dynamiques ont impulsé des logiques différentes et contradictoires dans le lien familial : plus d'élection et plus d'inconditionnalité ; plus d'attachement au présent et plus de besoin d'ancrage sur le long terme, etc. Ces logiques coexistent, s'articulent et parfois s'opposent et se combattent.

Parce qu'elle est indissociable de ces trois puissants moteurs, la mutation de la famille s'inscrit en profondeur dans l'affirmation des valeurs démocratiques, et un retour en arrière n'est sans doute ni possible, ni souhaitable.

Dans un **second chapitre**, on montrera pourtant que cette mutation est loin d'être univoque. *Inachevée et inassumée*, elle comporte des risques nouveaux pour le lien familial et la cohésion sociale. Si les comportements n'ont pas l'égoïsme qu'on leur prête parfois, le discours dominant sur la vie privée hésite entre l'hyperindividualisme et le repli rigide sur les modèles traditionnels, deux façons symétriques de délégitimer la recherche de références communes susceptibles d'accorder sens aux changements contemporains. Le risque de fond est un accroissement majeur des inégalités sociales, certaines familles s'enlisant dans des processus de précarisation et de désaffiliation quand d'autres parviennent à faire face aux défis culturels, économiques et sociaux associés aux mutations du lien familial.

UNE DOUBLE MUTATION STRUCTURELLE

Par commodité, on traitera dans ce chapitre d'abord de la famille nucléaire, puis de la famille étendue. Mais cette distinction est artificielle. Un même individu cumule en général plusieurs places au sein de la parenté et il n'est pas rare que l'on soit simultanément fille, mère, épouse, sœur, tante, nièce et cousine ; fils, père, époux, frère, oncle, neveu et cousin... Souligner que les mêmes individus participent d'échanges aussi bien dans la famille nucléaire que dans la famille étendue amène à rompre avec une certaine tendance du débat sur la famille, prompt à diaboliser la famille nucléaire et angéliser la famille étendue. Comme on le montrera, la famille étendue a autant changé que la famille nucléaire. Les deux dimensions de l'appartenance familiale résonnent en permanence l'une par rapport à l'autre : c'est bien d'une double mutation qu'il s'agit.

I. La famille nucléaire

La famille nucléaire, formée des parents et de leurs enfants, croise trois types de liens : le lien de conjugalité, le lien de filiation, le lien fraternel. Ces trois types de liens, que la parenté distingue selon des places généalogiques différentes, et unit par un ensemble de droits, de devoirs et d'interdits spécifiques, ne sont ni semblables, ni immuables. Comprendre la transformation de la famille contemporaine suppose d'abord de se demander comment ont évolué les différents types de liens qui coexistent en son sein.

Un fait alors saute aux yeux, ignoré de l'analyse habituelle qui oppose la famille – comme groupe homogène – à l'individu atomistique.

Alors que le lien fraternel (bien qu'il soit aujourd'hui profondément transformé par la raréfaction des familles nombreuses) n'a pas connu de véritable redéfinition, nous vivons aujourd'hui l'aboutissement d'une évolution séculaire qui a véritablement révolutionné le lien de conjugalité, d'une part, le lien de filiation, d'autre part. Ces deux mouvements, bien qu'ils participent du même et profond mouvement d'« individuation » et de « réduction de l'altérité », caractéristique des sociétés démocratiques (Gauchet, 1985), vont en sens inverse : vers plus de contractualisation du lien de conjugalité ; vers plus d'inconditionnalité du lien de filiation.

A. DIFFÉRENCE DES SEXES ET ÉGALITÉ : VERS UNE CONTRACTUALISATION DU LIEN DE CONJUGALITÉ

La baisse de la nuptialité, l'augmentation de l'union libre, la progression des séparations et du divorce sont trois des traits essentiels qui marquent la transformation contemporaine de la famille. Ils ont en commun de se rapporter au lien de couple, et, au-delà, à la différence des sexes. Pourtant, il est rare que l'on établisse une relation claire entre les transformations du mariage et l'un des traits majeurs de l'évolution des sociétés démocratiques : l'accès progressif des femmes à l'égalité et à la dignité de sujet.

Un regard sur le temps long, même très sommaire, convainc pourtant de l'évidence : la place du mariage, sa définition, les liens qu'il crée et les risques qu'il court, sont indissociables d'un certain « contrat de genre », conçu comme le contrat implicite et explicite par lequel toute société engage le sens qu'elle accorde à sa double caractéristique, masculine et féminine. C'est bien au cœur de l'histoire du lien de couple ordinaire, et non à sa périphérie, qu'il faut porter le regard pour comprendre le « démariage » contemporain (Théry, 1993).

A1. Le « contrat de genre » des débuts de la modernité : inégalitaire et hiérarchique

À l'aube de la modernité, le Code Napoléon de 1804 clôt les débats tumultueux de la période révolutionnaire. La famille n'existe que dans le mariage (les bâtards sont « sans famille »). Le mariage civil, conquête toute récente, est redéfini comme un contrat idéalement indissoluble. Le divorce est restreint, et sera finalement aboli en 1816.

Deux arguments majeurs fondent le contrat conjugal comme « perpétuel par destination » : la nature des femmes et la hiérarchie des sexes. L'argument de la hiérarchie des sexes est le plus connu. La famille demandant à être dirigée, et cette direction ne se partageant pas, l'homme est « naturellement » désigné pour en assurer la magistrature. La femme mariée, juridiquement incapable, est soumise à la puissance maritale. L'argument de la nature des femmes vient conforter le précédent : la vocation première de la femme à la maternité transforme le contrat en institution.

Peu après le mariage, en effet, « la femme devient mère » : cette petite phrase de Portalis, dans son célèbre *Discours préliminaire au projet de Code civil*, y occcupe une place décisive. Car elle ne constate pas simplement un fait, mais signale une mutation. Celle qui était une femme devient une mère. En mettant son premier enfant au monde, la femme change en quelque sorte d'identité, le couple amoureux s'abolit dans le couple parental et son destin se fond désormais dans le destin commun de la famille. Dans la culture populaire, rien ne le dit mieux que le *dernier mot* des contes de fées d'autrefois. Une certaine aventure du couple s'achève avec et dans le mariage : « Ils se marièrent et eurent beaucoup d'enfants. »

Le « contrat de genre » des débuts de la modernité, inégalitaire et hiérarchique apparaît, à nos yeux d'aujourd'hui, léonin pour la femme. Était-il vécu ainsi ? Pas nécessairement. Les femmes gagnaient la protection avec la dépendance, et un certain pouvoir domestique avec l'incapacité juridique. L'indissolubilité du mariage se mesurait à l'aune de l'insécurité permanente de la vie, et de sa brièveté. Au-delà de l'extrême diversité des situations concrètes (quoi de commun entre une paysanne et une aristocrate ?), il importe de percevoir que ce contrat liait indissociablement trois éléments : inégalité des sexes, maternité des femmes, indissolubilité du mariage.

Il faudra près d'un siècle et demi pour que ces trois éléments cessent de faire un tout.

Le processus de remise en cause du « contrat de genre » de la première modernité n'est pas linéaire. La lutte sociale et politique qu'il implique accompagne, de façon très complexe, les changements démographiques, l'évolution des fonctions de la famille (pour aller vite : d'unité de production en unité de consommation), les progrès de l'éducation et ceux du travail des femmes. Ce processus n'est pas uniforme, mais constamment marqué par les différences sociales.

On se bornera ici à en rappeler, très schématiquement, les grands traits.

Le poids et les dangers de la maternité, inimaginables aujourd'hui, s'allègent avec la *transition démographique* et les progrès de la médecine. L'inégalité se réduit aussi par *l'éducation*, qui fut sans doute le vecteur décisif par lequel les femmes échappèrent à leur « naturalité » et se posèrent davantage en individus et interlocutrices des hommes au sein de la sphère privée, puis de la sphère publique. L'éducation progresse de façon continue à partir du milieu du XIXe siècle. Les filles, longtemps cantonnées au primaire, se font plus nombreuses dans le secondaire tout au long de la première moitié du siècle, puis enfin dans le supérieur, avec une accélération exceptionnelle dans les dernières décennies (Baudelot et Establet, 1992).

L'inégalité se réduit enfin, beaucoup plus récemment par l'accès massif des femmes au travail salarié. On sait que, contrairement à une idée reçue, le taux d'activité des femmes a toujours été très important en France. Estimé à 34 % de la population active en 1806, il reste stable jusqu'à la fin du siècle, et atteint 36 % à la veille de la Première Guerre mondiale. Le travail féminin n'est pas un gage d'indépendance personnelle, mais une obligation économique absolue, en particulier dans le monde rural et ouvrier.

Ce n'est donc que très lentement que l'idéal bourgeois et aristocratique de la « femme au foyer » s'est démocratisé. Il s'affirme aux XIXᵉ et XXᵉ siècles en liaison avec la seconde mutation, que l'on verra *infra*, celle de la personnalisation du rapport à l'enfant qui redéfinit le rôle privilégié de la mère. Il atteint son apogée dans les années cinquante et soixante de notre siècle. La part des femmes actives commence à baisser dans l'entre-deux-guerres, principalement sous l'effet de l'exode rural et de l'allongement des études. Elle atteint son minimum historique en 1961 : 28,2 %. Les femmes sont alors plus nombreuses que jamais à interrompre leur carrière pour élever leurs enfants (Marchand et Thélot, 1991). Paradoxalement, c'est au moment où s'affirme la notion d'égalité des sexes dans la citoyenneté (droit de vote des femmes en 1945) et au moment où progresse la conversation des sexes dans le couple que s'imposent à grande échelle la répartition des rôles parentaux dans la famille et la dépendance économique des femmes.

Pourtant, les années cinquante sont moins « traditionnelles » qu'on ne le dit. Ces mères au foyer ont fait des études, ont travaillé jusqu'à leur mariage. Elles sont loin d'être, pour leurs époux, les « compagnes muettes et sans âme » qu'évoquait Milton en 1643 dans son *Plaidoyer pour le divorce*. Elles font faire à leurs filles des études de plus en plus longues, trouvent évident que celles-ci acquièrent une formation professionnelle, et se préparent elles-mêmes de plus en plus à retravailler quand les enfants sont élevés. À partir de 1961, la part des femmes dans la population active remonte doucement : le taux de 1911 est de nouveau atteint en 1988, et progresse depuis inexorablement, malgré la crise économique : 37,9 % en 1994. Mais sous des chiffres semblables, la réalité a complètement changé.

Ce que nous vivons aujourd'hui est l'aboutissement (encore inachevé) du long processus d'accès des femmes à l'égalité dans et hors de la famille. Il aura vu, dans une France encore très majoritairement rurale, les femmes tout d'abord prises entre trois destins : travailler au sein de la famille inégalitaire, travailler hors de la famille (les jeunes, les domestiques souvent condamnées au célibat), seules les privilégiées se consacrant à la vie familiale et domestique. Puis le modèle de la femme au foyer se démocratise, en liaison complexe avec l'évolution des modes de production. Enfin, l'extension du tertiaire permet à un nombre croissant de femmes de joindre à l'obligation économique de travailler (qui reste déterminante pour l'immense majorité) la revendication d'une carrière professionnelle comme source d'indépendance et de construction de leur identité personnelle, qu'elles veulent non plus contradictoire, mais compatible avec la famille.

A2. Vers un nouveau « contrat de genre » : plus égalitaire et plus contractuel

La remise en cause de l'ancien « contrat de genre », bouleverse le lien de conjugalité et délie les trois termes initiaux : inégalité des sexes, maternité des femmes, indissolubilité du mariage. La femme est désormais de plus en plus reconnue comme une interlocutrice de l'homme et un sujet à part entière. Dans l'imaginaire collectif, on peut repérer dès les années quarante la naissance d'un nouvel idéal du mariage : celui du *mariage-conversation* (Cavell, 1993). Il ne se diffusera progressivement dans toutes les couches sociales qu'à partir de la fin des années soixante.

Sa première caractéristique est l'égalité. En France, la puissance maritale est abolie, ainsi que la puissance paternelle, et le droit reconnaît le principe – longtemps cru « impossible » – d'une codirection de la famille (réforme de l'autorité parentale en 1970).

Sa seconde caractéristique est d'autonomiser les enjeux propres au couple de ceux de la parentalité : la femme, tout en devenant mère, n'en demeure pas moins femme, et le rêve du couple égalitaire est désormais de poursuivre au sein de la famille son histoire propre, en un éternel « re-mariage ».

Sa troisième caractéristique est liée aux précédentes : le couple se trouve désormais fondamentalement responsable de sa temporalité. Lui accorder sens suppose de penser la vie commune comme un itinéraire partagé, une conversation continuée, sous l'égide de la liberté sans laquelle il n'est pas de reconnaissance de l'autre, pas de questionnement sur soi. Rien n'est plus contraire à ce nouvel idéal du couple qu'un statut préservant le *statu quo* quoi qu'il arrive. Comment ne pas voir que l'ancien *statu quo* supposait de trancher à l'avance les éventuels conflits par la primauté du mari ? Désormais, le risque accepté est ce qui donne son sens profond à l'engagement. Par l'introduction en 1975 du divorce par consentement mutuel, la société reconnaît qu'il appartient désormais au couple lui-même de décider de sa réussite ou de son échec.

Cette redéfinition du lien de conjugalité comme *fondamentalement plus individuel, plus privé, plus contractuel et partant plus précaire*, traduit la situation anthropologique nouvelle ouverte par l'égalité des hommes et des femmes. La « valence différentielle des sexes », que Françoise Héritier (1996) a analysée comme l'impitoyable hiérarchie qui, à travers les cultures, distingue le masculin du féminin, en assignant à celui-ci une valeur moindre qu'à celui-là, est ce dont nous tentons pour la première fois de nous émanciper. La conjugalité contemporaine n'est pas une simple question de psychologie intersubjective : bien au-delà, elle renvoie aux grandes questions de l'égalité et de l'altérité des sexes.

C'est pourquoi aussi la transformation du lien de conjugalité n'est pas isolable de la transformation beaucoup plus générale de la sexualité et de l'amour qui accompagne la dynamique de l'égalité des sexes. La division du monde imposée par l'ancien « contrat de genre », qui opposait les mères de famille et les femmes de petite vertu, la part honnête et la part honteuse de l'être humain, n'autorisait la sexualité que pour la procréation et l'amour que sanctifié par la famille. L'interdit des amours des adolescents, la double morale sexuelle, la pénalisation de l'adultère, la condamnation de l'homosexualité participaient d'un *ordre moral* dont la famille était censée être le sanctuaire. Cet ordre moral s'est effondré, ouvrant aux individus des libertés nouvelles, confrontant les hommes et les femmes à des interrogations et des désarrois inédits, changeant la signification sociale de la famille. L'histoire des couples a cessé d'aller de soi.

A3. Le démariage

Cette approche permet de comprendre un paradoxe : c'est au début des années soixante-dix, *au moment même* où le mariage est profondément redéfini en accord avec les valeurs de liberté individuelle et d'égalité des sexes, que la nuptialité commence de décliner, cependant qu'augmente le divorce.

Le déclin de la nuptialité n'est pas lié à un véritable rejet du mariage, même si pèse indéniablement sur l'institution (surtout dans les années soixante-dix) l'image traditionnelle du « mariage bourgeois ». Lors d'une enquête menée par l'INED en 1986, seuls 6 % des concubins interrrogés déclarent refuser le mariage (Léridon et Gokalp, 1994).

Plus fondamentalement, c'est la place sociale de l'institution matrimoniale qui a changé avec la transformation des représentations du couple : le choix de se marier ou non devient *une question de conscience personnelle* et le mariage cesse d'être l'horizon indépassable des relations entre les hommes et les femmes. C'est ce phénomène social que l'on a nommé le « démariage ».

Pour une part croissante de nos contemporains, assurer les nouveaux idéaux du couple ne suppose pas d'instituer leur lien. Le mariage leur paraît inutile, voire dangereux, s'il fige par un statut une histoire dont la légitimité réelle n'est pas sociale, mais personnelle. Loin d'être un « refus de l'engagement », le concubinage est une redéfinition de celui-ci comme un pacte purement privé.

Quant à ceux qui se marient, qui demeurent les plus nombreux, ils ne représentent pas davantage une conception ancienne du *statu quo*. Dans leur immense majorité, ils partagent les nouveaux idéaux du couple. Seulement, la dialectique de l'engagement et de la liberté, de la promesse et du contrat, ne leur semble en rien incompatible, bien au contraire, avec l'institution du mariage telle qu'elle est aujourd'hui définie. On verra *infra* les effets de cette redéfinition de la place du mariage dans la famille nucléaire contemporaine.

L'autre conséquence de la redéfinition du lien de couple est la progression du divorce et de la séparation. Elle inquiète beaucoup aujourd'hui, et il est fréquent qu'on la rapporte à « l'irresponsabilité » des couples contemporains, présentés comme des associations improbables de sentiments médiocres, prêts à céder à la moindre occasion de divertissement. La réalité est sans doute beaucoup plus complexe. D'une part, la moindre stigmatisation sociale du divorce produit mécaniquement un « effet vérité » : combien y avait-il, au temps du mariage indissoluble, puis au temps du divorce réprouvé, d'unions malheureuses, de caricatures de conjugalité ? Le risque du malheur personnel, pour les couples et les enfants, était immense, sous l'apparence de la stabilité.

En outre, les raisons du divorce sont difficiles à étudier de façon scientifique, mais certainement très variables. Une part non négligeable tient à une exigence plus grande à l'égard du couple, et du conjoint. Elle implique en particulier un refus croissant de situations autrefois subies comme des fatalités. Une enquête sur 700 divorces très difficiles révèle ainsi que dans ces divorces les violences conjugales sont en cause dans 21 % des cas, l'alcoolisme dans le quart des affaires (Théry, 1993). Doit-on s'inquiéter dans ces cas de ce que devient le divorce... ou de ce que demeure le mariage ?

Enfin, contrairement à une idée reçue, toutes les enquêtes montrent que le divorce ne s'est pas banalisé : non seulement ses conséquences éprouvantes sont connues et redoutées, mais il demeure une crise identitaire d'ampleur, à laquelle on se résout très difficilement, y compris dans les cas de divorce par consentement mutuel (Bastard et Cardia Vonèche, 1990).

Souligner que la transformation de la conjugalité, dans ses idéaux comme dans sa réalité concrète, n'est pas séparable de l'égalité croissante des hommes et des femmes amène à voir autrement les transformations du mariage. La situation actuelle témoigne à la fois d'une moindre dépendance mutuelle des conjoints, d'une plus grande liberté sociale, et d'une exigence accrue à l'égard de l'union dans la recherche du bonheur.

Le reconnaître n'est ni sous-estimer les problèmes, ni accréditer le moins du monde l'idée scandaleuse que les difficultés de la famille seraient « la faute des femmes ». Pour elles comme pour les hommes, des risques nouveaux ont surgi, indéniables. La liberté conquise paraît parfois sauvage. Mais en apprendre l'exercice appartient désormais aux individus eux-mêmes.

Le démariage, plus que le refus ou la crise du mariage, désigne la situation historiquement nouvelle liée à la transformation du lien de conjugalité dans un sens plus égalitaire, plus privé et plus contractuel. Elle pose des problèmes radicalement inédits pour le lien familial.

En effet, le mariage dans notre culture n'a jamais été l'institution du seul couple, mais *aussi et d'abord le socle de l'établissement et de la sécurité de la filiation.* « Le cœur du mariage, ce n'est pas le couple, c'est la présomption de paternité » rappelle le doyen Carbonnier (1993).

Que devient la filiation au temps du démariage ? La question est d'autant plus cruciale que, comme on va le voir, le lien de filiation a suivi l'évolution *inverse* de celle du lien de conjugalité. Avec la personnalisation du rapport à l'enfant, s'affirme de plus en plus son caractère idéalement inconditionnel et indissoluble.

B. DIFFÉRENCE DES GÉNÉRATIONS ET PERSONNALISATION DE L'ENFANT : VERS L'INCONDITIONNALITÉ DU LIEN DE FILIATION

De même que la conjugalité contemporaine ne prend sens que dans l'histoire longue de l'égalité des sexes, le lien de filiation d'aujourd'hui ne prend sa portée que dans l'histoire longue des rapports de l'enfance et de l'âge adulte.

B1. Le pacte de filiation des débuts du XIXᵉ siècle : statutaire et autoritaire

À propos des enfants, le Code Napoléon de 1804 revient sur les avancées de la Révolution de façon encore plus brutale que pour les liens de couple. Les bâtards, déclarés « sans famille », n'ont aucun droit. La puissance paternelle sur les enfants légitimes est un pouvoir quasi absolu, et le droit de correction inclut jusqu'à la possibilité de demander l'incarcération de l'enfant. Une telle sujétion des enfants n'est pas incompatible, les historiens l'ont souligné, avec l'amour parental (Ariès, 1975), mais les sentiments ont un horizon de sens aujourd'hui presque impossible à imaginer.

Les naissances illégitimes sont fréquentes, et les naissances non voulues se succèdent. L'attachement suppose d'abord que l'enfant survive aux premiers mois de la vie. Le peuple de l'enfance, fragile multitude, est vécu d'abord comme inférieur au monde adulte : moins de force, moins de raison, moins de capacités, moins de connaissances, moins d'utilité sociale. L'enfant, sauf dans les classes privilégiées, est d'abord un *producteur*, au travail dès cinq ou six ans.

Le « pacte de filiation » statutaire et autoritaire, n'est pas dissociable de la place de l'enfance dans la société. L'histoire de sa remise en cause se confond avec celle, très progressive, de la *spécification* de l'enfance et de la reconnaissance de l'enfant comme une personne en devenir. Elle va révolutionner le lien de filiation.

On se bornera ici à rappeler de façon très schématique les facteurs fondamentaux de cette évolution.

- *La révolution démographique*
  La baisse de la surmortalité infantile modifie profondément l'investissement parental, qui ne doit plus compter avec un risque majeur de disparition précoce du tout-petit. Elle s'accompagne dès le XIXe siècle d'un contrôle de la fécondité. Les abandons cessent progressivement d'être acceptés comme des fatalités (Becchi et Julia, 1998). Tout au long du XXe siècle, avec une accélération dans les dernières décennies, l'enfant est de plus en plus voulu, et sa naissance « programmée ».

- *La révolution sociologique*
  Elle mène de l'enfant producteur à l'enfant écolier. La

limitation du travail des enfants à partir de la moitié du xixᵉ siècle et l'instruction obligatoire transforment de fond en comble la condition des enfants des classes populaires, cependant que leurs parents sont soumis à un contrôle accru (Donzelot, 1977). De plus en plus reconnue comme un âge doté de besoins spécifiques, l'enfance va peu à peu quitter l'espace des champs, des usines et de la rue, pour investir l'espace de la maison et celui de l'école. Le xxᵉ siècle accentue l'évolution. La standardisation des mœurs atténue fortement les différences entre classes sociales, sans les faire disparaître.

- *La révolution intellectuelle et scientifique*
Elle est indissociable de la précédente, qu'elle légitime et renforce. La découverte progressive des lois du développement infantile et des besoins spécifiques de l'enfance, accompagne l'identité nouvelle de l'enfant comme personne en devenir. La pédagogie construit les nouveaux seuils des âges. La psychologie, la psychanalyse, font des premières années de la vie le sanctuaire de la personnalité adulte.

- *La révolution économique*
C'est la plus récente. Elle ne prend son essor que dans la seconde moitié du xxᵉ siècle, avec le développement accéléré d'un marché de l'enfance, où l'enfant consommateur devient un enjeu économique de plus en plus important.

B2. Vers un nouveau pacte de filiation

Au sein de la famille contemporaine, cette quadruple révolution se traduit par une forme nouvelle de personnalisation et d'affectation des liens entre parents et enfants. Comme le dit le langage cru des économistes, l'enfant est devenu un bien rare et durable, un capital, un investissement, et l'impératif de qualité se substitue à la valeur quantité.

Deux phénomènes se conjuguent pour dessiner l'ébauche d'un nouveau pacte de filiation :

- Le premier phénomène tient à la responsabilité parentale, plus affirmée, d'assurer à l'enfant une qualité de soins et d'éducation conforme aux représentations nouvelles des besoins de l'enfant. Le contrôle de la fécondité change de signification : il ne vise plus seulement négativement à éviter la multiplication des naissances non désirées, mais positivement à former une famille conforme à un « nombre idéal d'enfants ». On ne peut expliquer la baisse de la fécondité, qui suscite aujourd'hui de fortes inquiétudes, sans la rapporter d'abord à cette modification des attentes, elle-même issue du « prix » accru de l'enfant, au double sens du terme : une valeur supérieure de l'individu-enfant, un coût supérieur de son éducation. Comme on le verra *infra* la famille nucléaire en est profondément transformée.
- Le second aspect tient à la personnalisation du lien à l'enfant. Le rôle des parents se redéfinit et le droit accompagne cette évolution. La primauté maternelle dans le lien à l'enfant s'atténue au profit d'une conception moins hétérogène des rôles parentaux. En 1970, la puissance paternelle laisse place à l'autorité parentale, un « droit-fonction », ensemble de droits et de devoirs qui ne prennent sens que dans l'intérêt de l'enfant.

Cependant, l'autorité elle-même cesse d'aller de soi. La distance qui fonde et autorise la transmission générationnelle est en partie dévaluée au profit du devoir de respecter l'épanouissement des « potentialités » de l'enfant et de négocier avec lui les obligations et les interdits. Au-delà, la « crise de l'autorité » (Arendt, 1991) est indissociable de l'affectivation des liens, donnée primordiale qui bouleverse la signification de l'attachement.

En effet, l'enfant est reconnu d'autant plus comme une personne qu'il est vécu comme un autre soi-même et un prolongement de soi. Il est d'autant plus valorisé qu'il est la part de soi que chaque parent veut voir s'épanouir, parfois avec d'autant plus de force qu'il ne l'a pas réalisée lui-même. Un « besoin » de l'enfant accompagne comme son ombre portée l'inquiétude identitaire corrélative à l'émancipation démocratique (Ehrenberg, 1995).

Ainsi, en se personnalisant et s'affectivant, le lien de filiation s'affirme toujours davantage comme un lien *inconditionnel*. Ce que l'on doit désormais à son enfant, c'est l'aimer, le soutenir et le protéger quoi qu'il arrive, rester son parent quoi qu'il arrive, que l'enfant soit beau ou pas, intelligent ou pas, handicapé ou pas, et même d'une certaine façon délinquant ou pas. Nos ancêtres, qui enfermaient au couvent les filles rebelles et rejetaient les fils indignes, étaient loin d'une telle inconditionnalité.

Le juriste anglais John Eekelaar (1991) résume d'une formule cette révolution : « Le principe d'indissolubilité s'est déplacé de la conjugalité vers la filiation. »

Ce n'est donc pas un mouvement univoque mais à l'inverse deux mouvements contrastés qui sont à l'origine des transformations de la famille contemporaine. Les deux « moteurs » de long terme que sont l'égalité des sexes et la personnalisation du lien à l'enfant sont certes deux manifestations du processus de promotion de l'individu, caractéristique des sociétés démocratiques. Mais l'un joue dans le sens d'une contractualisation du lien, et l'autre dans le sens d'une inconditionnalité. Comment vont-ils coexister au sein d'une famille soumise à la tension entre l'idéal contractuel de l'amour électif, qui peut commander la séparation du couple comme une dignité, et l'idéal d'indissolubilité de l'amour inconditionnel, qui interdit de mettre en cause le lien de chaque parent à l'enfant ?

La question de l'articulation de la différence des sexes et de la différence des générations est désormais au cœur de la façon dont se vivent les liens familiaux et dont ils évoluent au cours du temps de la vie. Les conséquences en sont immenses. La définition même du mot « famille » en est affectée.

C. LA FAMILLE NUCLÉAIRE : DU *STATU QUO* À LA DYNAMIQUE FAMILIALE

La plupart des recherches sur la famille nucléaire contemporaine soulignent l'importance cruciale d'une perspective dynamique, c'est-à-dire d'une saisie des phénomènes dans la dimension de la temporalité. Cette préoccupation commune aux différentes sciences humaines s'affirme particulièrement en démographie (Léridon et Gokalp, 1994). Elle peut surprendre. La famille d'aujourd'hui n'est-elle pas, moins que jamais, soumise aux aléas qui hantaient la famille traditionnelle ? Autrefois pesait en permanence sur la vie familiale le risque des mauvaises récoltes, de la famine, de la mort prématurée, de la guerre et des épidémies. Pourtant l'incertitude formait aussi le besoin de sécurité. Face à la question permanente de la survie, la famille traditionnelle était perçue comme *l'institution qui résiste au temps*, opposant à l'écoulement incertain des jours et au risque permanent de la mort, le rituel de ses seuils, la fixité de ses statuts.

En affrontant désormais une temporalité longue, les familles contemporaines ont changé de risque. La double redéfinition du lien de conjugalité et du lien de filiation fait du temps à la fois une question et un enjeu. Une vie accomplie est d'abord un itinéraire signifiant. De nouvelles attentes, mais aussi de nouveaux risques accompagnent cette transformation. La précarité du groupe familial est plus grande, et l'inquiétude des lendemains s'accroît. Il faudra désormais *construire le temps*.

C'est pourquoi la dimension temporelle s'impose à l'analyse : elle seule permet d'accorder sens à la diversité du paysage familial, tel que la saisit à un moment « t » un regard statique. Cette diversité est moins l'effet d'une explosion des modèles que d'un phénomène commun : la redéfinition du lien familial comme une histoire partagée.

On soulignera ici les traits majeurs qui ont transformé la constitution de la famille, sa configuration, et son devenir : une *constitution plus progressive*, une *configuration plus homogène*, et enfin un *risque accru de rupture et de recomposition*.

C1. La constitution de la famille : du seuil au processus

L'augmentation de la cohabitation hors mariage est l'un des traits les plus frappants de notre temps. Le mariage n'est plus l'acte fondateur du couple. Au milieu des années soixante, seules 15 % des unions se formaient hors mariage, surtout dans les milieux populaires. Cette proportion atteint 20 % en 1970, et 87 % en 1990. Progression fulgurante, qui signe la transformation majeure des liens entre hommes et femmes que l'on a étudiée *supra*.

Ces chiffres sont cependant complexes à interpréter, car ils renvoient à deux réalités sociologiques difficiles à démêler :

- La première est la remise en cause massive, à partir des années soixante-dix, de l'interdit social de relations affectives et sexuelles *hors de l'hypothèse du mariage et de la perspective d'une famille*. C'est la première conséquence de l'évolution des relations entre les sexes. Elle change considérablement les modes de vie, en particulier des jeunes adultes. Certaines des cohabitations ne sont pas vécues comme le début d'une longue vie commune, mais simplement comme inscrites dans le présent. Loin de les condamner comme immorales et de presser leurs enfants de s'établir, la plupart des parents admettent aujourd'hui ces cohabitations « au présent », qu'ils voient comme une expérience prenant sens en elle-même, et préservant d'un engagement hâtif. La rupture, fréquente en début d'union consensuelle (Toulemon, 1996) n'a pas alors la gravité de l'échec d'un projet à long terme. Une part des cohabitations chez les plus âgés, divorcés ou séparés, a sans doute la même signification.
- Ce phénomène est indissociable d'un second, *la transformation des modes de formation de l'union stable*. En effet, la vie commune, comme projet à long terme, se constitue désormais petit à petit, par des transitions plus lentes, des négociations imperceptibles et des itinéraires plus complexes. Une relation stable ne commence pas toujours par une cohabitation. Vivre « à deux » tout en gardant son indépendance est de plus en plus fréquent en début d'union. Catherine Villeneuve-Gokalp (1997) note qu'en 1994, 16 % des unions durables ont commencé par

une « conjugalité non cohabitante » de plusieurs mois, voulue ou contrainte par les circonstances.

Quant aux cohabitations « au présent », certaines d'entre elles sont en réalité l'amorce d'unions durables, dans lesquelles les partenaires s'engagent par des transitions subtiles. Il ne s'agit pas là d'un simple « différement » des engagements, mais plutôt de la « constitution progressive d'un nouveau modèle de structuration des couples » où l'essentiel est la mise en œuvre de formes négociées d'intégration conjugale (Kaufmann, 1996).

Ainsi, la tendance à l'« arasement des seuils » (Roussel, 1985) a-t-elle accru la diversité des cohabitations. Sous un même mot, sont rassemblées des unions pensées comme temporaires ou comme durables, comme précédant le mariage ou comme alternatives au mariage. Il n'est alors pas étonnant que l'on ait pu constater que la « cohabitation juvénile » des années soixante-dix était devenue dans les années quatre-vingt une « cohabitation adulte ».

Dans les années soixante-dix, la cohabitation juvénile apparaissait comme un « mariage à l'essai » : deux ans après le début de l'union, la moitié s'étaient mariés, 41 % poursuivaient, 7 % avaient rompu. Désormais, le mariage n'est plus le signe nécessaire de l'engagement à long terme. Parmi les couples formés hors mariage en 1990, 9 % étaient mariés au bout d'un an de vie commune ; 30 % au bout de cinq ans, tandis que 48 % vivaient encore ensemble sans être mariés au bout de cinq ans.

Quand elle « s'installe dans la durée » (Toulemon, 1996), la cohabitation devient alors une forme de vie commune alternative au mariage.

Cette perspective permet de ne pas réduire les changements de calendrier à de simples « retards », comme on le dit souvent par commodité. Certes, l'âge au mariage est de plus en plus élevé : de 1972 à 1992, il passe de 24,5 à 28,1 ans pour les hommes, et pour les femmes de 22,5 à 26,1 ans (27,5 ans en 1996). Certes la première naissance est de plus en plus tardive : l'âge moyen à la première maternité passe de 26,8 ans en 1980 à 29,1 ans en 1996.

Mais ces phénomènes traduisent en profondeur le fait que

les couples ont changé leur modalités de formation. Ainsi, la famille se constitue par un *long processus*, qui peut commencer par une conjugalité à distance, se poursuivre par une cohabitation, et ne pas se prolonger nécessairement par le mariage, même si celui-ci demeure dominant.

De quand dater la création de la famille ? Des débuts du couple ? Cela ferait apparaître comme des échecs du projet familial des ruptures qui n'en avaient pas la signification. Du mariage ? Sans doute, quand il intervient avant la naissance du premier enfant, car le mariage porte en lui, par la présomption de paternité, une dimension familiale. Mais de nombreux mariages interviennent après la première naissance. Désormais, finalement, quelle que soit la situation juridique du couple, c'est *la naissance d'un enfant*, qui crée socialement la famille.

Notons cependant que cette redéfinition sociale de la famille ne signifie pas une moindre valeur du couple. Contrairement à un stéréotype médiatiquement répandu, l'image de la femme qui « fait un enfant toute seule » ne correspond à aucune réalité sociologique. La part des naissances chez des femmes qui ne vivent pas en couple est restée quasi inchangée depuis vingt-cinq ans : 3 à 4 % des naissances (Toulemon, 1996). Couple *et* filiation continuent de définir la famille contemporaine. Comment les deux liens vont-ils s'articuler ?

C2. Une configuration de la famille plus homogène

En 1995, il y avait en France 10 424 000 ménages avec enfants de moins de 25 ans. Le second effet des changements intervenus dans la conjugalité et la filiation concerne la configuration de la famille nucléaire. Contrairement aux idées reçues, elle est aujourd'hui plus homogène, plus standardisée qu'autrefois. Les différences que l'on perçoit à un moment « t » tiennent souvent à des positions différentes des individus observés dans le cycle de vie.

a) Familles naturelles et légitimes : plus semblables que différentes

L'opposition entre familles naturelles et légitimes était, dans le passé, radicale. En droit, la famille naturelle n'existait pas jusqu'à la réforme de 1972, puisque l'enfant n'entrait pas dans la famille de son auteur. En outre, la part des enfants naturels non reconnus par leur père était importante, et les enfants étaient souvent dits nés de « filles-mères ».

Aujourd'hui, les familles naturelles existent en droit, et les enfants sont massivement reconnus par leurs deux parents, qui vivent en couple. Si la famille légitime reste le modèle dominant, on note une augmentation importante des familles naturelles dans toutes les couches sociales. En 1995, 37,6 % des enfants sont nés de parents non mariés.

Mais cette moyenne masque des différences très importantes selon le rang de naissance de l'enfant. Plus de la moitié des premiers enfants naissent aujourd'hui de parents non mariés. Ce n'est plus le cas que d'un quart des seconds. Plus qu'une alternative réelle entre deux modèles de famille, ce qui est remarquable ici est le *déplacement du mariage*, qui intervient de plus en plus souvent après la première naissance, voire quand les enfants ont déjà un certain âge.

Cela ne signifie pas que le mariage, quand il est choisi, soit devenu une « formalité ». D'une part, une fraction importante de la population reste très attachée à une conception traditionnelle du mariage. D'autre part, même parmi ceux qui minimisent l'événement par un discours de banalisation – on se marie souvent sous un prétexte –, Jean-Claude Kaufmann (1996) note que le mariage conserve sa dimension symbolique, et ce d'autant plus qu'il reste étroitement associé au projet d'enfants.

Quel est l'avenir du mariage ? La question est plus ouverte qu'on ne le dit souvent. Le déclin de la nuptialité en France a cessé depuis quelques années. Il est trop tôt pour tirer des conclusions de la remontée récente des mariages, en partie conjoncturelle (réforme fiscale). Mais on ne peut exclure un renouveau du mariage dans les années à venir. Les nouvelles générations ont cessé d'identifier le mariage au modèle inégalitaire et « bourgeois » dont les générations précédentes ont tenu à se démarquer. Autorisées à expérimenter la vie en couple sans que la question de l'avenir leur soit réellement posée (en particulier par leurs parents), il n'est pas exclu que les nouvelles générations trouvent dans l'institution matrimoniale une façon nouvelle d'accorder sens au choix de celui ou de celle avec qui on « fait sa vie ». Quoi qu'il en soit, une éventuelle remontée du mariage ne signifierait pas un retour en arrière, mais serait à l'inverse le signe que la redéfinition juridique de l'institution matrimoniale dans un sens d'égalité, de liberté et de responsabilité accrues, l'a finalement emporté dans les représentations communes sur les images héritées du passé.

Il n'en reste pas moins qu'un nombre croissant de couples sont aujourd'hui non mariés et le resteront. Cela introduit-il une fracture dans la population des familles ? Au plan sociologique, rien n'est moins sûr. Plus la cohabitation adulte se banalise, plus s'atténue sa spécificité sociale. Aujourd'hui, toutes choses égales par ailleurs, on estime que les modes de vie familiaux, les modes de consommation, les modes d'éducation des enfants ne présentent pas de différences significatives selon que les parents sont ou non mariés. Au sein d'une même parentèle, il est désormais fréquent que coexistent des familles nucléaires naturelles et légitimes, que rien ne distingue dans leur vie quotidienne. Les différences d'appartenance sociale sont beaucoup plus significatives que les statuts juridiques (Martin, 1997).

L'un des phénomènes familiaux majeurs de notre temps reste encore peu compris. Plus le mariage a été reconnu comme une question de conscience personnelle, plus la diversité des couples a été admise, et plus à l'inverse s'est imposé un modèle unique de la filiation. Ce modèle, au fond, reste celui de la filiation en mariage. Le droit l'a entériné, en assimilant de plus en plus la filiation naturelle à la filiation légitime. En ce sens, l'axe de la filiation est un puissant facteur de cohésion sociale.

b) *Le modèle du couple bi-actif s'impose*

En 1968, 60 % des femmes en couple de 20 à 59 ans étaient au foyer ; en 1990 : 30 %. Ces chiffres, rapportés aux seules mères ayant des enfants à charge sont encore plus éloquents. En 1990, avec un seul enfant, 87 % des femmes sont actives, avec deux enfants 79 %. L'activité féminine ne marque le pas qu'à partir de trois enfants : 44 % demeurent actives.

La notion d'activité est cependant complexe, puisqu'elle

inclut la situation de chômage, qui touche particulièrement les femmes. L'enquête INSEE-INED sur la famille, qui ne considère pas comme actives les femmes à la recherche d'un emploi, permet de se faire une idée plus précise de la réalité quotidienne.

En 1994, 65 % des femmes de 25 à 49 ans travaillent. C'est le cas de 80 % des femmes sans enfants, mais aussi de 75 % des mères d'un enfant, de 70 % des mères de deux enfants, de 50 % des mères de trois enfants, de 16 % des mères de quatre enfants et plus (Toulemon et de Guibert-Lantoine, 1996).

Margaret Maruani (1996) souligne que ces taux d'activité, particulièrement élevés en France par rapport aux autres pays européens, signalent un véritable *changement de modèle familial* : « Désormais le modèle dominant n'est plus celui du choix (travail ou famille), ni celui de l'alternance (travailler – s'arrêter – retravailler), mais celui du cumul. C'est d'ailleurs ce basculement des normes sociales de l'activité familiale qui a assuré la croissance de la population active totale : en France, depuis trente ans, la seule catégorie dont les taux d'activité ont augmenté est précisément celle des femmes de 25 à 49 ans. »

La généralisation du modèle du couple bi-actif est l'un des traits fondamentaux de la mutation de la famille. Il indique à l'évidence une aspiration des femmes, inscrite comme on l'a vu, sur le long terme de l'histoire de l'égalité des sexes. Mais cette aspiration ne doit pas être dissociée, en particulier aujourd'hui, de la nécessité économique absolue de la bi-activité pour un nombre croissant de foyers. Rappelons que, selon l'INSEE, un couple sans enfant ne disposant que d'un seul SMIC est en dessous du seuil de pauvreté en 1994.

La bi-activité d'aujourd'hui n'a plus rien à voir avec celle d'hier, quand l'univers du travail et celui de la famille se confondaient ; de là une transformation fondamentale de la *temporalité des modes de vie familiaux*, marqués par des séquences. En contrepoint de la socialisation à l'extérieur de l'espace domestique, n'a cessé de s'affirmer la volonté d'un temps exclusivement consacré au lien de famille. Le soir, le week-end, et surtout les vacances, sont les temps privilégiés d'un calendrier familial où les parents disposent d'une disponibilité pour leurs enfants inimaginable dans la famille d'autrefois. Cependant, au quotidien, l'articulation du temps familial, du temps préscolaire ou scolaire des enfants et du temps professionnel des parents, reste de la responsabilité principale des femmes. Comme on le verra plus loin, leur « double journée » et leur travail à temps partiel marquent les limites de l'égalité des sexes.

c) Autour du modèle de la famille à deux enfants

Le troisième trait d'homogénéisation des familles est la réduction de leur taille autour du modèle à deux enfants.

La fécondité est en général abordée à partir de *l'indicateur conjoncturel de fécondité*, qui mesure la fécondité du moment. On en connaît l'effondrement : il est passé de 2,9 enfants par femme en 1965 à 1,7 aujourd'hui, soit au-dessous du seuil de renouvellement des générations. Cependant, ce chiffre est par définition très sensible aux effets de calendrier, particulièrement importants aujourd'hui puisque les premières naissances interviennent de plus en plus tard.

L'indicateur de la *descendance finale des générations*, seul indicateur de la réalité effective de la fécondité, n'est par définition mesurable qu'au terme de la vie féconde. Il avait atteint son maximum, au XXᵉ siècle, pour les femmes nées dans les années trente : 2,6 enfants en moyenne. Il a rapidement décliné jusqu'aux générations 1950, avant de se stabiliser à 2,1 enfants par femme. On doit ainsi rappeler que le seuil de remplacement des générations est assuré pour les femmes nées avant 1960. Pour les estimations les plus récentes (génération 1963), malgré le recul de la fécondité, sa descendance finale devrait avoisiner 2,0 enfants. Mais l'avenir de la fécondité des femmes plus jeunes est plus incertain (Festy, 1995).

Comment interpréter cette baisse de la fécondité ? Elle ne tient pas à un « refus de l'enfant » : les femmes sans enfant sont moins nombreuses qu'autrefois : parmi les femmes nées entre 1940 et 1950, et qui ont vécu en couple avant 50 ans, seules 5 % sont restées sans enfant, ce qui était le cas de 18 % des femmes cinquante ans plus tôt.

Le phénomène central est donc la *raréfaction des familles nombreuses*, qui se marque par une très forte diminution des familles de quatre enfants et plus (8 % des femmes nées en 1950 contre 25 % de celles nées en 1930 ont eu au moins quatre enfants) et *la généralisation du modèle à deux enfants*. Ce modèle apparaît nettement lorsqu'on interroge les couples sur leurs intentions de fécondité. Bien que le « nombre idéal d'enfants » soit, aujourd'hui que les naissances non voulues sont plus rares, structurellement supérieur au nombre réel (il intègre les conditions optimales), ce nombre indique clairement l'intention d'une famille réduite : 2,2 enfants en moyenne, en 1994, avec une faible dispersion.

Cependant, on doit noter une nouvelle diversification des comportements dans les générations nées après 1950 : on y constate une hausse de l'infécondité et de la proportion de femmes ayant un enfant, ainsi qu'une hausse de la proportion de femmes ayant trois enfants.

(Pour toutes ces données, cf. Toulemon et de Guibert-Lantoine, 1996.)

C3. Le devenir de la famille : un risque accru de rupture et de transitions

En définitive, le facteur central de diversification des structures familiales contemporaines tient moins à des choix préalables (mariage ou non-mariage ; travail ou non-travail des femmes, nombre d'enfants voulus) qu'à *l'histoire de la famille*. Encore une fois, la perspective temporelle est ici décisive. La séparation ou le divorce créent dans un nombre croissant de cas une modification très importante de la famille nucléaire. Ces *séquences familiales* sont celles où les évolutions respectives du lien de conjugalité et du lien de filiation produisent leurs effets majeurs. La notion de famille devient alors incertaine.

Le ménage stable reste le modèle dominant

On doit tout d'abord rappeler l'essentiel. La plus grande liberté qui va de pair avec une plus grande responsabilité des couples, mariés et non mariés, dans la construction d'une union durable, n'a pas bouleversé la norme : elle reste aujourd'hui à une seule union.

En 1986, à 40-44 ans, 82 % des hommes et 83 % des femmes vivaient en couple avec leur premier conjoint ou n'avaient vécu en couple qu'une seule fois. En 1994, cette situation est le fait de 74 % des hommes et de 80 % des femmes aux mêmes âges.

La stabilité de la majorité des unions permet donc que *la très grande majorité des enfants vivent avec leurs deux parents* : sur l'ensemble des enfants mineurs, en 1994, 83 % vivent avec leurs deux parents (Villeneuve-Gokalp, 1998).

Cependant, les unions sont devenues plus fragiles, et les remises en couple plus fréquentes, surtout pour les hommes.

Une précarisation accrue des unions

Dans les années soixante, environ un mariage sur dix était susceptible de se terminer par un divorce. Aujourd'hui, un sur trois. Là est sans doute la transformation majeure de la famille. Cependant, contrairement à l'idée reçue d'une envolée constante, la situation a peu changé depuis une dizaine d'années : le nombre des ruptures de couples avec enfants est stable. Les séparations intervenant de plus en plus tôt après le mariage, la part des divorçants sans enfant augmente (aujourd'hui, 36,8 % des divorces sont sans enfant).

Mais ces chiffres doivent être à leur tour relativisés : la part des familles naturelles a beaucoup augmenté, et bien que le nombre de leurs séparations soit difficile à établir, il semble que leur risque de rupture soit nettement plus élevé que pour les familles où les parents sont mariés, même en présence d'enfants (Toulemon, 1996).

Il est donc difficile de prévoir l'évolution de la divortialité, et plus généralement de la précarité des unions. Les chiffres atteints dans d'autres pays (la Suède, les États-Unis) peuvent laisser penser que cette précarité peut s'amplifier. Mais on peut voir aussi dans les modalités nouvelles de formation des couples et des familles et le « report » qu'elles impliquent dans l'âge à la naissance des enfants, une stratégie plus ou moins consciente de la part des jeunes générations pour minimiser les risques d'une rupture familiale.

Quoi qu'il en soit de l'évolution future, les effets de la séparation et du divorce ont d'ores et déjà transformé les relations parents-enfants d'une fraction très importante de la population. Là se concentrent les problèmes majeurs.

L'augmentation des familles monoparentales et recomposées

Comment décrire les situations familiales créées par la rupture du couple ?

On s'appuiera ici sur l'enquête INED-INSEE, qui a le grand intérêt de décrire les situations des enfants.

Pour une présentation plus complète, voir l'Annexe 1, par Henri Leridon et Catherine Villeneuve-Gokalp, et aussi Villeneuve-Gokalp, 1998, à paraître.

En 1994, deux millions d'enfants de moins de 18 ans ne vivent pas avec leurs deux parents, soit 17 % du total des enfants mineurs (3 % de plus qu'en 1986). La raison en est le divorce dans 50 % des cas, la rupture d'une union libre dans 20 % des cas, le décès d'un parent dans 20 % des cas. Dans 8 % des cas, les enfants n'ont jamais vécu avec leurs deux parents.

Mais ces moyennes masquent des situations très disparates. Ainsi, la proportion d'enfants séparés d'un parent s'accroît fortement avec l'âge : 8 % des moins de 3 ans, mais *un quart des adolescents de 15 à 18 ans*. L'effet de la précarité des couples sur le lien de filiation est devenu un enjeu social majeur.

Qu'en est-il dans les faits ?

Tout d'abord, on constate que se perpétue ici l'inégalité traditionnelle des sexes : quelle que soit la cause de la désunion, elle entraîne rarement la séparation des enfants de leur mère : 85 % des enfants de parents séparés vivent avec elle (9 % avec leur père ; 6 % avec aucun des deux).

- La vie en famille monoparentale est le cas le plus fréquent : 11 % du total des enfants mineurs vivent avec un parent seul, ce qui représente les deux tiers des enfants de parents séparés (61 % avec leur mère ; 5 % avec leur père). Au moment de l'enquête, l'ancienneté moyenne de la rupture était de 6 ans et demi.
- Cependant, la formation d'une nouvelle union devient plus fréquente, surtout chez les pères. La formation d'une nouvelle union après rupture dépend de plusieurs facteurs : plus on est jeune à la rupture, plus la vie conjugale a été courte, plus grandes sont les chances de reformer une union. En revanche, quand le niveau social est élevé, une nouvelle union est moins fréquente.
- 5 % du total des enfants mineurs vivent au quotidien dans une famille recomposée, soit 28 % des enfants qui ne vivent pas avec leurs deux parents : 24 % d'entre eux vivent avec leur mère et un beau-père, 4 % avec leur père et une belle-mère.

Mais ces chiffres ne rendent pas compte du phénomène essentiel de la recomposition familiale, qui est d'être beaucoup plus fréquemment le fait des pères chez qui les enfants ne résident pas habituellement : 40 % des enfants de parents séparés ont une belle-mère, le plus souvent « à distance », alors que 25 % ont un beau-père (avec lequel ils vivent dans la quasi-totalité des cas).

Les remises en couple des parents complexifient la fratrie : près de la moitié des enfants de parents séparés ont au moins un demi-frère ou une demi-sœur. 22 % résident avec lui. Notons cependant que les recompositions très complexes restent rares : 10 % seulement des enfants de parents séparés ont à la fois un beau-père et une belle-mère, ou des demi-frères dans chaque foyer.

Les relations des enfants avec leur père

Le sexe du parent chez qui l'enfant réside après une séparation n'a pas d'incidence sur la fréquence des liens à l'autre parent.

Cependant, dans l'immense majorité des cas, les enfants résident chez la mère : qu'en est-il des liens au père ? La question est importante puisque 15,7 % de l'ensemble des enfants mineurs ne vivent pas avec lui (pour 2,4 % il est décédé ; pour 1 % inconnu).

Sur l'ensemble des enfants vivant avec la mère :

- 20 % voient leur père toutes les semaines (12 % en 1986),
- 20 % tous les quinze jours (15 % en 1986),
- 5 % une fois par mois ou toutes les vacances (7 % en 1986),
- 18 % moins d'une fois par mois,
- 24 % ne le voient plus du tout,
- 8 % sont de père inconnu.

La fréquence des liens au père est d'autant plus grande que l'union antérieure a été longue, que l'enfant est jeune, que le temps écoulé depuis la rupture est court et que le milieu socio-culturel (indiqué par le niveau de diplôme de la mère) est élevé.

Elle apparaît également très liée à la composition de chaque foyer. Mais contrairement à une idée reçue, l'arrivée d'un beau-père n'est pas un obstacle au lien avec le père, au contraire : ce sont les enfants dont la mère est seule et sans relation amoureuse qui voient le moins leur père.

En revanche, la recomposition du foyer paternel s'accompagne d'une moindre fréquence de ses liens à l'enfant : les enfants voient d'autant plus fréquemment leur père qu'il est seul (62 % des enfants dont le père ne vit pas en couple le voient plusieurs fois par mois ; 54 % s'il a une nouvelle compagne sans enfants ; 30 % s'il a d'autres enfants).

C4. Qu'est-ce qu'une famille ?

Au terme de cette présentation, il est possible de sérier les problèmes.

- La baisse du mariage n'a pas affaibli le modèle de la vie en couple ou en famille. Le développement de la cohabitation traduit à la fois une plus grande liberté de vivre une vie amoureuse hors de la perspective d'une vie commune à long terme, un processus plus complexe de formation du couple et de la famille, et le fait que la vie familiale ne suppose pas toujours le mariage.

- Cependant, les familles naturelles et légitimes se ressemblent plus qu'elles ne diffèrent, et le mariage, qui reste majoritaire, intervient souvent après la naissance du premier enfant. Plus tardive, la famille nucléaire a changé : plus restreinte, elle n'est plus pensée comme incompatible avec le travail des femmes, et le modèle de la femme au foyer ne reste vraiment dominant qu'à partir de la naissance du quatrième enfant.

- Si les relations des parents aux enfants sont moins distantes et plus affectives, l'idéal de pérennité du lien de la filiation est fortement mis en cause, par un risque croissant de rupture du couple. Celle-ci menace gravement les liens au père : qu'ils soient évincés ou carents, un quart des pères ne voient plus du tout leurs enfants.

- Cependant, une contre-tendance se dessine, qui s'appuie justement sur la norme d'indissolubilité de la filiation : dans la dernière décennie, l'idéal d'une coparentalité maintenue après la séparation n'a cessé de s'affirmer. Il veut rendre compte du « droit de l'enfant à conserver ses deux parents » et se traduit par un progrès des relations fréquentes père-enfant, progrès limité, mais réel sur quelques années.

Que devient dans ces cas la famille de l'enfant ?

Les termes de famille monoparentale et de famille recomposée se sont imposés dans le débat public. Mais l'assimilation entre *le ménage où l'enfant réside habituellement* et sa *famille* pose problème, puisqu'il exclut de la « famille » de l'enfant toute la part de sa vie et de ses relations vécues avec l'autre parent.

Cette assimilation a, certes, de fortes raisons d'être. Dans de nombreux cas, le terme correspond à la réalité concrète : un seul parent, en général la mère, prend en charge l'enfant. Mais quand l'enfant voit son autre parent, que celui-ci s'en occupe et le prend en charge financièrement, il est abusif de qualifier sa famille de « monoparentale », même si sa mère vit seule.

De même, la définition de la famille recomposée qui ne prend en compte que la résidence principale des enfants, fait l'impasse sur la recomposition du côté paternel. De façon plus générale, la famille « nucléaire » d'un enfant de parents séparés se réduit de moins en moins souvent à un seul ménage, et intègre dans le champ des relations familiales de nouvelles figures : beaux-parents, demi-frères et sœurs, quasi-frères et sœurs.

Autrement dit, les familles contemporaines, pour être appréhendées dans leur réalité concrète, demanderaient deux changements fondamentaux dans les habitudes de pensée, les concepts, les outils techniques de recensement et les catégories de l'intervention sociale :

- *Privilégier la perception dynamique de la temporalité des familles, unies et désunies, sur une vision statique.*
- *Ne plus assimiler systématiquement une famille à un ménage.*

On décrira dans le chapitre suivant les problèmes majeurs qui se posent aujourd'hui. Mais ces problèmes ne sont pas séparables d'une autre mutation du lien familial : celle de la famille étendue.

II. La famille étendue

On traitera plus rapidement des transformations de la famille étendue, dont certains aspects essentiels débordent largement le cadre de ce travail sur le lien familial, et engagent la question générale du déséquilibre entre les âges.

Les solidarités intergénérationnelles ont semblé recemment « redécouvertes ». Elles n'avaient en réalité jamais disparu, et des enquêtes avaient souligné, il y plus de vingt ans, l'importance des échanges dans la famille « après le mariage des enfants » (Roussel et Bourguignon, 1976). Cependant, elles ont, au cours des dernières décennies, profondément changé.

Si l'on peut parler d'une mutation structurelle de la famille étendue, c'est en référence à deux facteurs fondamentaux : d'une part, l'allongement spectaculaire de l'espérance de vie et d'autre part la concentration des échanges familiaux, tant en termes relationnels et affectifs que de biens et de services, sur l'axe vertical de la filiation.

Il serait vain de tracer un « modèle » de la famille étendue d'autrefois. Sa diversité anthropologique a été fortement soulignée. Cependant, quelques traits fondamentaux méritent d'être brièvement rappelés :

- Une espérance de vie moyenne faible, du fait des morts précoces. Bien qu'elle n'exclue pas la possibilité de vivre vieux, la part des vieillards dans l'ensemble de la population restait réduite.
- Une succession des générations : l'arrivée à l'âge adulte des fils correspondait avec la vieillesse des pères.
- Une cohabitation fréquente des générations au sein de la maison ou de la ferme familiale.
- Une très forte dépendance générationnelle, du fait de l'absence de toute protection sociale.

Ces différents traits se sont progressivement effacés sous l'effet conjugué de la baisse de la mortalité, de l'exode rural, de l'extension du salariat et de la protection sociale (Ségalen, 1995), jusqu'à faire émerger un tout nouveau visage de la famille étendue.

A. L'ALLONGEMENT DE LA DURÉE DE LA VIE TRANSFORME LE CYCLE BIOGRAPHIQUE

L'espérance de vie a connu un accroissement spectaculaire depuis la Seconde Guerre mondiale. Elle est passée, à la naissance, de 65,1 ans pour les hommes en 1950 à 74,2 ans aujourd'hui. Pour les femmes, de 71,4 à 82,1 ans. Depuis les années soixante-dix, cette augmentation tient essentiellement au recul de la mortalité aux âges élevés.

Cependant, cet accroissement de l'espérance de vie ne signifie pas en tant que tel un « vieillissement », mais à l'inverse une sorte de rajeunissement de chacun des âges biologiques. Comme le note Patrice Bourdelais (1993), « le sexagénaire des années 1980 ne ressemble guère à celui de l'entre-deux-guerres, encore moins à son ancêtre du début du XIXᵉ ».

L'un des effets fondamentaux de l'allongement de la vie est de modifier non pas seulement la dernière période de la vie, mais l'ensemble du cycle biographique. Trois « nouveaux âges » sont ainsi apparus : l'entrée dans la vie adulte ; la maturité et le passage à la retraite ; la nouvelle « vieillesse », de plus en plus complexe.

L'entrée dans la vie adulte

« Entrer dans la vie adulte signifie occuper un certain nombre de statuts : avoir un emploi, être installé dans un logement indépendant de celui de ses parents, vivre en couple et fonder une famille. La difficulté d'une telle définition est double. Elle tient d'abord au fait que ces différentes étapes ne sont pas toutes franchies au même âge, et le seront probablement de moins en moins ; elle résulte en second lieu de l'ambiguïté grandissante de la définition des seuils censés délimiter ces étapes. En effet, sur le plan de l'emploi comme sur le plan familial, le passage d'un âge à l'autre n'est plus un processus aussi discontinu qu'il l'était auparavant. Un ensemble de statuts intermédiaires s'intercale entre les situations qui relèvent sans discussion possible de l'adolescence ou de l'âge adulte : emplois temporaires, stages professionnels, vie solitaire, vie en couple hors des liens du mariage, vie en couple sans enfants. Les frontières sont donc à la fois moins nettes et moins synchrones qu'elles l'étaient autrefois » (Galland, 1995).

L'entrée dans l'âge adulte se manifeste d'emblée par un report généralisé :

- L'allongement de la période de formation est général : l'âge médian de fin d'études des jeunes nés en 1963 était situé entre 18 et 19 ans ; il atteint 21 ans pour les jeunes nés en 1971. La poursuite d'études longues est un fait majeur qui a connu une accélération considérable depuis dix ans : elle concerne 46 % des filles et 44 % des garçons.

- Le chômage retarde le moment d'accès à un emploi stable : l'âge médian est passé d'un peu plus de 22 ans (génération 1963) à plus de 24 ans (génération 1968), cependant que les situations de précarité d'emploi se multiplient.
- Enfin, l'accès à un habitat autonome, la mise en couple, la naissance du premier enfant sont retardés *(cf. supra)*.

Cependant, la notion de report ne rend pas compte du changement qualitatif de cet âge de la vie transformé par tout un ensemble de situations caractérisées par la précarité et ce que l'on pourrait nommer une semi-autonomie par rapport à la famille d'origine : semi-autonomie financière (aide des parents et « petits boulots »), semi-autonomie résidentielle, avec parfois des retours chez les parents après une période de logement indépendant, semi-autonomie enfin par rapport au statut « d'enfant », instaurant des situations de « déjà plus » et de « pas encore » dans les relations familiales et la vie affective.

De là les questions qui traversent aujourd'hui l'appréhension du phénomène des jeunes adultes :

- Doit-on considérer ce phénomène comme un « allongement de la jeunesse » ou l'apparition d'un nouvel âge de la vie ?
- Doit-on le rapporter prioritairement à des transformations structurelles du calendrier biographique, ou à une situation conjoncturelle du marché du travail, ou encore à une transformation structurelle de l'emploi lui-même ?
- Doit-on considérer que l'essentiel est le « retard » d'un certain nombre de phénomènes, ou la transformation des modalités mêmes de ces phénomènes ?

Ces alternatives permettent de saisir l'acuité des débats contemporains et leurs enjeux en matière familiale.

En outre, les caractéristiques communes à cette période de la vie ne doivent pas masquer d'importantes disparités et inégalités intragénérationnelles, selon le sexe et l'appartenance sociale (cf. l'ensemble du n° d'*Économie et statistiques* consacré aux trajectoires des jeunes, 3/4 n° 283-284, 1995).

Ainsi :

- Les filles quittent plus vite la maison, plus souvent pour se mettre en couple, et subissent particulièrement les difficultés de l'emploi.
- Les étudiants représentent désormais un quart de la population des 19-29 ans, et les deux tiers d'entre eux vivent chez leur parents. À l'inverse, plus des deux tiers des jeunes non étudiants ont un domicile différent de celui de leurs parents (Herpin et Verger, 1998).

La maturité et le passage à la retraite

La cinquantaine ne semble pas encore vraiment identifiée, dans l'opinion, comme un « nouvel âge » de la vie impliquant des problèmes sociaux inédits. Pourtant, comme le montrent les travaux de Xavier Gaullier (1995), se développe de façon croissante ce qu'il nomme le « risque cinquante ans ». C'est un risque d'abord professionnel, par les effets conjugués de la dévalorisation de l'expérience professionnelle dans certains secteurs, des difficultés voire de l'impossibilité de reclassement en cas de licenciement, des effets de la préretraite à un âge où l'on a encore toute une part de la vie devant soi.

Mais c'est aussi un risque personnel et familial : celui d'une crise de l'identité, que les sociologues américains nomment la « crise du milieu de la vie ». Le risque de séparation et de divorce semble y trouver une nouvelle acuité, avec des effets très différents pour les hommes et pour les femmes, qui ont beaucoup plus de probabilité de demeurer seules. Ces évolutions sociales, combinées avec un risque différent de mortalité masculine et féminine, façonnent le nouveau visage de la solitude à l'âge de la maturité : vers soixante ans, une femme sur cinq est seule, mais un homme sur dix seulement. Ces transformations ne manqueront pas d'affecter les modalités des solidarités intergénérationnelles dans les années à venir.

Les trois âges de la vieillesse ?

Dans la vie ordinaire, on distingue désormais souvent deux âges de la vieillesse : le « troisième âge » et la véritable vieillesse. Cependant, cette distinction, si elle est parlante, n'est pas très claire du point de vue des seuils. Quand passe-t-on de l'un à l'autre ? À la mort du conjoint ? Quand la santé s'affaiblit ?

C'est pourquoi, analysant les données du dernier recensement de 1990, Jean-Paul Baraille (1994) propose de distinguer trois sous-groupes, selon des seuils d'âge :

- *Les 60-74 ans* sont en général de jeunes retraités vivant le plus souvent en couple (c'est le cas des trois quarts des individus de cette tranche d'âge). Le plus marquant à cet âge est la diminution du nombre de personnes seules au cours de cette dernière décennie (notons cependant que ces âges ont été peu touchés par l'explosion de la divortialité) et la baisse très sensible du nombre de personnes accueillies par un proche, le plus souvent un enfant : leur proportion a été divisée par plus de deux en moins de trente ans, passant de 20 % à 8 %. L'autonomie financière accrue des retraités contribue fortement à réduire le recours aux enfants pour leur accueil.

- *Les 75-84 ans* pour lesquels les couples ne sont plus majoritaires : entre 75 et 84 ans, les femmes sont deux fois plus nombreuses que les hommes et une sur deux vit seule. Sur les trente dernières années, la progression de la part des couples est notable, passant de 25 à 35 %, mais celle des personnes seules est plus rapide encore : de 30 % en 1962 à 45 % en 1990. Dans le même temps, on assiste à une chute spectaculaire du nombre de personnes hébergées par un proche. Sans doute faut-il y voir d'abord une capacité toujours plus grande des personnes âgées à vivre en autonomie financière, physique et intellectuelle, grâce à divers systèmes d'aides à domicile qui leur permettent de conserver leur cadre et leur mode de vie plus longtemps qu'autrefois.

• *Les 85 ans et plus* pour lesquels l'état de dépendance est plus sensible : leur effectif a progressé de 40 % entre 1982 et 1990. Alors que près d'un homme sur deux vit encore avec sa conjointe, seule une femme sur douze vit en couple à cet âge. En 1962, au même âge, près d'une personne sur deux était accueillie par un parent. Cette pratique tend à devenir l'exception puisque moins de 20 % des plus de 84 ans partagent le logement d'un membre de leur famille. Ils ont de plus en plus tendance à vivre seuls. Parmi eux, les personnes seules n'étaient que 25 % en 1962, elles représentent, en 1990, 40 % de cette classe d'âge.

B. LA FAMILLE ÉTENDUE SE RESSERRE SUR L'AXE ÉTIRÉ DE LA FILIATION

Les relations entre collatéraux adultes sont aujourd'hui à la fois moins fréquentes et plus électives que par le passé : ainsi entre frères et sœurs adultes, on peut constater aussi bien une très grande proximité qu'à l'inverse un éloignement allant jusqu'à la quasi-disparition des relations. À part à l'occasion de rares regroupements familiaux, les relations avec la parentèle élargie (oncles, tantes et cousins) sont beaucoup moins fréquentes qu'autrefois, en partie du fait de la mobilité géographique.

En revanche, les échanges à l'intérieur de la parentèle restreinte, entre les enfants adultes et leurs parents, sont fréquentes et intenses. Ils engagent désormais souvent quatre générations. On peut dire ainsi que le réseau familial « activé » est devenu plus étroit et plus étiré.

On est ainsi passé d'une situation ancienne de succession des générations à une situation de chevauchement de trois à quatre générations. Le compagnonnage prolongé dans la vie des générations successives s'accompagne d'une grande intensité des échanges, longtemps sous-estimée, mais redécouverte aujourd'hui.

Toutes les enquêtes soulignent que les échanges et solidarités intergénérationnels sont *d'abord verticaux, d'abord consanguins, d'abord matrilinéaires, et polarisés sur la femme de la génération pivot.*

Le phénomène social le plus marquant tient en effet à l'apparition d'une « génération pivot » (Attias-Donfut, 1995), intermédiaire entre la génération des jeunes et celle des vieux.

La génération pivot contemporaine se caractérise par des ressources élevées, supérieures à celles de ses enfants et encore plus de ses parents. Cette génération cumule les aides aux enfants adultes et les aides aux parents âgés. Depuis les années soixante, la tendance est à la baisse de sa cohabitation avec les ascendants, et à l'augmentation de celle-ci avec les jeunes adultes.

Les deux caractéristiques majeures de ces solidarités intergénérationnelles sont connues. Elles sont *féminines*, quelle que soit la génération, pour tout ce qui relève des services, et l'axe maternel est plus mobilisé que l'axe paternel. Elles sont *inégalitaires* : les plus aidés sont ceux qui en ont le moins besoin (Déchaux, 1994).

L'importance des aides financières intrafamiliales

De Barry *et al.* (1996) ont démontré l'importance de l'entraide financière intrafamiliale : 135 milliards annuels sont mobilisés, les trois quarts en espèces, pour des aides surtout irrégulières ou occasionnelles. Les trois quarts de ces aides circulent des ascendants vers les descendants (100 milliards) sans compter les héritages et donations, qui représentent environ 200 milliards annuels. Les jeunes générations, de moins de 40 ans, cumulent l'essentiel des aides, de leurs parents et grands-parents. Les générations intermédiaires (40 à 59 ans) donnent deux fois plus qu'elles ne reçoivent de leurs propres parents, bien qu'on note cependant un transfert annuel de 10 milliards des générations pivots vers les plus vieux. Le reste des aides, soit 20 milliards, s'adresse surtout aux frères et sœurs, principalement par des aides en nature.

De leur côté, Paugam et Zoyem (1998) soulignent la place essentielle du soutien financier de la famille dans les revenus des ménages : sur 70 % des ménages (les 18-64 ans), les deux tiers disent pouvoir bénéficier d'aide financière de leur famille. À partir de données représentatives dont ont volontairement été exclus les étudiants (qui reçoivent l'essentiel des aides familiales), on voit que les principaux bénéficiaires du soutien financier de la famille sont les ménages jeunes ou aisés. Pour ces derniers, l'aide compense souvent une régression de statut social, alors qu'à l'inverse, dans les milieux ouvriers, elle correspond plus fréquemment à une aide à l'ascension sociale. L'effet du soutien de la famille envers les ménages les plus démunis n'est pas négligeable : elle permet à la moitié de ceux des ménages dont le revenu par unité de consommation est inférieur à 2 300 F qui ont bénéficié de cette aide, de franchir le seuil de pauvreté.

L'intensité des échanges et services

Les échanges de services sont généralisés sur les trois générations, avec une plus grande intensité entre les pivots et les jeunes. Ce sont les pivots qui sont les plus grands pourvoyeurs d'aide, tant en direction des jeunes que des parents très âgés.

Les services rendus aux jeunes adultes sont surtout la garde des enfants (40 % des grands-parents la pratiquent), l'accueil pour les vacances, le partage de la maison familiale.

Quant aux personnes âgées, elles sont soutenues selon les formes nouvelles d'une « solidarité à distance » qui, sans impliquer la cohabitation, suppose de nombreux échanges et services. 32 % de la génération pivot (6,6 % des jeunes) fournit un support aux personnes âgées de leur famille souffrant de formes plus ou moins accentuées de handicap.

La moitié des hommes et femmes de plus de 70 ans bénéficient d'une aide de l'entourage :

- 21,6 % des hommes ont une aide de leur conjoint et 27 % une aide de leurs descendants,
- 6,7 % des femmes ont une aide de leur conjoint, et 40 % une aide de leurs descendants.

Dans les trois quarts des cas, c'est une femme qui fournit l'aide : une fille (63 % des cas) ou une belle-fille (9 %).

(Pour toutes ces données, cf. Attias-Donfut, 1995.)

Ainsi la mutation de la famille étendue s'inscrit en faux contre le stéréotype de l'affaiblissement continu des solidarités familiales. Il faut cependant se garder d'accréditer à l'inverse l'image idyllique d'une solidarité intergénérationnelle sans problèmes ni contradictions. Car le don et la dette, on le sait, ont aussi, à leur manière, un coût. Inégales et inégalitaires, les solidarités familiales ne sont pas la providence de la crise de l'État providence. Bien au contraire, comme on le verra, elles apparaissent aujourd'hui plus menacées par chacun de ses reculs.

De façon plus générale, famille étendue et famille nucléaire sont indissociables. Elles dessinent un ensemble complexe d'interrelations, qui situe le groupe formé des parents et de leurs enfants au sein d'une constellation d'échanges, ou chacun passe, avec le temps, du statut d'aidé à celui d'aidant. Le rappeler permet de mettre en cause certains des clichés sur la famille contemporaine, et de comprendre à quel point la double mutation structurelle de la famille allie de façon complexe l'élection affective et l'appartenance familiale. On sait mieux maintenant la valeur que conserve, envers et contre tout, la mémoire familiale (Muxel, 1996). Et on ne sera pas surpris de voir se dessiner, quand vient le temps du deuil, de nouvelles formes d'affiliation où se ritualise autrement le souvenir des morts (Déchaux, 1997). Par elles se combinent l'affirmation de la sujectivité individuelle et le besoin fondamental de l'être humain d'inscrire le court temps de sa vie dans la chaîne des générations.

Conclusion

La double mutation de la famille se présente d'abord, au terme de cette analyse, comme une mutation heureuse. Le mot surprendra, choquera peut-être. Pourtant, la perspective du temps long fait apparaître la force de la dynamique de l'égalité des sexes, du souci de l'enfant, de l'accroissement de l'espérance de vie. Qui souhaiterait revenir en arrière ? Les transformations que l'on a présentées, tant du lien de conjugalité et du lien de filiation que du lien intergénérationnel, manifestent la vitalité du lien familial contemporain. Les indicateurs démographiques, ainsi replacés dans leur signification, apparaissent moins univoques que ne le laisse croire l'opposition classique entre la famille des années cinquante-soixante et celle d'aujourd'hui. Si les problèmes contemporains sont indéniables, leur diagnostic mérite sans doute d'être reformulé :

- *La baisse de la nuptialité* ne signifie en rien le refus de l'engagement, mais la place nouvelle de l'institution matrimoniale, dans une société qui reconnaît aux individus la liberté d'instituer ou non leur lien de couple. Le mariage a cessé d'être une obligation sociale, pour devenir un choix relevant de la conscience personnelle. Loin d'en être inéluctablement dévaluée, l'institution y trouve une signification nouvelle pour ceux qui la choisissent. Quant à la cohabitation adulte, elle trouve sa légitimité dans la valorisation d'un pacte privé dont les enjeux sont moins différents qu'on ne le pense du pacte matrimonial contemporain. Cependant, le concubinage demeure fragilisé de n'être pas encore véritablement reconnu comme une forme d'union spécifique, impliquant des effets de droit.
- *La montée des naissances hors mariage* ne traduit aucune fracture sociale ou idéologique entre familles naturelles et familles légitimes. Bien à l'inverse, la pluralité des couples s'accompagne de l'affirmation progressive de l'unité des fondements, des enjeux et des modalités du lien de la filiation. L'accompagnement par le droit de l'assimilation entre enfants naturels et légitimes a été un puissant facteur de cohésion sociale. Le conforter encore est l'un des enjeux essentiels non seulement de l'égalité entre les enfants mais de la resécurisation du lien familial tout entier.
- *La baisse de la fécondité* demande une interprétation nuancée. Elle ne manifeste pas un refus de l'enfant, mais

d'abord la généralisation sociale d'un modèle de famille de taille réduite, autour de deux ou trois enfants. Ce modèle accompagne la personnalisation du lien à l'enfant, objet d'investissement affectif et éducatif à un degré jamais égalé. Cependant, la baisse drastique du nombre d'enfants en Europe peut indiquer que les individus n'ont pas aujourd'hui tous les enfants qu'ils pourraient ou voudraient avoir. C'est pourquoi deux phénomènes devraient polariser l'attention : la difficulté pour les femmes à s'insérer sur le marché du travail, les effets du retard dans le calendrier des naissances sur la descendance finale.

• *La précarité des unions* est réelle, mais ne se traduit pas par une « explosion » générale des familles. Il est frappant qu'à l'heure où le divorce a perdu son caractère de stigmatisation, les unions stables restent dominantes. Cependant, les effets de la séparation sur le lien de filiation apparaissent aujourd'hui dans toute leur ampleur. La fragilisation des liens entre les pères et les enfants est devenue l'une des questions les plus importantes de la société contemporaine, dont les femmes ne tirent aucune victoire, mais souvent la responsabilité d'assurer seules la continuité de l'éducation des enfants, en affrontant de multiples difficultés matérielles. Plus qu'à l'éclatement de la famille ou à la stigmatisation des mauvais parents, l'attention devrait être portée sur les réticences et les blocages qui entravent l'élaboration de nouvelles normes de coparentalité dans les familles séparées.

• *Le vieillissement de la population* apparaît comme un phénomène d'autant plus inquiétant que se conjuguent aujourd'hui la baisse de la fécondité et l'allongement de la vie. Mais l'enjeu essentiel serait sans doute de tirer toutes les conséquences de l'accroissement de l'espérance de vie sur l'ensemble du cycle biographique. Le « rajeunissement » de tous les âges de la vie, qui devrait impliquer un redéploiement des temps de la formation, de l'activité et de la retraite, demeure aujourd'hui une sorte de tabou social.

La famille, au bout du compte, est en train de changer de visage. Plus complexe, elle est à la fois plus exigeante et plus fragile, et les transformations que nous vivons sont inéluctables. Pourtant, ce diagnostic doit à son tour être précisé. La double mutation de la famille est loin d'être univoque. Elle ne s'inscrit pas dans la marche radieuse du progrès. Inachevée, précarisée, et d'une certaine façon inassumée, elle fait surgir de nouveaux risques pour les individus et le lien familial.

PROBLÈMES DU LIEN FAMILIAL
CONTEMPORAIN

Prendre en compte l'enracinement historique des mutations actuelles de la famille permet d'éclairer de façon différente certains des problèmes majeurs qui affectent le lien familial contemporain. On les rapporte souvent, comme on l'a rappelé en introduction de ce texte, à un reflux de la famille au profit de l'individu. Dans ce cas, la tentation inévitable est d'en appeler sinon à un retour en arrière, du moins à une interruption des évolutions en cours au nom de leurs effets négatifs. Notre analyse est inverse : c'est parce que la mutation est structurelle mais *inachevée* et *inassumée*, que surgissent les principales difficultés au sein des familles. Dans un contexte économique difficile, cette double caractéristique a des effets démultiplicateurs des inégalités sociales : *précarisée*, la mutation de la famille risque de conduire à des formes plus accentuées de dualisation de la société.

La mutation de la famille est encore loin d'être achevée :

- Entre hommes et femmes, la conquête de l'égalité en droit se conjugue avec le maintien de fortes inégalités en fait. Au-delà, un nouveau « contrat de genre », qui indiquerait comment la société tout entière pense désormais la coexistence des hommes et des femmes, dans la vie sociale, familiale et professionnelle n'est pas encore établi.
- Entre parents et enfants, l'affectivation des liens et le souci de l'enfant vont de pair avec un désarroi profond sur les fondements et les modalités de la transmission

générationnelle. Tout se passe comme si les places respectives des uns et des autres ne parvenaient pas à se réassurer vraiment. Le nouveau « pacte de filiation » demeure incertain.

- La sécurité et la stabilité du lien de filiation ne sont pas assurées : en cas de séparation, le maintien d'une forte inégalité entre les rôles paternel et maternel se traduit par une sécurité du lien principalement sur l'axe maternel, cependant que l'axe paternel est fragilisé au point de se traduire, dans un quart des cas encore aujourd'hui, par une rupture totale des liens père-enfant.

- Les solidarités intergénérationnelles, bien que vivantes et intenses, se trouvent face désormais à la conjonction de deux phénomènes : un accroissement de la dépendance des ménages jeunes et des très âgés, d'une part ; un reflux de l'État providence d'autre part. Ce double phénomène menace l'ensemble de l'équilibre des circuits d'échanges intrafamiliaux.

I. Une mutation familiale inachevée et précarisée

Analyser ces quatre questions devrait permettre de mieux établir le diagnostic des problèmes, en particulier des nouveaux *risques* qui menacent le lien familial contemporain.

A. DIFFÉRENCE ET ÉGALITÉ DES SEXES : LE NOUVEAU « CONTRAT DE GENRE » N'EST PAS ÉTABLI

La dynamique égalitaire, dont on a souligné l'importance dans la transformation de la famille, ne signifie pas égalité entre les sexes. Celle-ci est aujourd'hui loin d'être acquise.

A1. L'inégalité persistante des sexes

Malgré leur réussite scolaire, les filles continuent d'être minoritaires dans la plupart des filières prestigieuses. Le travail féminin reste plus précaire, plus soumis au chômage, plus discontinu, moins valorisé que le travail masculin. Le « plafond de verre » qui interdit aux femmes l'accès aux fonctions de direction, se double souvent d'un mur de béton : celui qui sépare les activités dites féminines et les activités dites masculines.

Ces inégalités ne sont pas seulement un héritage. Elles traduisent aussi la difficulté nouvelle à concilier la vie familiale et la vie professionnelle.

En effet, bien que l'engagement des femmes dans l'activité professionnelle soit désormais considéré socialement comme un fait irréversible, ses implications sur l'articulation entre la sphère de la famille et celle du travail demeurent largement laissées au seul soin des femmes elles-mêmes. De nombreux travaux soulignent désormais *l'engrenage qui se crée, du fait que cette conciliation demeure pensée socialement à la fois comme un problème spécifiquement féminin et comme une affaire privée.*

Le travail à temps partiel illustre particulièrement ces problèmes. Il est, comme on le sait, spécifiquement féminin. En 1994, ce type d'emploi est occupé à 83 % par des femmes ; près de 28 % des femmes (4,8 % des hommes) ayant un travail l'occupent à temps partiel. La pratique en croît avec les charges familiales : elle concerne 45 % des femmes mères de trois enfants et plus ayant un emploi. Le travail à temps partiel est souvent présenté comme une aspiration féminine, et en effet les femmes sont plus nombreuses à déclarer le souhaiter. Mais en même temps, celui-ci est de plus en plus souvent imposé : les salariés à temps partiel qui souhaiteraient travailler davantage étaient 29 % en 1991 et 39 % en 1994.

Fragilisées sur le marché du travail par la « double journée », les femmes continuent d'assumer à la maison l'essentiel du travail domestique, et des soins aux enfants. Une enquête Eurobaromètre de 1990 indique que la proportion d'hommes n'assumant *aucune* tâche domestique est de 58,4 % d'après eux-mêmes, et de 60,7 % d'après leur conjointe. D'après elles, les hommes qui font quelque chose font essentiellement les courses (54 %), le transport des enfants (49 %), la vaisselle (48 %) mais seulement 35 % le ménage. Les déclarations masculines, contrairement à ce que l'on aurait pu attendre, ne survalorisent pas leur participation aux tâches domestiques. À l'inverse, ils déclarent toujours en faire moins que ne le dit leur conjointe (sauf pour les courses). Ils ne sont ainsi que 24 % à déclarer faire le ménage.

La primauté maternelle ne se manifeste pas seulement dans les soins aux tout-petits. Ainsi, une enquête sur le suivi scolaire souligne la permanence de la division des rôles éducatifs : « Dans tous les milieux, en moyenne, les pères consacrent deux fois moins de temps que leur épouse à chaque enfant scolarisé [...]. À l'homme l'intervention d'urgence (aux seuls critiques de la scolarité), à la femme le suivi quotidien. L'abstention totale est fréquente chez les pères. Du cours préparatoire à la seconde, on en compte toujours 30 à 40 % qui déclarent ne jamais aider leurs enfants » (Héran, 1994).

Ces différences manifestent les limites de la dynamique de l'égalité.

Que les femmes n'aient pas adopté le mode masculin d'intégration sociale et professionnelle est une évidence. Comment et pourquoi l'auraient-elles fait ? Celui-ci suppose par définition la division des rôles. Mais on ne peut pas en déduire, comme on le fait parfois, que la situation actuelle traduise en tant que telle une aspiration des femmes, autrement dit l'apparition d'un modèle féminin positif d'équilibre entre les sphères de la famille et du travail.

Plus simplement, cette situation témoigne de formes nouvelles d'inégalité entre les sexes, dès lors que le bouleversement sociétal associé à la fin du modèle de la femme au foyer demeure largement pensé comme une question de négociation privée intrafamiliale. Source de tensions et de conflits, ces inégalités pèsent sur les rapports parents/enfants au quotidien, contribuent à la précarisation du lien de couple et, en cas de rupture, vont rendre plus difficile le maintien du lien de l'enfant à ses deux parents.

Souligner les effets d'engrenage ainsi créés amène à se demander si la dynamique de l'égalité poursuivra sa lancée, ou si elle butera sur une recomposition nouvelle du partage des rôles, au détriment des femmes. La question, au plan des représentations du moins, n'est pas nouvelle. Il y a cinquante ans, Simone de Beauvoir critiquait déjà dans *Le Deuxième Sexe*, le profond déficit d'imagination par lequel toute idée d'égalité réelle est associé à une crainte de l'indifférenciation du masculin et du féminin. « Ceux qui parlent tant d'égalité dans la différence auraient mauvaise grâce à ne pas m'accorder qu'il puisse y avoir des différences dans l'égalité » écrivait-elle. Aujourd'hui, les esprits ont évolué, mais pas encore au point de considérer l'articulation entre famille et travail à la fois comme une question masculine et une question sociale.

En ce sens on peut dire qu'un nouveau « contrat de genre » égalitaire entre hommes et femmes n'est pas encore véritablement établi.

A2. De nouvelles formes d'inégalité entre les femmes

Cependant, la focalisation sur la seule inégalité entre les sexes peut tromper. En réalité, le risque majeur qu'elle crée est désormais celui d'une forme nouvelle d'inégalité *entre les femmes elles-mêmes*. On peut percevoir aujourd'hui l'amorce d'une véritable dualisation des destins féminins. À un pôle, les femmes qui bénéficient à la fois d'une carrière intéressante et bien rémunérée, d'une prise en charge de leurs enfants compatible avec leurs horaires de travail, d'un service domestique et de conditions de logement favorables, parviennent sans grande difficulté à concilier féminité, maternité et accomplissement personnel. À l'autre pôle, les femmes qui subissent de plein fouet la précarisation de l'emploi, le manque de moyens pour la garde des enfants, les heures passées dans les transports et la totalité des tâches ménagères, se sentent flouées aussi bien comme femmes et mères que comme salariées. Entre ces deux extrêmes, tout un continuum de situations montre que la conciliation entre vie familiale et vie professionnelle est moins une affaire d'identité féminine en soi qu'un problème d'appartenance sociale (Desplanques, 1993).

Souligner ces inégalités entre les femmes amène à reformuler deux questions traditionnelles du débat sur la famille : celle de la signification du travail féminin, et celle du « retour à la maison ».

La signification du travail féminin

S'il est vrai que les femmes ont voulu travailler, réduire l'activité féminine à une sorte de gratification identitaire, un « plus » dans l'épanouissement personnel que l'on choisirait à son gré, n'a aujourd'hui plus aucun sens. Désormais, les femmes, comme les hommes, travaillent. Par la force de la nécessité économique, l'évidence du besoin d'autonomie, et si possible pour y trouver du sens. Mais l'inégalité sociale face à la conciliation entre famille et travail creuse un écart accru entre la possibilité d'un travail féminin valorisé, reconnu et bien rémunéré (Barret-Ducrocq et Pisier, 1997) et le développement imposé d'un travail féminin pénible, fortement précarisé, morcelé et sous-payé (Fagnani et Descolonges, 1997).

Le « retour à la maison »

De même, la crainte, souvent agitée, d'un renvoi des femmes à la maison masque l'inégalité profonde des risques. Pour les plus privilégiées, ce risque n'existe simplement plus. Mais à l'inverse, l'accumulation des difficultés et des tensions quotidiennes induit un profond découragement chez une part croissante des femmes des couches populaires. Pour elles, « rentrer à la maison » peut apparaître comme un souhait, surtout quand les enfants sont jeunes. Mais ce souhait est davantage le signe d'un épuisement et d'un renoncement qu'un véritable choix, au risque que la dépendance économique ainsi créée ne redouble ultérieurement chacune des difficultés de leur trajectoire biographique.

B. DIFFÉRENCE DES GÉNÉRATIONS :
LE NOUVEAU PACTE DE FILIATION EST INCERTAIN

Les transformations des relations entre parents et enfants sont souvent présentées comme l'un des traits les plus positifs de la mutation de la famille. Moins rigides, moins distantes et moins autoritaires, elles traduiraient à la fois le souci accru de respecter, dès le plus jeune âge, les besoins propres de l'enfant et celui d'accompagner le développement de ses potentialités en transformant le processus éducatif en un échange dans lequel l'enfant est considéré comme un partenaire. La bonne entente intergénérationnelle, attestée par les sondages, aurait remplacé l'ancien « conflit des générations ».

B1. Les ambiguïtés de la « personnalisation » de l'enfant

Cependant, cette vision idyllique est loin d'aller de soi. Les relations entre parents et enfants apparaissent aussi comme la source d'un désarroi important, d'un brouillage des repères fondamentaux de l'éducation et d'une crise de la transmission dont les effets extrêmes peuvent être aussi bien explosifs (la délinquance) qu'implosifs : augmentation des difficultés psychiques et des conduites d'addiction chez les jeunes, voire du suicide chez les adolescents et les jeunes adultes (Chauvel, 1997).

Ces perceptions opposées sont pourtant moins contradictoires qu'il n'y paraît. Elles mettent en lumière l'ambiguïté fondamentale qui a présidé à la personnalisation du lien à l'enfant. S'affirmant comme la découverte d'un continent longtemps occulté, l'idée que « l'enfant est une personne » se donne comme une vision plus large et plus pleine de l'enfance. Pourtant, elle repose aussi sur une *réduction* de la définition sociale de l'enfant à une seule dimension. Cette contradiction a été mise magistralement en lumière dès les années cinquante par Hannah Arendt. Elle soulignait alors la double nature de l'enfant : « L'enfant, objet de l'éducation, se présente à l'éducateur sous un double aspect : il est nouveau dans un monde qui lui est étranger, et il est en devenir ; il est un nouvel être humain et il est en train de devenir un être humain. Ce double aspect ne va absolument pas de soi. »

En effet, la double nature de l'enfant entraîne une tension, parfois des conflits, entre deux exigences aussi fondamentales l'une que l'autre. Assurer à l'enfant son développement propre, en relation à la vie qui est née avec lui. L'accueillir comme un nouveau venu au sein du monde humain, et lui enseigner un monde « qui a commencé avant sa naissance, qui continuera après sa mort et dans lequel il doit passer sa vie » (Arendt, 1991).

Considérer l'enfant comme une personne déjà constituée, dont il ne s'agirait que d'accompagner le développement et de favoriser les potentialités propres, consiste très précisément à refuser cette tension, et à dévaluer la tâche de l'apprentissage du monde au profit de celle de l'émancipation vitale. De là, selon Hannah Arendt, la disqualification conjointe du passé, réduit à un ensemble de « savoirs morts », et de l'autorité adulte, assimilée à l'abus de pouvoir.

Analyser la personnalisation du rapport à l'enfant comme le triomphe de la valeur de la vie sur la valeur du monde, de l'actualité de la relation interpersonnelle sur la dimension de la transmission générationnelle, permet de rendre compte des désarrois qui accompagnent aujourd'hui les nouvelles formes de la relation parents-enfants. Elle amène aussi à situer les enjeux de ces relations bien au-delà du seul horizon personnel ou familial (Finkielkraut, 1996).

Les stratégies éducatives, comme les modalités du lien, sont étroitement dépendantes des transformations de la société dans son ensemble, des valeurs collectives qu'elle prône et des modalités de socialisation qu'elle impose. Le récent *Rapport sur la paternité* (1997), remis au ministère des Affaires sociales et de la Solidarité par Alain Bruel, président du tribunal pour enfants de Paris, met particulièrement en lumière la dimension sociale de la « crise de la paternité ».

En effet, la « déchirure paternelle » (Hurstel, 1996) ne renvoie pas seulement à la redéfinition des rôles masculins et féminins. Elle cristallise de façon aiguë une difficulté de l'exercice de la *fonction parentale* dont les mères, autant que les pères, font aujourd'hui l'expérience. On mesure mieux désormais les risques que représente, pour l'enfant lui-même, pour sa construction identitaire et sa socialisation, une certaine forme de délégitimation de la référence au monde adulte, quand l'enfance ou la jeunesse deviennent des valeurs en soi.

C'est en ce sens que l'on peut souligner l'incertitude persistante du nouveau pacte de la filiation.

B2. L'inégalité entre les pères et la crise de la masculinité

Pour la plupart des parents, les incertitudes de la parentalité trouvent cependant un dérivé, si ce n'est une issue, dans la recomposition des modes de transmission autour de la priorité donnée désormais au « capital scolaire » de l'enfant. L'investissement parental sur la scolarité des enfants est aujourd'hui démultiplié par l'angoisse extrême des lendemains. De nombreux parents déploient des stratégies éducatives complexes, dans une compétition sans merci pour l'excellence. La « tension entre l'épanouissement personnel et la réussite scolaire » (Singly, 1996) y trouve une forme de résolution, et recompose la légitimité de l'autorité éducative. Celle-ci trouvera en outre à l'extérieur, auprès des professeurs et d'autres parents, un contexte d'appui. L'investissement prioritaire des mères dans les tâches éducatives (Blöss, 1997), loin d'affaiblir l'autorité paternelle, lui offre l'espace d'une extériorité.

À l'inverse, l'impossibilité de valoriser un « capital scolaire » pour l'enfant accroît fortement la crise de la transmission générationnelle. De nombreuses études soulignent à quel point la paternité est fragilisée dans les fractions de la population très affectées par le chômage, dans les quartiers de relégation. Se cumulent alors une difficulté à transmettre les valeurs, à dire la loi, à dessiner un avenir et à exprimer l'affection. Mais sans doute l'apport le plus important de ces recherches est-il de souligner l'importance de la *territorialisation* des phénomènes de désaffiliation sociale (Donzelot et Roman, 1998). En ce sens, les accusations à l'égard des « parents démissionnaires » ne sont pas seulement moralement choquantes, elles sont sociologiquement naïves quand elles déplacent sur le seul fonctionnement intrafamilial un problème qui est d'abord collectif et social.

En effet, les relations parents/enfants ne se jouent jamais « hors contexte ». Dans certains quartiers, elles doivent affronter non seulement leurs difficultés intrinsèques, mais une délégitimation massive et quotidienne de la référence parentale, venue de l'extérieur de la famille.

Le développement du *caïdat* est sans doute l'expression la plus aiguë de ce processus de délégitimation de l'ensemble des institutions, dont la famille, au nom d'intérêts et de valeurs de type maffieux (Bruel, 1997). Faute d'avoir encore fait l'objet d'une véritable analyse, faute que soit organisée contre lui *une lutte sans merci de la société démocratique*, le caïdat sous toutes ses formes trouve dans les difficultés sociales des jeunes la possibilité de son déploiement.

En effet, les difficultés dans l'exercice de la paternité ne prennent toute leur ampleur, selon Hugues Lagrange (1998), que parce que se développe en contrepoint une crise de la masculinité chez les jeunes eux-mêmes. Analysant la genèse des comportements délinquants des quartiers de relégation, H. Lagrange montre l'enchaînement de l'effondrement de la croyance au progrès, de la récession économique et de la crise de la masculinité. Il souligne le caractère spécifiquement masculin de la plupart des comportements violents, qu'ils soient tournés contre autrui ou contre soi : « Les violences personnelles et interpersonnelles sont pour l'essentiel le fait de jeunes hommes. La plupart des délinquants, violents ou non, sont des hommes entre 15 et 35 ans. C'est aussi chez les hommes que l'incidence de la toxicomanie dans cette phase de la vie est la plus importante ; c'est encore chez les hommes jeunes que les taux de suicide sont les plus hauts et se sont élevés très sensiblement dans la période 1975-85. Criminalité violente, suicide, toxicomanie sont spécifiquement des expressions masculines de la difficulté d'être. Je crains que l'on ne comprenne pas ces phénomènes si on ne s'interroge pas sur cette difficulté d'être des hommes jeunes dans les dernières décennies. »

La crise de la masculinité, au croisement de l'effondrement des modèles anciens de domination de sexe, de la crise des valeurs patriarcales et du déficit d'espoir d'accéder à un statut professionnel, déplace la recherche de l'estime de soi sur un retour aux valeurs « viriles ». Les codes d'honneur dont ces jeunes se réclament, les soumissions qu'ils acceptent et qui vont souvent à l'inverse des valeurs de liberté et d'égalité, expriment, selon H. Lagrange, « une volonté de revanche sur les galères de leur vie quotidienne dans des cités "pourries", sur la honte subie à travers la relégation dans des filières dévalorisantes et des stages sans débouchés, sur les humiliations subies par leurs parents ».

La situation des jeunes d'origine étrangère, pour lesquels s'accumulent ces handicaps sociaux et se rajoute la difficulté de l'intégration en France, justifiait d'une analyse particulièrement développée dans ce rapport. Michèle Tribalat, qui a dirigé la première grande enquête quantitative sur l'intégration des jeunes nés de parents immigrés (enquête MGIS) et une récente enquête qualitative, a bien voulu l'écrire. On trouvera ce texte en Annexe 2.

C. L'INSÉCURITÉ DU LIEN DE FILIATION EN CAS DE RUPTURE DU COUPLE

L'insécurité du lien de filiation en cas de rupture du couple s'est traduite à la fois par les phénomènes de dilution du lien père-enfant et par les difficultés des mères de famille monoparentale, au plan économique comme au plan éducatif. Cependant, ce constat doit être nuancé : le dernier recensement (1990) démontre la forte hétérogénéité des familles monoparentales, et on constate depuis quelques années que les contacts fréquents père-enfant se multiplient. Dans ce domaine aussi, les inégalités sociales sont déterminantes.

C1. La précarisation des liens père-enfant

Les chiffres *(cf. chapitre précédent et Annexe 1)* donnent la mesure du phénomène : en 1994, plus d'un quart des pères ne voient plus du tout leurs enfants après une séparation. On sait en outre que l'obligation d'entretien, qui se traduit le plus souvent en cas de divorce par une pension alimentaire à la charge du père, est fortement fragilisée par la séparation : 30 % environ de ces pensions ne sont jamais payées (Festy et Valetas, 1993).

Dans le passé, il était considéré comme une fatalité que la rupture du couple entraînât une alternative parentale : l'enfant avait un « parent gardien » et l'autre, bien que ne perdant pas tous ses droits, devenait une sorte de parent secondaire. Depuis le début du siècle, la garde des enfants a ainsi été confiée presque exclusivement (85 à 90 % des cas) à la mère, en référence au partage des rôles parentaux. Les pères trouvaient normal que les mères soient désignées, et la société n'en était pas troublée. Le divorce, très minoritaire, était considéré comme une déviance sociale dont les effets étaient d'abord rapportés à la dissociation de la famille en tant que telle.

En 1975, lors de l'introduction du divorce par consentement mutuel, l'intérêt de l'enfant devient le critère exclusif d'organisation de la famille dissociée. Mais personne n'imagine alors que l'on puisse échapper à la fatalité de l'alternative et le Code civil prévoit que « l'enfant sera confié à l'un *ou* l'autre des parents ». Dans un contexte où la disparité des rôles paternel et maternel reste forte, les enfants sont confiés à la mère dans 85 % des cas, en conformité avec les demandes des parents.

La montée du divorce change la perspective à partir du début des années quatre-vingt. Il devient socialement de plus en plus insupportable que l'idéal d'indissolubilité de la filiation, commun aux pères et aux mères, se traduise par une précarisation de la paternité d'une ampleur quantitative sans précédent.

Se conjuguent ici deux phénomènes très différents :

- L'éviction d'un certain nombre de pères, dont témoigne la création de différentes associations principalement composées d'hommes qui se sont vus privés du contact à leurs enfants.
- Un autre phénomène, plus sourd et silencieux, de carence paternelle, se traduisant par l'abandon de toute responsabilité à la fois dans l'entretien et dans l'éducation des enfants.

En réaction à ces deux phénomènes, s'est élaboré chez une minorité de parents, puis affirmé progressivement au plan social, un principe nouveau de *coparentalité* maintenue en cas de rupture du couple. Il s'est traduit par la création prétorienne des « gardes conjointes » par les magistrats, puis par l'édiction du principe d'autorité parentale exercée en commun après divorce, par la loi du 8 janvier 1993.

Cependant, malgré cette révolution dans les principes de référence, les comportements évoluent peu et la résidence de l'enfant demeure dans l'immense majorité des cas fixée chez la mère (Fulchiron et Gouttenoire-Cornut, 1997).

En effet, les attitudes sociales face à l'idéal de coparentalité demeurent incertaines et contradictoires, valorisant d'un côté le « droit de l'enfant à conserver ses deux parents », mais condamnant de l'autre l'hébergement partagé chez l'un et l'autre de ceux-ci, au nom des « savoirs psychologiques » sur les méfaits de l'alternance *(cf. infra, deuxième partie, chapitre « Autorité parentale »).*

C2. Désaffiliation et précarité sociale

Toutes les études sur le divorce et la séparation soulignent le poids de l'appartenance sociale dans la capacité de maintenir le lien de l'enfant à ses deux parents après une rupture du couple. Plus on descend dans l'échelle sociale, plus les relations père/enfant se distendent (Martin, 1997), et les pensions alimentaires sont d'autant moins payées que leur montant est plus faible (Festy et Valetas, 1993).

Parmi les « familles monoparentales », certaines sont en réalité seulement des *foyers* monoparentaux inscrits dans une famille biparentale, lorsque l'autre parent de l'enfant continue de le voir, l'éduquer, le soigner et l'entretenir. En revanche, d'autres sont réellement des familles à un seul parent, particulièrement nombreuses dans les couches les plus défavorisées.

Entre 1985 et 1995, l'augmentation du nombre des familles monoparentales a été trois fois plus rapide parmi les pauvres que dans l'ensemble des ménages (12 % d'entre elles étaient pauvres ; 17 % dix ans plus tard), bien que 72 % des chefs de ménage aient un emploi. Elles se situent désormais en bas de la hiérarchie des revenus par équivalent adulte, derrière les familles nombreuses.

Les aides des pères sont faibles : 20 % seulement des foyers monoparentaux reçoivent une pension alimentaire, alors que 60 % d'entre eux sont issus de divorce, sans compter la part des séparations d'unions de fait, sans doute de 10 à 15 % (Herpin et Olier, 1997).

Ainsi, l'appauvrissement des familles monoparentales s'accroît, cependant que l'on constate, chez les hommes « sans domicile fixe », la fréquence de processus de désaffiliation sociale faisant suite à une rupture familiale.

Le coût social et humain du divorce est sans doute le plus inégalement partagé des problèmes induits par les transformations du lien familial contemporain.

D. INÉGALITÉ ET FRAGILITÉ DES SOLIDARITÉS FAMILIALES

La vitalité et l'intensité des solidarités familiales actuelles démentent l'idée encore parfois énoncée d'une déroute des valeurs familiales. Elles ne prennent cependant leur signification véritable que replacées dans le contexte plus général des inégalités actuelles entre les âges. Aujourd'hui, comme on le sait, les générations âgées disposent d'un niveau de revenu élevé : le revenu par unité de consommation des retraités a rejoint, sinon dépassé celui des actifs. Au même moment, les nouvelles générations expérimentent une détérioration sans précédent de leur niveau de vie, non plus seulement en valeur relative, mais absolue depuis le début des années quatre-vingt-dix.

La famille joue ainsi un rôle important d'amortisseur de la crise.

Cependant, deux questions doivent être soulignées : l'inégalité des solidarités privées, et la fragilité spécifique des solidarités familiales.

D1. L'inégalité des aides familiales privées

Au plan des *situations*, les inégalités intergénérationnelles entre la population âgée et les jeunes se doublent aujourd'hui d'inégalités intragénérationnelles renforcées : « Si les ménages cadres supérieurs à la retraite ont un niveau de vie sensiblement supérieur à celui de leurs homologues actifs, la situation est inverse chez les ouvriers. Il existe encore des poches de pauvreté importantes parmi les retraités, notamment chez les veuves très âgées », rappelle André Masson (1998).

Mais de nombreux travaux soulignent que ce renforcement des inégalités intragénérationnelles se manifeste surtout chez les jeunes adultes. Herpin et Verger (1998) indiquent que les ménages étudiants ont un revenu relativement élevé, bien que la part des revenus du travail soit faible (28 %), alors que celle-ci est importante dans les autres ménages de moins de 30 ans (83 %). Ces ménages non étudiants sont ceux qui subissent de plein fouet le chômage et la précarisation du travail.

Au plan des *solidarités*, les étudiants ont une aide très importante de leur famille et sont peu touchés par la pauvreté, alors que les autres jeunes sont plus pauvres et moins aidés. Dans les milieux modestes, l'effort de financement des études longues peut conduire à abaisser le niveau de vie du groupe familial au-dessous du seuil de pauvreté. D'où la contrainte d'abréger les études ou de choisir des filières courtes (Herpin et Verger, 1998). De façon générale, la possibilité d'être aidé de ses proches est d'autant plus faible que le degré de précarité de l'emploi est élevé.

Ainsi, Paugam et Zoyem (1998) soulignent que les chômeurs de courte durée sont plus fréquemment aidés que les chômeurs de longue durée, et surtout davantage que les personnes en emploi instable. Quant aux enfants de cadres non étudiants, ils sont deux fois plus souvent aidés que ceux d'ouvriers (20 %, contre 10 % d'entre eux), et beaucoup plus en montant mensuel moyen (2 900 francs, contre 900 francs pour les enfants d'ouvriers non qualifiés).

D2. La fragilité spécifique des solidarités familiales

Le terme de « solidarité » familiale est devenu d'un usage si courant qu'on semble en maîtriser le sens. Pourtant, contrairement à une idée reçue, les « dons et contre-dons » ne fonctionnent pas au sein de l'affection familiale comme un système d'échanges directs, où (par exemple) les dons en argent des uns seraient compensés par des contre-dons en service des autres.

En réalité, la caractéristique première des solidarités familiales est d'être un système complexe d'échanges *différés et indirects* entre trois générations imbriquées (Masson, 1998). On ne donne pas à ses enfants en échange de ce qu'ils vous donnent, mais parce que la génération antérieure vous a elle-même donné, dans une « chaîne générationnelle » de transferts idéalement infinie. C'est pourquoi ce système ne peut fonctionner que dans une certaine confiance en sa propre pérennité. Cette sécurité ne s'impose pas par la seule affection : elle exige d'être en quelque sorte *garantie* des aléas individuels et historiques par l'institution familiale et par l'État providence.

Aujourd'hui, les transferts publics à l'égard des retraités sont massifs : les plus de 60 ans touchent globalement chaque année 18 % du revenu national, soit 4 à 5 % de plus que l'ensemble des autres classes d'âge en dépenses d'éducation, allocations familiales, santé, RMI ou chômage. Ce sont ces transferts publics vers les générations âgées qui permettent aux familles de concentrer leur aide vers les plus jeunes. Autrement dit, le circuit complexe des échanges familiaux de biens et services décrit par Claudine Attias-Donfut (1996) ne fonctionne pas de façon autonome.

Or la crise de l'État providence tend à renverser aujourd'hui le rôle général de l'État, qui de « réducteur universel d'insécurité » devient un « facteur spécifique d'insécurité ». Ainsi, l'inquiétude sur l'avenir des retraites peut générer une « épargne de précaution » au détriment de l'investissement sur l'éducation des jeunes générations, mettant en cause l'ensemble du fonctionnement du circuit complexe des échanges intrafamiliaux (Masson, 1998).

Au-delà, ces nouveaux risques amènent à souligner la fondamentale complémentarité, voire l'interdépendance entre solidarités privées et solidarités publiques. Loin que les solidarités familiales se déploient en substitut de l'État providence, le bon fonctionnement de celui-ci est la condition même des solidarités familiales entre les générations.

II. Une mutation inassumée : la crise de l'institution

L'ampleur des transformations de la famille pose, on le voit, la nécessité d'assurer les valeurs communes de référence et les choix sociaux sans lesquels sa mutation inachevée, précarisée par le contexte social et économique, se traduira par une accentuation violente de la dualisation de la société.

Pourtant, cette nécessité demeure encore largement ignorée, voire disqualifiée, du fait du poids idéologique de la question familiale.

Au cœur de ce débat se trouve la question de l'institution. Elle est aujourd'hui prise en étau entre la défense d'un seul modèle de famille (le modèle traditionnel) et le refus pur et simple de toute institution, au nom de la liberté privée. De façon plus indirecte, la thèse sociologique de la « désinstitutionnalisation » de la famille accrédite l'idée que la référence institutionnelle serait désormais tout simplement obsolète. Les modalités nouvelles des échanges intersubjectifs dans le réseau affectif familial, auraient d'ores et déjà réglé le problème : « Une institution que l'on choisit de constituer comme on construit sa maison n'est plus une institution » écrivent deux sociologues en conclusion de leur chapitre sur la famille (Dubet et Martuccelli, 1998).

Pourtant, si l'on est attentif aux mouvements qui animent en profondeur la société, bien des signes attestent que la valeur attachée à la liberté individuelle et le besoin d'institution, loin de s'opposer, grandissent ensemble aujourd'hui. En effet, les bouleversements de la famille sont tels qu'ils ont ouvert un espace vertigineux d'interrogation. Les références qui paraissaient les plus assurées vacillent. Des mots aussi simples que « parent », « enfant », « couple » ou « famille » sont devenus incertains. On y a vu d'abord la rançon heureuse de l'émancipation. Mais ce temps est passé. Aujourd'hui la « crise de l'idéal électif » (Chalvon-Demersay, 1997) atteste de la fragilisation des individus eux-mêmes, quand s'effrite ce que Cornélius Castoriadis nommait *L'Institution imaginaire de la société*.

Mais réinstituer le lien de famille, loin de signifier une crispation sur les références traditionnelles, oblige à l'inverse à la plus déroutante des expériences sociales : inventer.

Rien ne le démontre plus clairement sans doute que la configuration familiale longtemps la plus ignorée et la plus invisible : la famille recomposée. Il y a dix ans à peine, le mot même n'existait pas (Théry, 1987). Si aujourd'hui les recompositions familiales sont décisives pour l'ensemble de la compréhension du lien familial, c'est parce que s'y lient de façon particulièrement claire l'enjeu du langage et celui de la parenté comme univers de signification.

Ni exotiques, ni exemplaires, ces configurations familiales sont des situations-limite, et en tant que telles des révélateurs et des laboratoires. Des révélateurs des effets destructeurs pour l'individu de la délégitimation de l'institution, car jamais l'angoisse identitaire n'est aussi forte qu'au moment où vacillent toutes les places de la parenté. Mais des laboratoires aussi, où s'inventent, à l'ombre de la vie privée, des références radicalement nouvelles.

Obligeant à penser l'enjeu institutionnel comme un arrachement aux certitudes et à certains repères séculaires, les familles recomposées sont confrontées à trois questions majeures : redéfinir le cercle de famille quand espace clos et temps fixé n'assurent plus l'identité du groupe ; resécuriser l'appartenance généalogique de l'enfant quand la pérennité du couple marié n'en est plus le socle ; ouvrir enfin l'ordre symbolique de la parenté à des figures inédites, dont le passé ne donne aucun modèle.

Rien de tout cela ne va de soi. En effet, les familles recomposées portent encore le poids du lointain passé où les remariages issus du veuvage précoce étaient extrêmement fréquents. La « haine des secondes noces » justifiait alors de voir en chaque parâtre une menace pour les biens de la lignée, en chaque marâtre une mère dénaturée. Substitut menaçant du mort, le beau-parent était une sorte d'usurpateur nécessaire, dans un contexte où il était quasiment impossible à une femme ou à un homme seul de mener sa famille et sa maison.

Aujourd'hui, tout a changé. Les familles se recomposent très majoritairement après un divorce ou une séparation, et s'efforcent de respecter la pérennité du lien de la filiation. De plus en plus nombreux, les beaux-parents refusent de se considérer comme des parents de substitution. Mais aucune référence déjà disponible ne vient les aider à énoncer la place absolument originale qui pourrait être la leur. L'inadéquation du langage, la peine à trouver le mot juste pour se désigner ou s'interpeller, traduisent au quotidien pour ces familles la difficulté de la société tout entière à penser la famille hors des cadres traditionnels.

Pourtant, cette difficulté n'est pas inéluctable. Les premières enquêtes sociologiques montrent que s'élaborent peu à peu des références, qui permettent aux individus d'échapper à l'incertitude de leurs places respectives. Le beau-parent passe ainsi de sa définition doublement négative de « ni parent, ni ami » à une définition plus positive où sa place *générationnelle* à l'égard de l'enfant désigne tout un ensemble de droits, de devoirs et d'interdits, sans menacer la place *généalogique* réservée aux parents par l'institution de la filiation (Meulders-Klein et Théry, 1993, 1995).

Mais cette évolution ne trouve jusqu'à présent aucun véritable relais social. Le droit est muet. Les représentations communes sont incertaines. Le discours traditionaliste condamne ces « fausses familles » comme il condamnerait de la fausse monnaie. Le discours hyperindividualiste et ultralibéral renvoie à chacun le soin de se débrouiller comme il l'entend, au nom de l'infinie diversité des situations. Il n'est alors pas étonnant de constater, une fois encore, que les individus affrontent ces questions de façon extrêmement inégale (Martin et Le Gall, 1993). Entre les nouvelles constellations familiales de la bourgeoisie urbaine et intellectuelle, qui semblent triompher de tous les pièges de l'incertitude identitaire, et les « familles sans aucun repères » décrites par les travailleurs sociaux, un abîme se creuse. Celui de l'indifférence.

L'exemple des recompositions familiales est un révélateur. Il veut témoigner de l'enjeu social fondamental que représente aujourd'hui la recherche de références communes, fondant une politique soucieuse du lien familial contemporain. C'est à la fois un enjeu de sens, de liberté et de justice. Assumer la mutation de la famille, en valoriser l'évolution vers plus d'égalité entre les hommes et les femmes, et plus de souci de la sécurité identitaire de l'enfant, ne vise pas à dénier les difficultés qu'elle rencontre aujourd'hui, mais à revendiquer une idée simple : quand le monde change, la cohésion sociale est d'abord affaire d'imagination collective.

Conclusion

La famille *ou* l'individu. La perspective du temps long permet de comprendre l'enracinement historique d'une telle alternative. Au moment où s'ouvrirent ce que Philippe Raynaud nomme *Les Dilemmes de la raison moderne*, la famille fut affirmée comme une exception justifiée aux valeurs de la démocratie. Les natures respectives de l'homme, de la femme et de l'enfant, justifièrent la promotion d'un seul modèle familial : patriarcal, hiérarchique et autoritaire. S'engagea alors un débat d'un siècle et demi. Au nom des valeurs de liberté et d'égalité, la référence à « l'individu » participa de la remise en cause très progressive de la naturalité du modèle imposé.

Mais cette alternative a perdu, depuis déjà trois décennies, sa véritable raison d'être. En promouvant les valeurs démocratiques au sein même de la famille, le droit a cessé de se donner comme le garant et le gardien d'un modèle unique. Au-delà du droit, les mœurs ont changé : la famille, désormais, est un mot assez vaste pour appartenir à tous.

Pourtant, la famille n'est pas devenue, comme on le dit parfois, une « petite démocratie ». Sa spécificité demeure : le lien de couple, le lien de filiation et le lien fraternel ne sont pas réductibles à des contrats de citoyenneté privée. Dans le système de la parenté, les places ne sont pas interchangeables parce qu'elles ne prennent leur signification profonde que dans une autre dimension de l'expérience humaine : celle du temps de la vie et de la chaîne des générations.

Comment conforter la famille d'aujourd'hui, sans prendre en compte au premier chef la spécificité de l'entité familiale ? La double mutation structurelle de la famille engage à la fois la place de l'enfant, les rapports entre les hommes et les femmes, le lien des parents et des enfants, les échanges intergénérationnels. Engager une réflexion de fond sur chacune de ces quatre questions est sans doute le préalable à la refondation de la politique de la famille imposée par l'ampleur des transformations du lien familial contemporain.

Il n'appartenait pas à ce travail de traiter de la politique familiale en tant que telle. C'est pourquoi on se bornera à indiquer ici les principales interrogations qui se sont imposées à nous, en prolongement de l'analyse sociologique. Parmi elles, quelques unes ont paru particulièrement importantes à l'ensemble de la commission de travail qui a préparé ce rapport. Les auteurs des communications qui y ont été présentées ont accepté très aimablement de les rédiger. On en trouvera les textes en annexe.

La place de l'enfant

La baisse de la fécondité suscite désormais une inquiétude légitime sur le renouvellement des générations : elle devrait donc participer d'une réflexion plus globale sur l'accueil de l'enfant dans les familles et la société.

Trois directions nous semblent à explorer :

- Les causes et les effets du retard à la première naissance : en quoi ce retard peut-il affecter la descendance finale ? En quoi peut-il induire un écart entre le nombre d'enfants souhaités et le nombre effectif d'enfants ? Ne devrait-on pas déplacer l'attention sociale et politique sur la naissance et l'accueil du premier enfant ?
- L'origine des différences de fécondité entre l'Europe du Nord et l'Europe du Sud : quel est le poids de la présence ou de l'absence de politiques sociales d'articulation entre famille et travail sur la fécondité ? Quelles raisons expliquent, en particulier, la chute vertigineuse de la fécondité en Italie du Nord (taux de fécondité : 0,8 enfant par femme) ?
- Les effets bénéfiques de l'immigration sur la croissance générale de la population : comment une politique de limitation des flux migratoires peut-elle intégrer le souci parallèle de l'équilibre des âges dans la population française ? Quelles mesures pourraient améliorer les modalités d'intégration des enfants et adolescents d'origine étrangère ?

L'égalité des sexes dans la famille

En matière de politique familiale, l'égalité des sexes bute d'emblée sur les difficultés et les contradictions de la politique de « conciliation entre vie familiale et vie professionnelle », accroissant en définitive les inégalités entre les femmes elles-mêmes.

Deux questions principales se dégagent de nos travaux :

- La conciliation entre famille et travail demeure une question excessivement *féminine*. La polarisation sur un seul des deux sexes d'une question qui concerne aussi bien les hommes que les femmes est désormais un obstacle évident aux progrès possibles. Elle paraît liée à la persistance d'une conception principalement privée de la négociation à l'intérieur du couple, alors que l'ampleur de l'activité féminine représente un changement qualitatif de l'ensemble de l'organisation du lien social. Comment prendre la mesure de la dimension véritablement sociétale de l'articulation des sphères de la famille et du travail ?
La conciliation entre vie familiale et vie professionnelle demeure une question principalement *domestique*. Quelle pourrait/devrait être à l'avenir la responsabilité des entreprises elles-mêmes face à ce problème ? En quoi les politiques de l'emploi influent-elles sur les modalités de garde des jeunes enfants ?

> *Un développement de ces réflexions, sous la forme d'un « bref bilan critique » a été rédigé par Jeanne Fagnani. On s'y reportera en Annexe 5.*

- Au-delà, l'objectif de l'égalité des sexes se traduit souvent par la revendication d'une « individualisation » des droits, autrement dit la création d'un système général de droits propres et non plus dérivés pour les femmes. Pourtant, cet objectif se heurte à un certain nombre de difficultés, et risque d'être pénalisant pour les femmes.

> *Anne-Marie Brocas analyse les paradoxes d'une « individualisation des droits sociaux » en Annexe 4.*

Le lien entre parents et enfants

Alors que le taux des naissances hors mariage atteint quasiment 40 % des naissances, les familles légitimes et naturelles apparaissent sociologiquement plus semblables que différentes.

L'axe de la filiation est un puissant facteur d'unité et l'égalisation progressive des droits des enfants naturels et légitimes accompagne cette évolution.

On constate, cependant, entre le droit civil, le droit social et le droit fiscal, un certain nombre d'incohérences qui vont au-delà des différences attendues entre des droits dont les fondements ne sont pas semblables.

> *Sylvie Cohu analyse, en Annexe 7, les rapports complexes entre droit civil et droit de la Sécurité sociale.*

- Le droit fiscal, en particulier, devrait faire l'objet d'une réflexion de fond. La situation actuelle paraît peu cohérente, au regard de l'impôt sur le revenu : ainsi, la demi-part supplémentaire par enfant à charge naguère accordée aux célibataires, veufs et divorcés n'est plus conservée qu'en cas d'isolement du parent. Cependant, bien qu'indirectement reconnus par ce biais, les couples non-mariés ayant charge d'enfants ne bénéficient pas de l'imposition commune, réservée aux couples mariés.

  C'est pourquoi nous proposons, dans l'immédiat, de traiter également les familles en accordant une imposition commune à tous les couples ayant un enfant à charge *(cf. deuxième partie, chapitre « Autorité parentale »)*.

  Mais cette mesure de justice fiscale ne saurait détourner d'un réexamen de notre système de quotient familial.

  En effet, ce système, hérité du temps où le couple marié mono-actif était la norme, paraît de plus en plus décalé par rapport aux mutations de la famille. Seule, sans doute, une réforme d'ensemble de la fiscalité permettrait de répondre de façon satisfaisante aux questions posées par les évolutions contemporaines des trajectoires individuelles et familiales.

- Au-delà, il apparaît que le lien parents/enfants devrait être davantage appréhendé dans la dynamique des trajectoires biographiques. Les familles monoparentales et recomposées ne sont compréhensibles que comme des séquences du cycle familial.

Lors des transitions et recompositions, le lien de filiation se trouve particulièrement fragilisé, en particulier le lien père-enfant. L'effort particulier qui a été engagé en direction des familles monoparentales trouve là l'une de ses justifications les plus profondes. Au-delà, comment le soutien aux progrès de la coparentalité après séparation pourrait-il devenir l'un des objectifs fondamentaux d'une politique de la famille ? En cas de recomposition familiale, comment les apports en terme de soins, d'éducation et d'entretien des beaux-parents à l'égard de leurs beaux-enfants pourraient-ils être pris en compte et encouragés ?

Les solidarités intergénérationnelles

- L'importance des transferts financiers et des services entre les ménages manifeste la vitalité des échanges intergénérationnels. Cependant, les solidarités familiales sont non seulement inégalitaires mais fragiles : la spécificité des solidarités familiales, systèmes d'échanges indirects et différés, suppose une sécurité de l'État providence, comme « réducteur d'incertitude ». En ce sens, toute interprétation des solidarités privées comme substituts possibles au recul des solidarités publiques mettrait en cause le système global des échanges entre les générations.

- La question des jeunes adultes est désormais au centre des préoccupations de très nombreuses familles. Elle engage, de façon très complexe, à la fois la relation parents-enfants au sens classique du terme et les solidarités intergénérationnelles : comment aborder cette transition de la jeunesse à l'âge adulte ? Comment penser l'enjeu à la fois familial, social et politique que représente ce nouvel âge de la vie ? Comment prendre en compte les fortes inégalités qui caractérisent les jeunes adultes, tant en termes de précarité sociale et professionnelle que de soutien familial ?

> *On trouvera en Annexe 6 la contribution de François de Singly : « La question politique des jeunes adultes. »*

On a traité dans ce rapport du seul cas de la France. Comment les autres pays européens ont-il abordé les mutations de la famille ? La comparaison entre les diverses approches des politiques familiales est réputée très difficile, aucun élément de la comparaison n'étant véritablement isolable. Une approche selon les enjeux, en revanche, permet de mettre en valeur les logiques des choix sociaux et politiques essentiels.

> *Claude Martin présente une évaluation de la spécificité de la politique familiale française dans l'ensemble européen : « Comparer les questions familiales en Europe », en Annexe 3.*

Les différentes perspectives de réflexion ainsi ouvertes souhaitent contribuer à une redéfinition d'ensemble de la politique de la famille. Il ne nous appartenait pas d'aller au-delà. En revanche, un bilan général du droit civil de la famille nous était demandé, ainsi que des orientations de réformes possibles. Ce travail fait l'objet de la deuxième partie de ce rapport.

DEUXIÈME PARTIE

LE DROIT

INTRODUCTION

Les mutations de la famille contemporaine ne sont pas un accident de l'histoire. Elles s'enracinent dans le temps long de la modernité. Les progrès de l'égalité des sexes, la reconnaissance de la spécificité de l'enfant et de son besoin de protection au cours du processus d'autonomisation qui le conduit à l'âge adulte, les redéfinitions des échanges intergénérationnels sont les moteurs fondamentaux des transformations les plus récentes du lien familial.

Aussi les bouleversements de ces dernières décennies, si inattendue qu'ait été leur ampleur, n'ont-ils pas pris le droit véritablement en défaut. Les grandes réformes du Code civil des années 1964-1975 témoignaient déjà des valeurs d'égalité, de pluralisme et de liberté dont chacun se réclame aujourd'hui. Le temps a passé, qui a permis de mesurer tout le prix d'un art législatif alliant au respect de l'histoire le souci du présent, à l'audace l'humilité, et à la prudence la conviction. Dans ce « flexible droit » qu'est le droit français des personnes, bien des solutions ont été trouvées, pour des situations pourtant nouvelles, et des problèmes inédits.

Pourtant, le souci de la stabilité des lois, le refus de la frénésie législative dont notre époque est de plus en plus souvent saisie ne doivent pas détourner de faire évoluer le droit, dans une perspective de cohérence et de lisibilité accrues des valeurs qui le fondent.

Des réformes s'imposent aujourd'hui.

Trois grandes directions organisent les orientations préconisées :

- Reconnaître davantage la diversité des couples et la valeur croissante accordée à la volonté individuelle, dans le mariage comme dans le concubinage.
- Mieux assurer ce qui apparaît déjà comme un nouveau « droit commun de la famille », en référence à la valeur fondamentale d'égalité entre tous les enfants quel que soit le statut de leurs parents.
- Réformer de fond en comble le droit successoral, dans un souci premier de liberté, de signification du lien humain et de justice sociale.

Les couples

Le choix de se marier ou non est désormais reconnu comme une question de conscience personnelle. Le mariage et le concubinage doivent être clairement affirmés comme des choix également respectables. L'un et l'autre reposent sur une communauté de vie du couple.

Cependant, sous peine de faire disparaître toute signification à cette liberté sociale nouvelle, il importe de respecter aussi bien la nature propre du mariage (engagement institué, liant le couple à la filiation par la présomption de paternité) que celle du concubinage (pacte privé d'un couple, n'impliquant en tant que tel aucun lien à la filiation).

La valeur républicaine du mariage civil, unique et pluraliste, doit être réaffirmée. Libre, égalitaire, dissoluble de la commune volonté des parties, le mariage est une institution vivante qui n'a pas à être défendue de façon négative et peureuse, mais de façon positive : en assurant aux époux un respect accru de leur volonté commune, dans le sens des valeurs de liberté et de responsabilité qui donnent sa plénitude à l'engagement conjugal contemporain.

C'est pourquoi on proposera plus de liberté dans le changement du régime matrimonial, une rénovation de l'ensemble des procédures de divorce créées par la loi de 1975, et enfin, la création d'un nouveau cas de divorce, non judiciaire, le « divorce sur déclaration commune ».

Le développement du concubinage est l'une des transformations majeures du lien de couple contemporain. Pourtant, les droits de millions de concubins demeurent limités, parcellaires, injustes. Il est temps d'affirmer que le concubinage est le choix d'une communauté de vie qui doit être considérée en tant que telle. La démarche proposée est ambitieuse et simple à la fois : aborder de front la question du concubinage, en reconnaître davantage l'existence, la légitimité et la signification. Pour cela, partir de ce qu'il est : une situation de fait, créatrice de droits.

Afin de mettre fin aux discriminations introduites par la jurisprudence, reconnaître légalement le concubinage homosexuel, nous paraît un préalable fondamental. Ce choix serait à l'honneur de notre pays. Il sera alors possible d'accorder à tous les concubins sans discriminations des droits sociaux accrus issus de leur communauté de vie, ainsi que la possibilité largement ouverte d'exercice de leur volonté dans la transmission de leurs biens. À condition d'une certaine durée de l'union, il est en effet proposé d'aligner totalement la fiscalité des donations et legs entre concubins sur celle des successions et libéralités entre époux.

L'enfant dans sa famille

Des oppositions stériles entre l'enfant « objet » de protection ou « sujet » de droit paralysent depuis une décennie le débat français sur l'application de la Convention internationale des droits de l'enfant. Il semble temps de revenir à une lecture plus équilibrée de ce texte, et de mettre en garde contre toute tentation d'affaiblir la protection à laquelle l'enfant a droit, au nom d'une mythique « émancipation ». Le processus d'autonomisation qui mène de l'enfance à l'âge adulte s'accomplit d'abord bien loin du droit, dans la vie ordinaire, les relations familiales et amicales, l'éducation, l'apprentissage de la vie et du monde. Le droit français accompagne d'ores et déjà ce processus. Affirmer l'enfant comme un *sujet de protection* paraît aujourd'hui essentiel, sauf à en faire le bouc émissaire des détresses familiales et de la relégation sociale.

Quant à la place de l'enfant dans la famille, l'orientation

générale de la démarche est de prolonger de façon décisive le mouvement par lequel a déjà commencé de s'élaborer un « droit commun de la famille », que celle-ci soit légitime ou naturelle. L'enfant en est le centre, et la filiation le vecteur d'unité.

Affirmer les droits égaux de tous les enfants, quelle que soit la situation de leurs parents, sécuriser le lien de la filiation, élargir les possibilités d'adoption, affirmer la valeur de l'autorité parentale, favoriser le principe de coparentalité dans la famille désunie, tels sont les objectifs fondamentaux qui guident les réformes suggérées. Un chapitre particulier est consacré à la famille recomposée, seule famille aujourd'hui ignorée du droit. En proposant d'accorder au beau-parent une place non pas généalogique mais *générationnelle*, le souci est à la fois de prendre en compte l'évolution réelle des comportements, et d'assurer une meilleure complémentarité entre les parents et les beaux-parents.

La transmission des biens

Depuis dix ans, un vaste chantier de refonte du droit successoral est ouvert, qui n'a jamais pu aboutir. Nous vivons encore sous la coupe d'une conception de l'héritage et des libéralités datant de plus de deux siècles. Nos contemporains, face à des dispositions qui ne leur semblent plus légitimes, sont contraints de les contourner par de multiples procédés. Les plus informés, les plus aisés, parviennent à explorer le dédale des moyens possibles de protéger un conjoint survivant, d'assurer le sort d'un concubin. Les autres découvrent trop tard à quel point leur liberté est bridée, tant par les règles de dévolution de l'héritage que par la taxation des successions et libéralités.

Obsolètes et injustes, les modalités de transmission des biens doivent être complètement revues, dans le souci d'un accroissement significatif de l'exercice de la volonté individuelle. Il est ainsi proposé de reprendre, mais aussi de prolonger, les propositions de lois qui n'ont pu venir en débat parlementaire en 1995.

Assurer les droits égaux de tous les enfants, revoir l'ordre des héritiers et réformer les règles de la dévolution *ab intestat* au profit du conjoint survivant, réduire la réserve, revoir l'ensemble de la fiscalité des libéralités, en particulier au profit des concubins, des beaux-enfants, des collatéraux éloignés et des « étrangers », telles sont les voies qui nous semblent aller dans le sens de plus de liberté et de plus de justice.

I

LES COUPLES

MARIAGE ET RÉGIMES MATRIMONIAUX

I. Le mariage

Il ne semble pas nécessaire d'apporter de modifications substantielles au titre cinquième du livre premier du Code civil : Du mariage.

Certes, la différence entre la capacité matrimoniale de la femme (15 ans révolus) et celle de l'homme (18 ans révolus) peut choquer un certain esprit égalitaire. Mais elle a peu d'incidence dans la réalité. Doit-on la supprimer ? La question se pose.

En revanche, il semblerait vraiment conforme à l'évolution des conceptions du mariage de supprimer la capacité discrétionnaire d'opposition des parents à l'égard de leurs enfants majeurs.

Proposition

Supprimer l'article 173 du Code civil.

II. Les régimes matrimoniaux

Il ne paraît pas souhaitable de changer le régime légal de communauté réduite aux acquêts.

En effet, le régime de séparation de biens n'apparaît adapté qu'à un type particulier de couple, celui où chaque époux dispose d'une totale autonomie financière pour les besoins de son activité. En outre, quel que soit le régime applicable, la pratique des tiers est de solliciter l'engagement solidaire des époux pour les dettes contractées, ce qui accroît les chances de solvabilité.

En revanche, une plus grande autonomie dans le changement de régime matrimonial serait conforme aux valeurs de responsabilité personnelle et à une reconnaissance accrue de l'exercice de la volonté individuelle des époux. On note en outre qu'actuellement le changement est homologué par le juge dans 95 % des cas.

De plus, la convention de la Haye que la France a ratifiée et dont elle a assuré la mise en œuvre par la loi du 28 octobre 1997, permet désormais aux couples « mixtes » de changer de régime matrimonial sans contrôle judiciaire.

Propositions

- *Supprimer l'obligation d'une homologation judiciaire.*
- *Prévoir cependant une information obligatoire des enfants par le notaire,* afin que ceux-ci puissent agir en justice en cas de lésion de leurs intérêts.

Nota bene :
- Des propositions concernant l'amélioration de la liquidation du régime matrimonial en cas de divorce sont présentées dans le chapitre « Divorce ».
- L'abolition de la révocabilité des donations entre époux et celle des présomptions d'interposition de personne sont proposées dans le chapitre « Successions et Libéralités ».

DIVORCE

L'indice conjoncturel de divortialité est de 35 % en 1995. En 1996, 118 400 divorces ont été prononcés en France, et on évoque souvent une « explosion » continue du divorce, mettant gravement en cause les liens familiaux.

Ces affirmations doivent être nuancées. Certes, le risque de divorce est désormais maximal en début de mariage : après quatre ans de mariage pour les unions contractées dans les années quatre-vingt contre sept à huit ans pour les unions contractées dans les années soixante-dix. Mais ces différences tiennent en grande partie à la longueur croissante des cohabitations précédant le mariage : on ne peut en déduire que la durée moyenne des unions ne cesse de diminuer. On note également que depuis quelques années l'augmentation du nombre des divorces tient principalement aux ruptures de mariages sans enfants mineurs, qui représentent aujourd'hui 36 % des divorces.

Pour l'ensemble des statistiques sur le divorce, se reporter à l'Annexe 8 : données statistiques sur les affaires relevant du droit de la famille par Brigitte Munoz-Perez.

Cependant, les ruptures d'unions de fait, bien que difficiles à chiffrer, sont en augmentation, et de plus en plus nombreux sont les concubins qui s'adressent au juge aux affaires familiales afin de régler judiciairement leur séparation.

Cela précisé, il n'en reste pas moins que les affaires relevant du droit de la famille représentent 58 % de l'activité des tribunaux de grande instance, et que parmi elles, le contentieux du divorce est doublement important pour l'institution judiciaire : par sa quantité et par sa signification. On sait en effet que pour les justiciables, divorcer est souvent la seule raison de leur vie de se trouver dans l'enceinte d'un tribunal, et que la séparation, loin de s'être « banalisée », continue d'être vécue comme un événement très grave, affectant l'identité personnelle, engageant par ses effets la trajectoire même de l'existence.

Comment assurer une excellente qualité de l'intervention judiciaire, à la mesure des attentes des justiciables, tout en faisant face (ce qui est aussi une exigence de qualité) à la nécessité de traiter les affaires dans des délais raisonnables ?

Cette question fait écho aux reproches les plus souvent entendus à l'égard de la justice du divorce : complexité et longueur des procédures, coût du divorce. Au-delà, des enquêtes témoignent d'une insatisfaction plus profonde et plus qualitative. D'un côté, des termes tels que « justice d'abattage », « anonymat », « manque de considération », voire « mépris » traduisent le sentiment d'une justice inhumaine, gestionnaire et bureaucratique. De l'autre, des termes comme « préjugés », « sexisme », « autoritarisme », traduisent la crainte d'une justice de pouvoir, attisant les conflits, les créant parfois, au lieu de les régler.

Il importe d'être très attentif à ces critiques, même si certaines sont excessives, généralisantes, voire même pour certaines non fondées, comme le prétendu « préjugé anti-père » des magistrats, infirmé année après année par toutes les enquêtes (Théry, 1993). En effet, même s'il est inévitable que les difficultés ou rancœurs inhérentes à la rupture elle-même soient parfois reportées injustement sur les professionnels (magistrats, avocats, enquêteurs sociaux, médiateurs), les critiques indiquent un malaise profond par rapport à l'institution judiciaire et au droit du divorce.

Ces questions renvoient à trois ensembles distincts :

- le droit du divorce lui-même,
- l'organisation de l'autorité parentale,
- les modalités de l'aide à la décision à propos des enfants.

Bien que ces questions soient liées, on ne traitera dans ce chapitre que du droit du divorce proprement dit. Afin de ne pas placer sous le seul chef du divorce les questions relatives à l'autorité parentale, qui sont plus larges, elles feront l'objet d'un chapitre distinct *(cf. infra « Autorité parentale »)*.

I. Faut-il revenir sur la réforme de 1975 ?

Le divorce a été profondément réformé en 1975. En introduisant le divorce par consentement mutuel dans le droit français, le législateur a voulu respecter le pluralisme des convictions morales, philosophiques et religieuses mais aussi la diversité concrète des situations familiales. On sait que furent retenues quatre procédures :

- *Deux procédures consensuelles* : le divorce par requête conjointe, et le divorce demandé par un époux et accepté par l'autre.
- *Deux procédures contentieuses* : le divorce pour faute et le divorce pour rupture de la vie commune.

À l'époque, ce pluralisme fut critiqué par une partie de l'opinion (et l'opposition parlementaire) comme un « compromis », le signe d'un refus de l'évolution des mœurs. On dit la loi « passéiste », « condamnée par l'histoire ».

Vingt-cinq ans après, qu'en est-il ? Le divorce pour faute, contrairement aux prédictions, est loin d'avoir disparu. C'est même la procédure la plus utilisée : 43 % des divorces prononcés. Le divorce par requête conjointe, introduit en 1975, s'est largement imposé : 42 %. En revanche, le divorce demandé et accepté, a été un relatif échec : 13 %. Enfin, le divorce pour rupture de la vie commune, qui avait suscité la grande majorité des polémique parlementaires, est demeuré extrêmement marginal : 1,5 %.

Ces chiffres semblent plaider pour le choix du pluralisme : s'il était si inconsistant et « passéiste », le temps et les faits ne l'auraient-il pas démontré ?

Pourtant, aujourd'hui, des voix s'élèvent à nouveau pour demander une grande « réforme de la réforme » : abolition du divorce pour faute, instauration d'un divorce constat. La complexité des procédures, leur durée, leur coût sont critiqués au nom d'un grief majeur : le divorce pour faute. La notion de faute serait « psychologiquement erronée », et le divorce pour faute « nocif » et « anachronique ».

Ces propositions reposent-elles sur une analyse sérieuse et nuancée des problèmes posés ?

A. LA COMPLEXITÉ DES PROCÉDURES

Le sentiment d'une complexité excessive des procédures est très partagé. On doit souligner qu'il tient à trois facteurs distincts :

- Toutes les procédures exigent plusieurs phases, et en particulier deux audiences, dont la nécessité n'est pas toujours comprise des justiciables.
- Le principe de cloisonnement des procédures adopté en 1975 n'a ménagé que de rares exceptions, sous la forme de « passerelles » limitées (art. 246 et 241 al 2 C. Civ.). Le sentiment de complexité peut donc également s'expliquer par le fait qu'un divorce nécessite parfois pour aboutir le recours à plusieurs procédures successives.

Un pourcentage non négligeable d'affaires de divorce se terminent sans décision au fond (en 1995, 27 % des procédures). Si l'on excepte les cas qui peuvent ne traduire qu'un retard de procédure (11 % de radiations) et les réconciliations (0,2 %), le phénomène peut s'expliquer par l'hésitation des époux, l'introduction trop hâtive de telle procédure, et surtout l'impossibilité de passer sim-

plement d'une procédure à l'autre selon l'évolution de la
situation.

- Enfin, le sentiment de complexité peut provenir de l'écart
  entre la définition légale de chacune des procédures, qui
  la rapporte à telle ou telle situation bien définie, et la
  pratique judiciaire : il est des divorces pour faute choisis
  par commodité ou par économie (un seul des époux com-
  paraît), des divorces sur demande acceptée choisis pour
  éviter une double comparution ou retarder la vente d'un
  bien, des divorces sur requête conjointe lourds de conflits
  non résolus, mais préférés par un époux qui y voit le
  moyen de « négocier » plus durement la liberté qu'il con-
  cède à l'autre.

B. LA DURÉE DES PROCÉDURES

La durée des procédures est en général rapportée dans
l'opinion à la difficulté de la justice à faire face à l'augmentation
du contentieux et à le traiter dans des délais raisonnables. Ces
critiques ne rendent pas compte des contraintes procédurales
qui existent à ce jour. Le législateur a organisé une procédure
volontairement longue, pour vérifier la solidité de la décision
du couple, et c'est sans doute cet aspect qui paraît aujourd'hui
difficile à supporter, surtout quand, faute de moyens, la procédure se réduit pour ainsi dire à une parodie de justice.

- La durée moyenne des divorces sur requête conjointe a
  été en 1996 de 8,9 mois : le délai de réflexion prévu par
  la loi entre les deux audiences obligatoires est de trois à
  neuf mois. À ce délai, il faut ajouter les délais de convocation à deux audiences...
- La durée moyenne des divorces pour faute a été de
  12,5 mois en 1996. Cette durée n'est pas forcément scandaleuse si l'on considère que la procédure pour faute
  comporte obligatoirement deux phases.
  La phase de conciliation est essentielle, c'est la seule où
  un débat contradictoire est organisé entre les époux.

Pour cette raison, les magistrats veillent à la présence des deux parties en reconvoquant ou en faisant citer l'époux qui ne se présente pas. Cette exigence provoque des retards, des renvois d'audience.

La deuxième phase, introduite par une assignation d'huissier, est laissée à l'initiative des époux : l'époux demandeur a un délai de trois mois pour assigner, l'époux défendeur les trois mois suivants. En cas d'abstention du demandeur, les mesures prises dans l'ordonnance de non-conciliation sont caduques au bout de six mois, mais la possibilité d'assigner en divorce demeure... pendant trente ans faute d'un autre délai de prescription !

Les exigences au regard du temps sont contradictoires : il est très souvent dit qu'il serait souhaitable de rassembler le plus possible en un seul moment le prononcé du divorce et la liquidation des intérêts patrimoniaux des époux. Mais cette pratique ne peut qu'allonger la durée de la procédure, le temps pour les époux qui ont un patrimoine de l'évaluer, d'envisager les possibilités de partage et de passer les actes notariés requis.

Enfin, de l'avis général, dans certaines situations le temps de la procédure est utile. Il permet la maturation de la situation, l'apaisement des sentiments et la conclusion d'accords amiables.

Il est sûr qu'une durée moyenne ne peut rendre compte de la diversité de la réalité : les difficultés d'un divorce sont très variables et une plus grande souplesse des procédures devrait permettre un traitement différencié selon la complexité de l'affaire, un traitement plus rapide dans certains cas.

En outre, les nominations de magistrats n'ont pas suivi la « montée » du contentieux en matière familiale, dont le divorce n'est qu'une partie. Un accroissement du nombre des juges aux affaires familiales et un meilleur équilibre en fonction des charges de chaque juridiction devraient être organisés. Enfin, les magistrats sont parfois accablés par l'obligation de rendre de multiples décisions à la demande d'organismes sociaux ou de l'administration fiscale, sans nécessité véritable.

C. LE COÛT DES PROCÉDURES

Sur ce point aussi, il faut se garder de généralisations hâtives.

En 1994, dans 42 % des procédures ayant abouti au prononcé du divorce, au moins l'une des parties bénéficiait de l'aide juridictionnelle. Les admissions à l'aide juridictionnelle en vue d'un divorce représentent environ la moitié des admissions à l'aide juridictionnelle pour l'ensemble des procédures civiles des tribunaux de grande instance.

Si l'on considère les heures d'écoute qu'un avocat doit consacrer à son client dans un divorce conflictuel, le rôle essentiel que jouent les avocats dans la recherche de solutions amiables, le montant de la rémunération d'un divorce au titre de l'aide juridictionnelle ne peut être considéré comme excessif...

En revanche, la variation des honoraires libres est considérable, et peut atteindre des sommes élevées, voire très élevées.

Quand les couples n'ont d'autre demande à formuler que l'entérinement de conventions qu'ils ont seuls arrêtées, voire le prononcé d'un divorce sans biens ni enfants, ils peuvent légitimement estimer excessif le coût d'une procédure de divorce.

D. LA « RANCŒUR » DES JUSTICIABLES

Elle mériterait un examen approfondi. Le sentiment de déception existe à l'évidence, mais il est difficile de mesurer sa portée. Les justiciables contents sont silencieux... Quant aux mécontents, leurs raisons sont multiples (dont le fait de n'avoir pas obtenu gain de cause en cas de conflit, qu'on ne traitera pas ici (*cf. le chapitre « Autorité parentale »*).

Parmi les problèmes révélés par des enquêtes, on note :

- Le manque d'information des justiciables sur leurs droits, et en particulier sur l'ensemble des procédures existantes ; le « dirigisme » de certains avocats.

- L'absence de clarté des processus décisionnels, en particulier dans les divorces impliquant des enquêtes sociales et expertises.
- La disparité des décisions d'une juridiction à l'autre, en matière par exemple d'organisation de l'hébergement des enfants, ou de montant des prestations et pensions, qui nourrit le sentiment de « l'inégalité devant la loi ».
- Les effets non contrôlés de l'informatisation des requêtes et jugements, donnant le sentiment de procédures standardisées.
- Les effets non maîtrisés du choix d'une justice de cabinet, informelle, qui se voulait pourtant proche du justiciable : elle a engendré une déception inattendue, rendant parfois indiscernable la signification profonde de la cérémonie judiciaire, donnant l'impression d'une « sous-justice » (Théry, 1993).

Ce premier diagnostic montre la complexité des problèmes : il est nécessairement très incomplet, et *l'importance du divorce nécessiterait avant toute réforme un véritable état des lieux.*

Cependant, il nous paraît que l'état actuel des connaissances justifie d'ores et déjà de refuser de mettre en cause la grande réforme de 1975. Cette réforme n'a pas toujours été comprise : son pluralisme n'est pas un « compromis », mais le choix d'une voie originale, soucieuse de la diversité des situations et des opinions. Plus profondément encore, cette voie est profondément respectueuse de la signification du droit : privilégiant les principes juridiques et les garanties procédurales sur les bonnes intentions, elle refuse le *pédagogisme*, cette tentation permanente des démocraties tutélaires dont parlait déjà Tocqueville. Si le droit doit veiller à ne pas attiser les conflits, il ne doit pas non plus ériger des modèles du « bon divorce ». La négociation ne vaut pas dans tous les cas, et il est aussi des conflits légitimes, que la justice se doit de traiter, et non de disqualifier de façon moralisante. Nous devons aujourd'hui, plus que jamais, entendre cette leçon du doyen Carbonnier.

II. Rénover la loi de 1975
dans le respect du divorce pluraliste

Pour toutes ces raisons, on proposera ici non une refonte, mais une *rénovation* de la loi de 1975.

Aux quatre procédures existantes, qui seraient améliorées de façon à mieux les adapter aux situations en cause, serait ajoutée une cinquième procédure. Dans un souci d'adaptabilité à l'évolution des négociations, le principe de cloisonnement des procédures serait assoupli par des « passerelles » plus simples.

On ne donnera ici que les grandes lignes directrices de ce que pourrait être cette rénovation :

- *Aménager le divorce pour faute* de façon à réduire les effets d'amplification des conflits que certaines de ses dispositions peuvent entraîner.
- *Assouplir le divorce pour rupture de la vie commune* par un raccourcissement des délais et la suppression du devoir de secours.
- *Rénover le divorce demandé et accepté* pour en faire le divorce correspondant aux situations les plus fréquentes : celles où les époux reconnaissent l'échec du mariage mais ne s'accordent pas sur les effets de la séparation.
- *Simplifier le divorce sur requête conjointe,* par la suppression de l'obligation d'une double audience.
- *Créer un divorce sur déclaration commune,* divorce administratif réservé aux cas qui ne nécessitent l'homologation d'aucune convention.

A. AMÉNAGER LE DIVORCE POUR FAUTE

La procédure traditionnelle du divorce pour faute représente encore plus de quatre divorces sur dix (43,3 %) en 1995.

On peut s'interroger sur la persistance de ce taux élevé

alors que les enjeux sont limités : les torts sont sans effet sur les décisions concernant les enfants, les enjeux pécuniaires qui demeurent attachés à la faute exclusive (dommages-intérêts, prestation compensatoire, donations et avantages matrimoniaux) ne concernent qu'une minorité de couples : en 1994, seulement 15,4 % des divorces pour faute ont été assortis d'une prestation compensatoire.

A1. Cette procédure recouvre des situations très variables

Le choix du divorce pour faute peut être lié, tout d'abord à *ce pour quoi il est fait* : faire reconnaître que le divorce est la conséquence du non-respect des devoirs du mariage par l'autre époux. Sur ce plan, l'étude de 700 divorces très difficiles (Théry, 1993) met en cause l'idée prétendument moderne selon laquelle tout divorce est nécessairement une faillite commune. La violence conjugale extrême, pour ne prendre que cet exemple, était la cause de 21 % de ces affaires... Les coups, une « faillite commune » ? Dans de tels cas, comme l'a écrit Jean Carbonnier, « les fautes dessinent en creux les devoirs qui font le mariage ».

Mais d'autres raisons peuvent inciter à cette procédure :

- *Une facilité :* nul besoin de régler le sort des dettes communes ni des biens, et les exigences des juges sont faibles quant à la preuve des griefs, évoqués de manière souvent très formelle dans la procédure et le jugement.
- *Des impératifs de temps :* obtenir très vite des mesures provisoires sur le domicile ou l'hébergement des enfants, dans un contexte conflictuel. Dans certains cas, la procédure de divorce sur demande acceptée aurait mieux convenu à la situation, mais elle n'est pas choisie à cause des contraintes liées à la première phase de cette procédure.
- *Une nécessité :* un nombre important des procédures pour faute sont non contradictoires (26,8 % en 1994). Il s'agit en général de familles dans des situations précaires (60 % des femmes demanderesses mères d'enfants mineurs bénéficient de l'aide juridictionnelle). Le divorce

sur requête conjointe est impossible car le conjoint parti ne répond pas aux courriers de l'avocat consulté dans une perspective de divorce amiable. Il a parfois complètement disparu, laissant sa famille sans aide et sans nouvelles.

A2. La caractère « destructeur » du divorce pour faute

Il est évident que certaines procédures pour faute enveniment le conflit, ajoutent des blessures et des humiliations, compromettent l'avenir des enfants et celui des relations avec la famille élargie et les amis, sommés de prendre parti et d'apporter leur témoignage dans un combat judiciaire stérile.

Cependant, le caractère destructeur et agressif de la procédure doit être relativisé : 30,4 % seulement des divorces pour faute sont rendus contradictoirement aux torts exclusifs de l'un ou l'autre des époux, alors que 44 % des divorces pour faute sont prononcés aux torts partagés. Parmi ces divorces aux torts partagés, 29,7 % le sont à la demande expresse des époux qui font chacun aveu au cours de la procédure de leur propre responsabilité dans la faillite du couple et demandent que ne soient pas énoncés dans le jugement les griefs respectifs de l'un et de l'autre. Dans ces cas, la procédure et les avocats ont eu un effet apaisant et bien souvent l'accord s'étend aux effets du divorce.

La procédure pour faute recouvre encore des situations de violence, des cas de rupture relativement brutale dans lesquels l'époux « rejeté » éprouve un besoin de réparation. Dans ces cas, des ajournements de procédure, des renvois à la médiation sont utiles pour dédramatiser et permettre de faire la part des souffrances intimes et des intérêts communs qui subsistent et réclament des décisions communes.

Des limites strictes doivent être apportées par les avocats et les juges au dévoiement des procédures à des fins destructrices mais il ne paraît pas opportun d'empêcher tout appel à justice, sous peine de voir apparaître des demandes de réparation sous d'autres formes procédurales et notamment pénales.

Propositions

• *Incitation à la médiation*
Utilisation par le magistrat de la médiation judiciaire dans le cadre du décret du 22 juillet 1996, après recueil de l'accord des parties (art. 131-1 NCPC).
Incitation, par les avocats aussi bien que par les magistrats, à recourir à une médiation extra-judiciaire.

• *Passerelles vers des divorces d'accord*
Deux passerelles simples vers des divorces d'accord peuvent être aménagées : soit les époux sont en état de présenter une convention le jour de la tentative de conciliation et le juge peut alors prononcer le divorce en homologuant la convention (suppression de l'alinéa 2 de l'art. 246 du C. Civ.), soit le juge statue sur les effets de la séparation, constate l'accord des époux sur le principe de la rupture et autorise à assigner en divorce sur demande acceptée.

• *Généralisation de la dispense d'énonciation des torts et griefs dans le jugement (art. 248-1 C. Civ.)*

• *Suppression du lien entre la faute et l'attribution d'une prestation compensatoire (art. 280-1 C. Civ.)*
Les processus d'enchaînement conflictuels pourraient être limités par la suppression du lien entre la faute et l'attribution d'une prestation compensatoire. L'attribution d'une prestation compensatoire est la marque de la solidarité entre les époux, elle constitue une réparation des conséquences inégalitaires du mariage et de sa rupture, mais elle ne constitue pas la sanction du comportement de l'un ou de l'autre.
Avant 1975, l'époux dans le besoin ne pouvait prétendre à une pension alimentaire en cas de torts partagés. La réforme 1975 a autorisé l'attribution d'une prestation compensatoire en cas de torts partagés. Cette évolution ne doit-elle pas être poursuivie ?

> • *Procédures d'appel en urgence*
> Il est fréquent que la situation s'envenime à la suite des mesures provisoires prises par le juge aux affaires familiales, juge unique appelé à statuer seul d'un bout à l'autre de la procédure. Chacun ayant conscience de l'importance pour l'avenir de ces mesures provisoires, les avocats tentent parfois d'en obtenir la modification par des incidents qui retardent la procédure et accentuent les conflits entre les époux.
>
> Le recours à la collégialité de la cour d'appel serait plus judicieux, mais les délais sont trop longs (dix-huit mois à Paris). Une procédure d'appel à jour fixe serait utile.

B. ASSOUPLIR LE DIVORCE
POUR RUPTURE DE LA VIE COMMUNE

Sujet de polémique en 1975 en ce qu'il constitue un divorce imposé par un conjoint, fut-il fautif, à l'autre, il est peu utilisé et représente seulement 1,5 % des divorces.

L'anathème était jeté sur ce divorce au nom du risque de « répudiation » qu'il comportait. On évoquait le machisme des hommes, l'épouse abandonnée sans ressources. Force est de reconnaître que les chiffres ne donnent pas raison à ces représentations : en 1994, 41,2 % des divorces pour rupture de la vie commune ont été demandés par des femmes.

Aujourd'hui, une autre interrogation se fait jour : est-il légitime que la loi autorise un époux à « emprisonner » son conjoint dans une union inexistante durant six longues années ? Ce mariage forcé n'empêche évidemment pas la séparation de fait et devient une pure fiction, qui en outre peut empêcher un éventuel remariage, avec toutes les conséquences sociales de cet « adultère » pour les enfants qui en naîtraient.

La procédure est quasiment inutilisée car trop lourde et pénalisante pour le demandeur. Le maintien du devoir de secours donne à ce divorce un caractère extrêmement dissuasif : les obligations du mariage se poursuivent au-delà de sa dissolution. De ce fait, on constate parfois un détournement des autres procédures : « pousser l'autre à la faute », arracher un consentement mutuel par des promesses, etc.

Propositions

• **Réduire à trois ans la durée exigée de la séparation**
La durée de la séparation de fait pourrait être réduite à trois années. Cette procédure deviendrait alors un cas de divorce pour cause objective.

• **Supprimer le maintien du devoir de secours**
Il est proposé de ramener ce divorce aux règles du droit commun. En effet, le maintien du devoir de secours sous forme d'une pension alimentaire ne semble plus justifié. La disparité créée par le divorce peut être réparée par une prestation compensatoire fixée selon les mêmes critères que dans les autres procédures.

C. RÉNOVER LE DIVORCE SUR DEMANDE ACCEPTÉE

Ce cas de divorce représente seulement 13,3 % des cas de divorce.

Pourtant, cette procédure a l'avantage de permettre à un époux qui subit le divorce de pouvoir marquer clairement sa position sans pour autant entraver la liberté qu'il reconnaît à son conjoint. C'était la procédure la plus innovante de la loi de 1975. En théorie réservée aux époux d'accord sur l'échec de l'union mais non sur ses effets, cette procédure correspond *a priori* à des situations très fréquentes. De l'avis général, il s'agit d'une bonne procédure qui pourrait être davantage utilisée.

Pourquoi l'est-elle si peu ?

Diverses raisons sont données :

- Cette procédure demeure méconnue du public et parfois des avocats. Les statistiques de la Chancellerie ont mis en évidence la grande variation de son importance d'un barreau à l'autre (parfois entre deux villes voisines de même composition sociologique), ce qui montre le rôle déterminant que jouent les avocats dans le choix ou le non-choix de cette procédure.
- Interrogés, certains avocats répondent que la raison de la réticence n'est pas de leur fait : l'obligation d'accepter le divorce avant d'en connaître les effets dissuade le défendeur. On s'engage alors vers un « faux consentement mutuel » dans lequel l'accord sera en fait subordonné à des conditions (parfois draconiennes).
- Pour d'autres, la raison du faible usage tient à la longueur de sa phase initiale : rédaction du mémoire, double aveu, retardent l'audience de conciliation. On préférera alors parfois engager une procédure pour faute, s'il y a un besoin urgent de mesures provisoires.

Notons enfin que, si faible soit le nombre de ces procédures, certaines sont en réalité des « faux divorces sur demande acceptée ». Il s'agit alors d'époux d'accord à la fois sur le principe de la rupture et sur les effets du divorce, mais souhaitant échapper à la contrainte du divorce sur requête conjointe qui impose d'avoir liquidé tous les intérêts patrimoniaux préalablement au prononcé du divorce.

C'est le cas notamment d'époux qui se sont endettés pour acheter le logement familial, qui veulent tenter de le sauvegarder pour l'un d'eux ou prendre le temps de le vendre dans des conditions raisonnables, sans pour autant exposer les frais d'une convention notariée d'indivision.

Propositions

• *Remplacer le mémoire par un simple aveu d'échec*
La rédaction de l'« anamnèse » voulue par le rédacteur de la loi transformée en « mémoire » par le législateur de 1975 est devenue dans bien des cas un exercice formel. Bien que certains avocats estiment que ce travail de réflexion sur soi-même et sur la vie commune n'est pas anodin, ses avantages semblent moindres que ses inconvénients quand le temps « pousse » à une procédure pour faute qui aurait pu être évitée. En outre, l'exigence croissante de respect de la vie privée peut justifier que l'aveu d'échec n'exige pas d'explicitation.
L'aveu d'échec du défendeur pourrait être annexé à la requête, ou déposé au greffe avant l'audience.

• *Examiner la possibilité de la suppression de l'exigence de deux phases, séparées par une assignation*
Ces deux phases n'ont plus de raison d'être depuis 1995, puisqu'on ne passe plus à la collégialité.

D. SIMPLIFIER LE DIVORCE SUR REQUÊTE CONJOINTE

Les divorces sur requête conjointe représentent 42 % des divorces.

Dans l'hypothèse où l'aménagement des autres procédures permettrait de limiter les « faux divorces par consentement mutuel », cette procédure apparaît, de l'accord général, devoir être simplifiée.

Diverses propositions ont été faites :

- • Le prononcé du divorce pourrait avoir lieu sans comparution des époux puisqu'en matière gracieuse le juge peut se prononcer sans débat. Ainsi qu'il le fait actuellement en matière de changement de régime matrimonial ou de conversion sur requête conjointe de séparation de corps en divorce, le juge examinerait les conventions des époux et ne ferait venir à l'audience que les affaires présentant une difficulté. Cette solution présente l'inconvénient d'une procédure purement écrite, sans réunion des deux époux à aucun moment de la procédure.

• Certains pensent que l'on pourrait supprimer l'assistance obligatoire d'un avocat. Si cette procédure trouve son intérêt par le besoin d'homologation de conventions entérinant des mesures ayant fait l'objet de négociations et d'accord entre les époux, il paraît souhaitable de conserver l'assistance d'un avocat afin de garantir la qualité de ces conventions.

Proposition

Ne conserver qu'une seule audience obligatoire

La proposition faite par le président Coulon dans son rapport sur la procédure civile fait l'objet d'un accord très large : la procédure pourrait ne plus comporter, en l'absence de difficultés, qu'une seule audience. Le juge prononcerait le divorce dès celle-ci et ne renverrait l'affaire à une seconde audience que dans les cas où il estimerait nécessaire que certains points de la convention soient revus ou qu'un temps de réflexion soit ménagé pour les époux.

En revanche, il ne paraît pas justifié de suivre le rapport du président Coulon sur sa proposition d'assortir une telle réforme de l'obligation faite aux époux de désigner deux avocats. La nature de la procédure ne serait pas fondamentalement changée. Or dans leur grande majorité les époux estiment suffisant de se faire assister par un seul avocat commun (92 % des cas). Cette mesure paraît inutile, et n'irait certainement pas dans le sens d'une simplification ni d'un allègement des coûts du divorce.

E. CRÉER UN DIVORCE SUR DÉCLARATION COMMUNE

En 1989, le doyen Carbonnier rappelait que l'opinion publique aussi bien que la classe juridique répugnaient alors à un divorce non judiciaire. Il décrivait malicieusement les magistrats comme « peu disposés à abandonner ce contentieux qui les accable, mais qui leur confère le prestige d'une médiation et d'une police des familles ».

Les temps ont changé.

Les quatre cas de divorce existants prévoient toutes les situations sauf une : celle où les époux divorçants n'ont aucun conflit, ni sur le principe du divorce, ni sur ses effets, se sont organisés par eux-mêmes et ne ressentent pas le besoin de faire homologuer par le juge une convention réglant les conséquences de leur séparation.

Ces situations existent d'ores et déjà. En outre, l'évolution actuelle du mariage (dans le sens d'une reconnaissance accrue de l'exercice de la volonté des époux) comme celle du divorce (dans le sens d'une recherche croissante de pacification dans l'intérêt des enfants) devraient les multiplier à l'avenir :

- Une part importante de divorces n'impliquent pas d'enfants mineurs : 36 %.
- Une part importante de divorces (en partie les mêmes) n'impliquent pas de partage de biens. N'oublions pas que la moitié des Français ne sont pas imposables, et que la pauvreté et la précarité frappent un nombre très important de familles.
- Enfin, contrairement aux préjugés, une part de divorces (impossible à chiffrer) impliquant des enfants et/ou des biens ne comportent pas pour autant de conflit.

Depuis 1975, des changements importants sont intervenus dans les modes d'organisation de la vie familiale. De même que le mariage ne marque plus le début de la vie de couple mais intervient dans l'immense majorité des cas après une période de vie commune plus ou moins longue, de même de plus en plus de couples organisent eux-mêmes leur séparation puis divorcent après un temps plus ou moins long.

En 1990, 20 % des couples mariés séparés de fait n'étaient pas divorcés après cinq années de séparation. Le divorce ne sera pour eux que la « régularisation » d'un état de fait établi de longue date.

Par ailleurs, dans le cours des procédures de divorce l'on constate que nombre d'époux sont attachés à organiser eux-mêmes la séparation et ses conséquences. Ils se sont montrés tout à fait capables de se parler, de négocier, de régler eux-mêmes les effets du divorce, et n'éprouvent pas le besoin d'une homologation par le juge, figeant une situation qu'ils sont libres de changer ensuite d'un commun accord si l'évolution de leur situation ou de celle de leurs enfants le commande.

L'obligation d'une procédure judiciaire apparaît dans ces cas triplement dévalorisante :

- *Elle est dévalorisante pour le mariage* : on ne voit pas pourquoi les mariés seraient crédités d'une moindre maturité ou d'une moindre aptitude à régler leurs diffi-cultés que les concubins, qui eux se séparent librement et ne sont amenés à saisir le juge qu'en cas de litige.
- *Elle est dévalorisante pour les justiciables* qui, alors même qu'ils se déclarent d'accord, doivent se soumettre au paternalisme de certains professionnels de justice, défen-seurs de « l'opprimé » qui ne leur demande rien et ne se ressent pas comme tel.

Il faut cependant se garder de toute généralisation : c'est un avocat (Jean-Luc Schmerber, *Libération*) qui souligne que le divorce ne fait pas des citoyens des incapables majeurs. La plupart des avocats et magistrats leur recon-naissent d'ailleurs cette capacité. Les traitant comme des adultes responsables, ils se bornent à enregistrer leurs accords, conscients qu'il n'ont ni la légitimité d'imposer leurs propres conceptions éducatives à des personnes pleinement cotitulaires de l'autorité parentale, ni le pouvoir de contrôler la vie privée de leurs concitoyens. Mais alors, quel est le sens de la procédure ?

• *Elle est dévalorisante, enfin, pour l'institution judiciaire* dès lors que les règles procédurales (délais, audience, etc.), si importantes lorsqu'il y a désaccord ou simple besoin d'assistance dans l'élaboration des conventions, deviennent des formalités sans enjeu, parfois des parodies de justice. Comment s'étonner que dans ces cas l'emporte le sentiment d'une insignifiance bureaucratique, et que le coût (humain, financier) du divorce soit ressenti comme exorbitant ?

Toutes ces raisons expliquent aisément que l'hypothèse de la création d'un nouveau cas de divorce, dit « divorce civil », ait suscité un si large accord dans l'opinion : 70 % des Français s'y sont déclarés favorables (sondage IFOP, 13-14 novembre 1997).

C'est dans cet esprit, et en soulignant qu'un tel cas de divorce se justifie d'abord par une exigence de signification, de respect des volontés individuelles, de respect du mariage et de respect de la justice, que l'on proposera ici la création d'un cinquième cas de divorce : le divorce sur déclaration commune.

E1. Le divorce sur déclaration commune

Tout d'abord, rappelons qu'il ne s'agit en aucun cas de « déjudiciariser » le divorce, comme on le dit parfois pour effrayer, mais simplement d'ajouter une possibilité de plus à la carte du divorce pluraliste « à la française », dans le respect de son esprit.

Cette carte, comme on l'a vu en rappelant le taux des procédures pour faute, n'a pas entraîné un flot de divorçants vers les solutions les plus courtes ou les moins chères. Nos concitoyens ont d'autres motivations, et un certain sens de leurs besoins et de leurs intérêts fondamentaux. Quant à l'hypothèse où ce nouveau cas ne concernerait qu'une minorité, rappelons que cela n'est pas un argument : le divorce pour rupture de la vie commune ne concerne à l'heure actuelle qu'1,5 % des divorces.

Comme son nom l'indique, le *divorce sur déclaration commune* serait un divorce enregistré sur le seul constat de l'accord des époux pour mettre fin à leur mariage. Il n'impliquerait l'homologation d'aucune convention sur les effets de la séparation.

Ce terme a paru préférable à celui de « divorce civil », afin de ne pas préjuger, à ce stade de la réflexion, de l'autorité habilitée à recevoir cette déclaration et à vérifier l'accord. Deux options sont possibles :

- soit l'officier d'état civil,
- soit le greffier en chef du tribunal de grande instance.

Chacune de ces hypothèses a ses avantages et inconvénients, tant au plan symbolique que technique, et il conviendra de les examiner de façon approfondie.

- L'avantage du choix de l'officier d'état civil est surtout celui de la symbolique attachée à la mairie. Ce divorce, ne se passant pas au tribunal, aurait plus clairement un caractère administratif.

  Mais l'inconvénient peut être son organisation concrète. Quelles seront les attitudes de certains maires, hostiles au divorce ? Comment assurer une certaine discrétion, dans les très petites communes ? Faudra-t-il élargir la compétence territoriale des communes afin d'alléger la tâche des petites communes et de concilier le passage devant l'officier d'état civil avec le respect de la vie privée ?

- Dans l'hypothèse où le choix retenu serait que le greffier en chef reçoive la déclaration, la symbolique attachée au tribunal demeurerait, et ce divorce, bien qu'administratif, pourrait sembler rester « judiciaire ». En revanche, les greffiers reçoivent déjà un certain nombre de déclarations (changement de nom, etc.) et l'organisation de ce nouveau divorce serait sans doute plus simple. Il faudrait cependant prévoir les conséquences matérielles pour les greffes du poids d'une compétence supplémentaire.

On a donc préféré ne pas trancher entre ces deux hypothèses dans ce rapport.

En effet, ce choix ne doit pas être considéré comme un préalable à l'élaboration d'un tel projet, dont la signification essentielle est de reconnaître aux personnes mariées le droit de divorcer sans autre condition que :

- leur accord sur le divorce,
- leur accord pour organiser librement les effets de celui-ci.

Cette liberté nouvelle ne signifierait pas que le divorce, acte solennel modifiant l'état des personnes, serait le moins du monde « bâclé » ou dévalorisé :

- Un délai (six mois ?) pourrait être prévu entre l'envoi de la demande signée des deux époux et le divorce sur déclaration commune, afin de ménager le temps de la réflexion, et de permettre, si des problèmes surgissaient, des consultations. L'exigence de ce délai permettra que les questions de la vie courante, l'attribution du logement familial, le paiement du loyer, le paiement des dettes aient pu apparaître aux époux et trouver une solution amiable. À l'épreuve de ce délai, les époux auront démontré leur capacité à aménager par eux-mêmes les effets de la séparation. Si une difficulté apparaissait, le choix d'une procédure judiciaire devrait être possible à tout moment.
- Une consultation juridique pourrait être prévue afin de permettre à tous les candidats à ce divorce de prendre leur décision en toute connaissance de cause. Sans être obligatoire, elle pourrait être *conseillée* par un courrier joint à l'accusé de réception de la demande. Les modalités envisageables pour cette consultation sont multiples : création d'un service spécifique au tribunal de grande instance ou dans certaines mairies, consultation d'un avocat...
- Le divorce sur déclaration commune devrait être orga-

nisé afin de signifier le caractère solennel de l'acte : double déclaration des époux, information par l'autorité constatant l'accord des conséquences de l'acte (dissolution du régime matrimonial), information sur les droits, lecture des articles du Code civil concernant les droits et devoirs d'autorité parentale, si les divorcés ont des enfants mineurs.

E2. Questions

Indépendamment des objections de principe formulées par certains, cette innovation heurte les habitudes des juristes. On doit répondre aux principales questions formulées : elles concernent les problèmes susceptibles de se poser pour la répartition des biens, le partage des dettes, le droit à prestation compensatoire.

Les biens, les dettes

- Concernant les dettes du ménage et des époux, il serait souhaitable de prévoir une meilleure articulation entre la séparation de fait et la procédure de surendettement afin de pouvoir établir un plan de redressement pour chacun des époux sans attendre le divorce.
- Concernant les biens, il n'est pas possible d'exiger la liquidation du régime matrimonial avant le divorce car le contrôle de la liquidation ne peut être demandé ni aux maires ni aux greffiers en chef.

Les époux qui n'auront pas liquidé leur régime matrimonial se retrouveront dans la situation actuelle de nombre d'époux divorcés pour faute ou sur demande acceptée et devront liquider leur régime matrimonial après le divorce.

La prestation compensatoire

C'est la question la plus difficile en l'état actuel du droit, puisqu'elle ne peut être fixée qu'au moment du prononcé du divorce.

Un effort d'information très claire sur ce point devra être fait, si l'on considère que le divorce sur déclaration commune est réservé aux époux qui n'envisagent pas une telle prestation. Rappelons que 13 % seulement de la totalité des divorces sont assortis d'une prestation compensatoire (y compris les cas où la prestation compensatoire n'est qu'une modalité du partage).

Le recours au juge

Il va de soi que les époux divorcés sur déclaration commune auront toujours la faculté de saisir le juge aux affaires familiales d'un conflit qui surgirait entre eux postérieurement au divorce, concernant les enfants. Quel que soit le statut des parents, le juge peut à tout moment être saisi d'un conflit les opposant sur ce qu'exige l'intérêt de l'enfant (art. 372-1-1 C. Civ.). Toute décision concernant les enfants peut à tout moment être modifiée ou complétée par le juge (art. 291 C. Civ.)

Les parents peuvent fixer par un accord privé les pensions alimentaires dues pour les enfants. Une décision judiciaire ne devient nécessaire qu'en cas de non-paiement afin de pouvoir recourir à une voie d'exécution forcée. La saisine du juge est alors possible à tout moment, de même lorsqu'un conflit surgit sur le principe ou le montant de la pension.

Il convient en outre de noter que le versement d'une pension n'est qu'une modalité d'exécution de l'obligation d'entretien de chaque parent. Certains parents préfèrent prévoir l'« exécution en nature » en se répartissant les frais occasionnés par l'éducation des enfants.

Le risque dénoncé d'une « inflation du contentieux post-divorce » provoqué par l'instauration de ce nouveau cas de divorce doit être fortement nuancé :

- Le recours au juge sera alors légitime, son intervention sera nécessairement plus pertinente puisqu'il interviendra au moment du conflit ou du problème posé, et non *a priori* comme il le fait actuellement.
- L'examen des contentieux post-divorce montre en outre que ceux-ci sont très loin d'être majoritairement conflic-

tuels, comme on le prétend en y voyant des « divorces mal réglés ». En réalité, l'immense majorité de ces contentieux tient à *l'évolution normale* des conditions de la vie des enfants, des ressources des parents, etc.

De façon générale c'est un contentieux qui pourrait être considérablement réduit par des mesures appropriées *(voir infra)*.

E3. Les avantages de ce nouveau cas de divorce

Rendre lisibles les principes de la coparentalité

Le premier avantage de la création d'un divorce sur déclaration commune sera de tirer toutes les conséquences de la loi du 8 janvier 1993 et d'en rendre lisibles les principes directeurs :

- Le divorce est sans effet sur le statut juridique des parents qui conservent à part égale leur pleine responsabilité dans l'éducation de leurs enfants.
- Leur accord vaut plénitude de l'autorité parentale, aucune décision judiciaire n'est utile pour l'entériner. Par un accord ultérieur ils peuvent toujours de leur propre chef modifier le contenu d'une décision judiciaire concernant leurs enfants.
- Les règles de droit commun leur sont applicables et notamment la présomption d'accord à l'égard des tiers de bonne foi qui leur permet, à l'un et à l'autre, d'effectuer seul tous les actes usuels relatifs à la personne de l'enfant comme les actes d'administration concernant ses biens.

(Sur tous ces points, cf. le chapitre « Autorité parentale »).

Redonner au juge sa juste place, et à la justice sa signification

La suppression d'audiences sans enjeu et sans débat, souvent vécues comme un formalisme humiliant, permettra de combattre la dévalorisation de la symbolique judiciaire qui en résulte.

Les juges ont mieux à faire, et la justice gagnera en efficacité, en autorité et en prestige si les magistrats peuvent entièrement se consacrer aux tâches qui sont véritablement les leurs : prendre le temps nécessaire pour écouter les divorçants en conflit, concilier les parties ou trancher le litige en disant le droit, vérifier l'équité des conventions et les homologuer lorsque l'autorité de ces actes apparaît aux justiciables une référence garantissant l'avenir.

Valoriser le mariage contemporain

Sociologiquement, les familles légitimes et les familles naturelles ont des comportements largement semblables. Les couples non mariés se séparent librement et ne sont amenés à saisir le juge qu'en cas de litige même s'ils ont des enfants.

Cette disparité de traitement judiciaire commence à être vécue comme une pénalisation par les couples mariés. Une chose est d'avoir le droit à la protection judiciaire en cas de séparation, que seul confère l'engagement dans l'institution matrimoniale, une autre de se sentir tutélarisé inutilement quand on ne ressent pas le besoin de cette protection.

Le mariage est une institution vivante, et une institution vivante ne se défend pas de façon négative et apeurée, comme une citadelle assiégée. La création d'un divorce reconnaissant la responsabilité des époux, loin de dévaloriser l'institution, ne peut que contribuer à l'adapter aux valeurs de liberté et de responsabilité qui donnent désormais sa plénitude à l'engagement conjugal.

III. Propositions communes à toutes les procédures

A. ACCÉLÉRER LA LIQUIDATION DU RÉGIME MATRIMONIAL

Hormis le cas du divorce par requête conjointe, le régime matrimonial est liquidé après le jugement de divorce, et perdure dans certains cas pendant plusieurs années.

Le contentieux de la liquidation, s'il n'est pas important en chiffres (3500 procédures par an), est un contentieux coûteux, long et douloureux lorsqu'il survient après le divorce.

Proposition

Systématiser le recours à l'article 1116 NCPC
Un très large accord se dégage sur la nécessité de favoriser le plus possible le règlement des intérêts patrimoniaux durant la procédure de divorce.

L'article 1116 du nouveau Code de procédure civile permet au juge de désigner d'office un notaire chargé de dresser un projet de liquidation du régime matrimonial au cours de la deuxième phase de la procédure de divorce. Il serait souhaitable que ce renvoi des parties devant un notaire puisse être imposé par le juge dès la tentative de conciliation.

Le notaire désigné pendant la procédure a un rôle plus actif que lorsqu'il est chargé de la liquidation après le prononcé du divorce. Désigné dans le cadre de l'article 1116 du nouveau Code de procédure civile, il a, outre ses compétences juridiques de notaire, les pouvoirs d'un expert judiciaire mais aussi le pouvoir de constater l'accord des parties et donc de tout mettre en œuvre pour une conciliation.

Si aucun accord n'est possible, le notaire établit un projet de liquidation. Le juge pourra alors se prononcer en toute connaissance de cause sur les demandes de pension alimentaire et de prestation compensatoire.

B. REDÉFINIR LA PRESTATION COMPENSATOIRE

En 1994, 13,4 % des divorces prononcés (hormis les divorces pour rupture de la vie commune) ont été assortis d'une prestation compensatoire. Dans la quasi-totalité des cas, la femme en était créancière.

Il faut distinguer plusieurs types de prestation compensatoire :

- Les principales difficultés posées par la prestation compensatoire se rencontrent dans les divorces de couples âgés dans lesquels la femme a élevé les enfants, n'a pas eu d'activité professionnelle. Ils ne sont pas fréquents : les femmes de plus de 54 ans représentent 5 % des divorcées, les femmes de plus de 45 ans, 22,3 %. Or le taux d'activité féminine atteint aujourd'hui 78,6 % pour les femmes entre 25 et 49 ans.

- Dans certains cas, notamment en cas de divorce par consentement mutuel (38,8 % des prestations compensatoires sont fixées dans le cadre d'un divorce sur requête conjointe), la prestation compensatoire est un moyen utilisé pour procéder à un partage inégal des biens, les époux souhaitant éviter de vendre un bien immobilier. La prestation compensatoire rend possible l'attribution de ce bien à l'un d'eux en supprimant ou en réduisant la soulte par compensation.

- Une autre catégorie de prestation compensatoire concerne des familles à revenus modestes : une faible rente mensuelle est attribuée pour une courte période (un à trois ans) à une épouse pour lui permettre de se réinsérer dans une activité professionnelle.

  Les juristes ont défini le caractère mixte de cette prestation, mi-indemnitaire, mi-alimentaire et les praticiens sont amenés à fixer, en fonction de ce caractère hybride, des prestations qui prennent dans 60,8 % des cas la forme d'une rente.

  Si la question de la rigidité de la révision, selon les critères actuels, a été posée récemment, cela n'a malheureusement pas été l'occasion de réfléchir globalement au fondement et à la nature exacte de cette prestation, ni à ses liens avec le fond de la procédure engagée.

B1. Fondement et nature de la prestation compensatoire

À l'heure actuelle, la prestation compensatoire a pour objet de « compenser autant qu'il est possible la disparité que la rupture du mariage crée dans les conditions de vie respectives » (art. 270 C. Civ.).

Cette définition a conduit les juridictions à considérer que dès lors qu'une disparité existait dans les niveaux de ressources des époux lors de la dissolution du lien matrimonial, il y avait lieu à prestation compensatoire.

Les situations parfois très modestes des parties entraînent dans ces cas l'obligation à une rente mensuelle, l'époux débiteur n'ayant aucune disponibilité en capital et étant incapable d'en obtenir.

Or la définition de la prestation compensatoire de l'article 270 paraît en contradiction avec l'évolution sociale et la recherche d'une plus grande égalité entre les sexes. S'il semble que la prestation compensatoire doit être maintenue, elle ne saurait viser à conserver un statut social comme un droit acquis par le mariage, mais fondamentalement à *rétablir un équilibre rompu du fait des choix pris en commun par les époux pendant leur vie commune*.

Si les époux ont pendant le mariage fait perdre à l'épouse des chances de carrière ou d'évolution professionnelle ou de droits à la retraite (par exemple, par le déménagement de la famille pour suivre la carrière du mari, la femme délaissant ses propres possibilités professionnelles, ou par l'arrêt du travail de l'épouse pour élever les enfants, ou par un travail à temps partiel de l'épouse pour les mêmes raisons), il paraît équitable de rétablir ces droits « perdus » dans l'intérêt de la famille par la mise à la charge du mari, dont la situation a été privilégiée, d'une prestation compensatoire.

Propositions

• *Reformulation de l'article 270 du Code civil*
Dans cet esprit, la prestation compensatoire deviendrait essentiellement une aide exigée quand le mariage a rendu particulièrement difficile l'adaptation d'un époux (de l'épouse) à la situation créée par la rupture.
Afin de permettre aux juridictions de modifier les conditions d'attribution de la prestation compensatoire, il conviendrait de revoir le texte fondateur de son principe par une nouvelle formulation de l'article 270.

• *Absence de transmissibilité de la prestation compensatoire aux héritiers*
L'absence de transmissibilité de la prestation compensatoire aux héritiers pourrait être posée comme principe, avec possibilité d'y déroger dans des circonstances exceptionnelles mais en prévoyant dans tous les cas la déduction du montant de la pension de reversion ouverte par le décès de l'ex-conjoint.

• *Suppression de la rente en cas de remariage ou concubinage*
Certaines conditions pourraient être posées au versement de la rente comme l'absence de remariage ou de concubinage.

B2. Fiscalité

- Le vœu du législateur de 1975 était clairement de favoriser une prestation compensatoire en capital. Or la fiscalité appliquée est dissuasive (droit de mutation à titre gratuit). Il conviendrait de revoir à nouveau ce problème.
- Le régime fiscal appliqué actuellement aux prestations compensatoires dépend du régime matrimonial des époux. Dans la réalité de ce que vivent les intéressés, il n'y a pas de différence sensible entre des époux communs

en biens et des époux séparés de biens ayant acheté un bien en indivision. Or, selon les cas, si la prestation compensatoire prend la forme d'un abandon de soulte (ce qui est fréquent lorsqu'il n'existe qu'un bien qui constitue le domicile conjugal et qu'il est laissé à l'épouse avec les enfants, moyennant paiement d'une soulte que l'époux abandonne à titre de prestation compensatoire), cet abandon est taxé très différemment. Il conviendrait donc par la modification de l'article 280 du Code civil de rétablir l'égalité entre ces situations semblables.

B3. Formes de la révision de la rente

Compte tenu de possibilités plus ouvertes de révision de la prestation compensatoire lorsqu'il s'agit d'une rente, il serait également nécessaire, afin de l'adapter plus sûrement aux évolutions probables de la situation des parties, de permettre la prévision d'une évolution de celle-ci en fonction d'événements non seulement prévisibles selon un terme certain, mais également selon un terme probable (art. 276-1 C. Civ. *in fine*).

En effet, cette modulation qui serait ouverte permettrait au juge de fixer par exemple en pourcentage des ressources le montant d'une rente, ce qui est actuellement impossible, évitant ainsi des saisines multiples en cas de modification des ressources du débiteur.

De même, il semblerait nécessaire d'ouvrir au juge les possibilités que les parties utilisent dans le cadre de leurs conventions, en cas de divorce par consentement mutuel, en permettant une plus grande latitude d'appréciation en cas de demande de révision.

L'application des possibilités de révision prévues pour le divorce par requête conjointe aux autres cas de divorce rendrait inutile la disposition finale de l'article 279 du Code civil qui pourrait être supprimée.

Les procédures devant le juge aux affaires familiales n'ayant pas été unifiées depuis sa création, la révision de la prestation compensatoire, même si ses conditions étaient élargies, continuerait de relever d'une procédure lourde (audience avec mise en état, assignation obligatoire, représentation par avocat obligatoire). Il semblerait logique d'aligner cette demande de révision sur l'ensemble des demandes de modifications de l'après-divorce en l'incluant dans les compétences du juge aux affaires familiales prévues à l'article 247 alinéa 3 du Code civil.

C. RÉDUIRE LE CONTENTIEUX POST-DIVORCE

Le contentieux post-divorce représente 70 000 procédures par an.

C1. Réduire le contentieux des pensions alimentaires

Plus de la moitié de ces procédures concernent le seul contentieux de la fixation des pensions alimentaires. Le contentieux du recouvrement des pensions alimentaires ne figure pas dans ces procédures car il est traité par les tribunaux d'instance.

L'importance de ce contentieux est en grande partie lié à la crise économique, à la fluctuation des situations d'emploi : les procédures se succèdent suivant les aléas de la vie professionnelle du débiteur de la pension.

Proposition

Établir des barèmes de référence pour les pensions alimentaires
Pour remédier à cette situation, aider les parents et les avocats dans la recherche d'accords amiables, éviter les procédures à répétition, il faudrait dégager des lignes directrices indiquant les modes de raisonnement, les éléments d'information pris en compte, et établir des barèmes indicatifs en proportion des revenus du débiteur de la pension alimentaire.

> La proposition d'un barème correspond aussi au souci de répondre à la demande des justiciables au moment du divorce : clarté des critères, prévisibilité des décisions, équilibre d'une juridiction à l'autre.
> *(Cf. le chapitre « Autorité parentale »).*

C2. Réduire le « faux contentieux » administratif

Une bonne part du contentieux post-divorce est un faux contentieux. Dans nombre de cas, il n'y a pas de litige mais il est demandé au juge d'entériner des accords pour répondre aux exigences multiples des administrations, des services fiscaux, de l'école, des préfectures.

Premier exemple : en cas de modification de l'hébergement de l'enfant décidée d'un commun accord par les parents, une décision entérinant ce changement est exigée par le fisc pour le calcul du quotient familial.

Deuxième exemple : une décision fixant la résidence de l'enfant chez un parent est exigée par le rectorat pour accepter le rattachement de l'enfant au secteur scolaire de celui-ci.

Proposition

Engager avec les administrations concernées une réflexion d'ensemble *visant à réduire au strict nécessaire légal les décisions judiciaires.*

CONCUBINAGE

Le concubinage a perdu jusqu'au souvenir de ce qu'il fut jadis quand les unions de fait, socialement réprouvées, étaient le signe de l'infériorité sociale de la classe ouvrière, ou du romantisme émancipé du monde des artistes. Il n'est même plus ce qu'il était encore naguère, quand les cohabitations juvéniles se nommaient « mariages à l'essai ».

Il y a désormais non plus un mais *des concubinages* (Rubellin-Devichi, 1986). Par millions. Quasiment tous les couples commencent par une cohabitation informelle, mais les cohabitations très durables se multiplient. Il y a des concubinages de jeunes, des concubinages du milieu de la vie (souvent après un divorce), des concubinages de toute la vie, des concubinages, aussi, de personnes âgées. Des unions libres sans enfants, d'autres qui en font naître et se transforment en familles naturelles, d'autres qui en élèvent ensemble après une recomposition familiale. Il y a, enfin, des concubinages hétérosexuels et des concubinages homosexuels.

Le droit a d'ores et déjà attaché un certain nombre d'effets juridiques à ces situations de fait, mais ils restent limités, parcellaires, injustes.

Or chacun s'accorde à reconnaître qu'en l'état actuel du droit une part importante de la population de notre pays se trouve, ou risque de se trouver, face à des difficultés importantes, en particulier (mais pas seulement) en matière successorale. C'est pourquoi on ne peut traiter du droit de la famille et de la vie privée sans proposer des améliorations significatives de la situation des concubins.

Mais les améliorations à envisager ne prendront sens que si elles s'inscrivent dans une réflexion d'ensemble sur la question du concubinage et du droit. Le temps en est venu. Chacun mesure l'importance des enjeux de société, de signification du lien humain et du lien social, induits par l'un des plus importants changements dans les mœurs contemporaines. Il est temps que la société considère le concubinage comme un choix de vie qui doit être reconnu comme tel.

Il ne pouvait être question, dans le cadre de ce rapport, que de tenter d'éclairer certains des problèmes actuels les plus brûlants, et de poser quelques jalons pour la réflexion à venir. On s'efforcera surtout de clarifier la logique de pensée sous-jacente aux réformes proposées.

Deux difficultés s'imposent d'emblée :

- La notion de concubinage est loin d'aller de soi, tant elle recouvre de situations diverses. Situation de fait, sa qualification juridique fait l'objet d'un certain nombre de controverses.
- La méthode permettant de lier des droits à une situation de fait en respectant son caractère particulier *d'union libre*, est depuis longtemps sujet de discussions, qui ont semblé s'accentuer dans ces dernières années.

Précisons d'emblée l'objet de ce chapitre.

« C'est par le droit de la filiation qu'est entré le concubinage en droit français » rappelle Gaël Hénaff dans son étude de « la communauté de vie du couple en droit français » (1996). Cependant, non seulement tous les concubins ne sont pas des parents, mais le concubinage, simple union de fait, n'implique en tant que tel aucun lien à la filiation, qui exige pour être établie un acte juridique spécifique et indépendant.

On traitera donc dans ce chapitre uniquement du concubinage comme *lien entre deux personnes, indépendamment de toute parentalité*. L'ensemble des questions relatives à la filiation hors mariage et à la famille naturelle seront traitées dans la seconde partie de ce bilan juridique.

On constate en effet qu'un large consensus social se dégage

progressivement sur la famille naturelle, mais qu'en revanche la question du concubinage suscite aujourd'hui de nombreux débats et controverses, non sans une certaine confusion.

Pour la traiter, on commencera par se pencher sur la définition sociale du concubinage, et la façon dont le droit actuel la saisit (I). Puis on analysera les impasses auxquelles conduisent les tentatives d'élaboration d'un statut juridique du concubinage (II). On proposera enfin une autre approche pour fonder les droits des concubins et en proposer une extension significative (III).

I. L'approche juridique du concubinage : unanimité et controverses

Dans la vie courante, chacun sait bien ce qu'est le concubinage : la vie commune d'un couple non marié. Cette définition est, au plan social, incontestablement efficace : personne ne confond un couple de concubins et deux amis ou deux parents, même si ces derniers partagent un appartement. Personne ne qualifie de « concubins » deux amants de quelques nuits. La frontière symbolique est assez nette, qui rapporte le concubinage *à un type particulier de lien humain : le couple.* La frontière sociologique, elle, est déjà plus floue : à partir de quand devient-on un « couple » ? Une durée de relation ? Une durée de cohabitation ? Et si oui, laquelle ?

En droit également, la notion de couple est au centre de l'approche du concubinage. Mais elle est loin d'aller de soi : pendant longtemps, le droit civil ne connut que le couple institué par le mariage. Il a donc appréhendé le couple non marié comme il pouvait le faire d'une situation de fait, c'est-à-dire par ses effets possibles. C'est ainsi, indirectement, que s'est élaborée progressivement la notion juridique de concubinage, d'abord dans le droit social, puis dans le droit civil.

La tendance croissante du législateur comme de la jurisprudence est aisément repérable : subordonner la production de certains effets juridiques du concubinage à la démonstration d'une *communauté de vie* (Hénaff, 1996).

Cette communauté de vie, rappelle Françoise Dekeuwer-Défossez (1998), combine deux grandes composantes : la communauté de toit et la communauté de lit. Elles ne sont pas indépendantes. Comme elle le dit joliment : « La communauté de lit irradie la communauté de toit. »

LA COMMUNAUTÉ DE TOIT

L'importance de la cohabitation dans la définition même du concubinage est évidente. Comme l'écrit encore Françoise Dekeuwer-Défossez : « Tous les textes accordant quelque droit que ce soit aux concubins tirent le critère d'attribution de ces droits de la vie commune, et plus précisément de la durée de cette dernière. [...] Quant à la jurisprudence, elle exigera également que la cohabitation ait duré « suffisamment » longtemps pour en tirer des conséquences juridiques. [...] Il n'y a pas là, selon nous, seulement une question de preuve du concubinage ou des sentiments unissant les membres du couple, ni même de probabilité de sa durée ultérieure. *Il y a aussi le fait que la durée de la vie commune lui a donné la dimension d'un fait social justifiant d'être pris en considération* » (souligné par nous).

L'importance de la cohabitation dans la définition du concubinage est également attestée par la cessation de celle-ci : la décohabitation fait cesser le couple de fait, sans droit à indemnité (sauf si elle revêt un caractère fautif). La liberté de partir étant de l'essence de l'union libre, le concubinage prend fin avec la décohabitation.

LA COMMUNAUTÉ DE LIT

Les relations affectives et sexuelles hors de toute cohabitation n'entraînent pas d'effets juridiques en tant que telles, et ne permettent pas de qualifier ceux qui les vivent de « couple ». Certes, on sait que l'article 340-4 du Code civil inclut dans la notion de concubinage « les relations stables et continues », et une part de la doctrine y a vu un élargissement de la notion de concubinage. On doit cependant remarquer que cet élargissement ne se justifie que par l'objet particulier de l'article 340-4 : l'établissement de la paternité hors mariage, dans lequel il ne s'agit pas d'attester du « couple » mais bien de la relation sexuelle, susceptible de présumer du lien père/enfant.

S'agissant du concubinage à proprement parler, la communauté de lit est abordée de façon souvent implicite, mais non moins réelle. En effet, le droit n'accorde que très peu d'effets juridiques à la cohabitation sous un même toit lorsqu'elle ne recouvre pas de relations sexuelles socialement admises. Même le droit social, qui est sans doute le plus ouvert au fait, ne considère pas comme un concubinage tout duo de deux personnes cohabitant dans un même appartement. L'interdit de l'inceste, ainsi, s'impose aussi à la perception du concubinage. Bien que l'inceste ne soit pas défini en tant que tel en droit, deux personnes dont les liens de parenté étroits prohiberaient socialement l'union ne sont pas un « couple ».

C'est moins, est-il besoin de le dire, la réalité effective des relations sexuelles que leur licéité reconnue socialement qui distingue le couple d'un non-couple, et le concubinage des autres formes de cohabitation : l'origine latine du mot *(cum cubare)* prend alors toute sa portée.

LA DISCRIMINATION
À L'ÉGARD DES CONCUBINS HOMOSEXUELS

Cette approche du concubinage comme communauté de toit et de lit fondant une « communauté de vie » permet de prendre toute la mesure de l'un des débats sociaux les plus aigus d'aujourd'hui : la discrimination opérée par le droit positif à l'égard des couples de concubins homosexuels.

En effet, ceux-ci, malgré leur communauté de vie, et bien qu'il n'y ait évidemment entre eux aucune forme d'inceste, ne sont pas considérés comme concubins en droit. Par deux arrêts célèbres du 11 juillet 1989, la Cour de cassation a restreint le concubinage en référence à « la vie maritale ». Elle en a déduit qu'un couple de concubins était nécessairement composé d'un homme et d'une femme. Les homosexuels, ne pouvant pas se marier, ne peuvent donc pas, aux yeux du droit, vivre en concubinage.

Ce raisonnement, qui définit un *fait* (qui existe ou non) à partir d'un *droit* (que l'on a ou que l'on n'a pas), est aujourd'hui vigoureusement contesté :

- Contesté tout d'abord au plan social, parce qu'il justifie indirectement les injustices ou exactions dont peuvent être victimes les couples homosexuels, qui ne bénéficient d'aucune sorte de reconnaissance par le droit. Le couple homosexuel existe, indéniablement. Dénier ce fait repose en réalité sur une condamnation morale de l'homosexualité, qui va à l'encontre de l'évolution de toute notre société, et représente sans doute une régression par rapport à la loi du 4 août 1982 (abrogation de l'article 331 al. 2 du Code pénal) et à celle du 25 juillet 1985, qui a élargi l'article 225-1 du Code pénal en indiquant que « *Constitue une discrimination toute distinction opérée entre les personnes physiques à raison de [...] leurs mœurs* ».
- Contesté ensuite au plan juridique. Les couples homosexuels, partageant une communauté de toit et de lit, sont indéniablement engagés dans la communauté de vie par laquelle la jurisprudence appréhende le concubinage. Une situation semblable est ici traitée de façon différente : ce qui est la définition même de la discrimination.

La mobilisation sociale en faveur de la reconnaissance du concubinage homosexuel n'a cessé de se développer ces dernières années, suscitant l'appui d'une majorité de nos concitoyens, comme en attestent de nombreux sondages. Mais la Cour de cassation vient, par un récent arrêt (17 déc. 1997) de confirmer sa jurisprudence antérieure. *Nous sommes donc face à un choix de société qui doit trouver une issue.*

C'est la raison pour laquelle un très ancien débat juridique a repris récemment une actualité nouvelle : peut-on envisager l'élaboration d'un statut du concubinage ?

II. Les impasses de la formalisation du concubinage

La question d'un statut du concubinage n'a rien de nouveau. Les situations étant variées et le fait parfois fuyant, depuis longtemps les juristes se sont interrogés sur l'opportunité d'un statut (Carbonnier, 1992). La réponse classique est négative (Cornu, 1996) : un statut apparaît incompatible tant avec la caractéristique du concubinage, qui est d'être une union libre, qu'avec la diversité des situations en cause.

Au-delà, ces débats ont longtemps été dominés par un jugement moral sur le concubinage : forme d'union considérée par certains comme inférieure au mariage, elle ne mériterait pas de consécration juridique, sauf à considérer que « ceux qui ne s'engagent pas » peuvent bénéficier de la reconnaissance sociale de ceux qui s'engagent l'un par rapport à l'autre (Sullerot, 1984).

Peut-on dépasser à la fois ces difficultés techniques et ces jugements normatifs ? Deux directions sont possibles : d'une part, fonder un statut du concubinage sur un contrat inscrit dans le droit des personnes (ce qui fait disparaître la critique de « non-engagement »), d'autre part, éluder la question même du concubinage, mais aménager des droits indirectement par l'élaboration d'un pacte inscrit dans le droit des biens.

A. D'UN CONTRAT INSCRIT DANS LE DROIT DES PERSONNES

Un contrat inscrit dans le droit des personnes peut apparaître comme la voie la plus évidente dès lors que l'on souhaite fonder une extension des droits des concubins.

Cependant, deux questions surgissent inévitablement.

La question des conditions pour contracter

Dès lors qu'il s'agit de substituer à une situation de fait un contrat comme source de droits, la question se pose de définir les personnes autorisées à passer ce contrat :

- Soit, afin de respecter le but recherché, seuls les concubins y ont accès. Mais comment vérifier leur situation ? Un contrôle des relations de fait serait contradictoire avec la logique même du contrat.
- Soit, à l'inverse, on étend la possibilité de contracter à toutes les personnes en ayant la capacité juridique. Mais alors, le couple est noyé dans un ensemble flou où se mêlent les types de liens humains les plus divers : deux amis, un frère et une sœur, deux religieuses... Outre la confusion ainsi opérée au plan symbolique, la disparition de la distinction entre un couple et un non-couple produit cet effet inévitable que le contrat ne consacre le couple de fait (homosexuel ou hétérosexuel) que par son effacement juridique.

La question des engagements réciproques

Créer un contrat entre des personnes suppose de fonder celui-ci sur des engagements réciproques : « secours et assistance », « soutien matériel et moral », « solidarité pour dettes ». S'engage alors inévitablement une double logique dont la dynamique est décrite depuis longtemps :

- Un tel contrat dénature nécessairement le concubinage, qui est d'être un engagement privé. Le paradoxe est alors, à un moment où des centaines de milliers de nos concitoyens revendiquent que leur union soit « libre », de conditionner leur accès à des droits à l'abandon de cette liberté.
- Plus le contrat se veut élaboré, tant dans ses conditions que dans les droits qu'il ouvre, moins le statut ainsi créé parvient à éviter une large similitude avec le mariage.

Enregistré devant l'officier d'état civil, produisant la totalité des effets du mariage en termes de droits sociaux et fiscaux, rompu devant le juge en cas de désaccord, le contrat devient un « mariage bis ».

On est en droit de se poser alors deux questions :

Quelle en est la nécessité pour l'immense majorité des concubins, qui ont accès au mariage ?

Quels en sont les effets indirects sur le mariage civil, qui perd ainsi la caractéristique fondamentale d'unicité que lui a conférée la Révolution française ?

L'impasse de la démarche du contrat des personnes paraît ainsi de créer, à côté du mariage, une autre sorte de mariage qui pourtant n'institue pas le couple en tant que tel, tout en laissant entière la question des droits des « vrais » concubins.

B. D'UN PACTE INSCRIT DANS LE DROIT DES BIENS

Afin d'échapper à ces contradictions, une autre démarche est possible : celle d'ignorer totalement le droit des personnes, et de s'en tenir à la seule organisation des biens.

Cette approche a l'intérêt de laisser complètement le concubinage hors de toute institutionnalisation, c'est-à-dire de l'ignorer. On n'y trouvera donc aucune forme de reconnaissance juridique du couple de fait, et *a fortiori* du couple homosexuel. Au risque d'entraîner une forte déception.

L'organisation des biens des concubins par un pacte sous seing privé apparaît en soi comme une excellente solution, permettant d'éviter de multiples problèmes. De fait, le problème principal que pose un tel pacte, portant exclusivement sur les biens, en sont les conséquences en terme de droit civil, social ou fiscal.

Si un simple pacte financier privé, accessible à tous, accorde à ses signataires des droits qui traditionnellement sont issus de liens personnels (et non financiers), on ne peut sans doute éviter de créer à la fois une confusion symbolique et une injustice sociale :

- Une confusion symbolique, dès lors par exemple qu'une sœur signant un pacte financier avec son frère est assimilée par des droits sociaux à un conjoint survivant.
- Une injustice sociale, si un droit d'adoption pour les concubins hétérosexuels est réservé à ceux d'entre eux qui auraient signé un pacte financier.
- Une confusion symbolique et une injustice sociale, enfin et surtout, si en matière successorale ce ne sont plus les liens humains réels qui sont pris en considération, mais les liens financiers.

La distinction des personnes et des biens étant la plus fondamentale des distinctions juridiques, l'élaboration d'un pacte sur les biens pour régler l'une des questions humaines les plus importantes de notre temps engage, sans que l'on semble en mesurer tous les effets, dans une révolution copernicienne : celle de faire procéder le droit des personnes du droit des biens.

Quant à la question de la reconnaissance sociale du concubinage et des droits spécifiques des concubins, elle resterait, dans cette hypothèse, entière.

On voit donc les difficultés extrêmes et les contradictions auxquelles confronte l'élaboration d'un statut du concubinage, qu'on l'aborde par la voie d'un contrat du droit des personnes, ou qu'on l'élude par la voie d'un pacte sur les biens.

Mais le plus grave des problèmes ainsi créés ne tient-il pas, de façon beaucoup plus générale, à la situation sociale induite par une exigence de formalisation ? Toute formalisation du concubinage aurait pour effet de renvoyer dans le non-droit les situations non formalisées. Or ces situations existeront nécessairement. Que ce soit par refus, ignorance, ou négligence, inévitablement des centaines de milliers de concubins, ayant parfois partagé de nombreuses années de vie commune, demeureront hors des droits auxquels ils auraient pu prétendre. Il serait sans doute choquant que deux concubins ayant vécu trente ans ensemble, mais n'ayant pas signé de pacte, ne disposent pas des droits sociaux qui seraient conférés à deux amis ayant signé un pacte sur leurs biens deux ans auparavant.

Le risque majeur est ainsi de renforcer les inégalités, au détriment des personnes les plus vulnérables.

C'est pourquoi, tout en conservant l'hypothèse d'un pacte sur les biens, une autre approche doit selon nous être trouvée afin de fonder les droits issus du concubinage, et de lui reconnaître clairement une signification sociale.

III. Pour une approche du concubinage comme situation de fait créatrice de droits

Une autre voie peut être tentée, qui poursuive et prolonge la façon dont le droit a jusqu'à présent appréhendé le concubinage : comme un fait, susceptible de produire des effets de droit.

Cette voie est sans doute ambitieuse : elle propose d'aborder de front le phénomène social du concubinage, d'en reconnaître davantage l'existence, la légitimité et la signification.

Défini par une communauté de vie, le concubinage *se prouve par tout moyen*. Une jurisprudence abondante montre que les divers moyens possibles se sont révélés efficaces, et pourraient être étendus (actes de communauté de vie). Mais en réalité les preuves matérielles (adresse commune, quittances) sont en général les plus probantes et certainement moins propices à la fraude qu'un pacte privé, dont la dissolution serait extrêmement difficile à contrôler.

On propose de poursuivre dans cette voie, qui paraît être celle qui garantit le plus de clarté dans les choix de valeurs et le plus de justice face aux situations concrètes, par la prise en compte des situations réelles, dans le respect de la signification de l'union libre.

Mais une telle démarche suppose tout d'abord un choix de société, qui doit être assumé comme tel, avec clarté : celui de mettre fin à la discrimination dont sont victimes aujourd'hui les concubins homosexuels. *Ce choix serait à l'honneur de notre pays. Il est un préalable de la démarche proposée.*

Faute de le faire, tout accroissement des droits des concubins serait un pas dans l'injustice entre les concubins bénéficiaires de ces nouveaux droits, qui seraient la grande majorité, et la minorité qui en serait exclue.

La voie de la jurisprudence étant barrée, la seule voie ouverte est celle d'une intervention du législateur. Mais comment légiférer ?

A. RECONNAÎTRE LÉGALEMENT LE CONCUBINAGE HOMOSEXUEL

L'idéal serait de proposer une définition légale du concubinage. Mais elle est impossible. Comment le droit pourrait-il définir le fait ?

Le concubinage étant d'ores et déjà, comme on l'a rappelé *supra*, rapporté par la jurisprudence à la communauté de vie, une solution possible se dessine : appréhender le couple de fait selon l'une des plus anciennes techniques du droit : la possession d'état.

Des trois composantes classiques de la possession d'état (*nomen, tractatus, fama*) deux s'appliquent en effet tout à fait aux couples de fait : pour être considéré en droit comme un concubin il faut en avoir le traitement (*tractatus*) et la réputation (*fama*).

Ainsi, de façon moins paradoxale qu'il n'y paraît, le vieil adage de Loisel « Boire, manger, coucher ensemble, c'est mariage ce me semble » ne s'applique plus depuis longtemps au mariage, mais... au concubinage.

Le concubinage, autrement dit, en tant qu'il est communauté de toit et de lit, peut s'appréhender par *la possession d'état de couple naturel* (Hénaff, 1996).

Comment inscrire cette possession d'état dans le droit de façon à mettre fin aux discriminations qui frappent les homosexuels ? Des différentes solutions techniques possibles, la plus simple serait d'insérer un article dans le Code civil. En effet, le Code utilise déjà les termes de « concubin », de « concubinage », de « concubinage notoire », mais sans indiquer comment appréhender cette notion de fait.

> **Proposition**
>
> **Insérer dans le Code civil, à une place qui reste à déterminer, un article rédigé ainsi :**
>
> **« Le concubinage se constate par la possession d'état de couple naturel, que les concubins soient ou non de sexe différent »**
>
> À l'imitation de ce que le Code civil indique déjà en ce qui concerne la possession d'état d'enfant naturel (art. 311-2), cet article pourrait éventuellement être complété d'un autre donnant des indications sur le faisceau de faits permettant d'établir la possession d'état de couple naturel (communauté de vie, notoriété, etc.).
>
> Cela supposerait en outre de remplacer le terme de « vie maritale » par celui de « concubinage » partout où il est employé (ex : article L. 161.14 alinéa 1 CSS).

B. ÉTENDRE LES DROITS
ISSUS DU FAIT DU CONCUBINAGE

B1. Extension des droits existants à l'ensemble des concubins

Supprimer la restriction jurisprudentielle du concubinage aurait pour conséquence l'octroi de l'ensemble des droits d'ores et déjà reconnus par la loi et la jurisprudence, au profit de tous les concubins sans discrimination.

- Transfert du bail dans les conditions fixées par l'article 14 de la loi du 6 juillet 1989.
- Octroi des prestations en nature de l'assurance maladie-maternité (art. L. 161.14 al 1 du code de la Sécurité sociale). Serait ainsi supprimé le délai d'un an actuellement en vigueur pour les concubins homosexuels, en vertu de l'alinéa 2 du même article.

- Déduction des frais réels de transport en matière fiscale (article 83-3 du CGI et avis du Conseil d'État du 10 décembre 1993).
- Bénéfice du capital décès dans les conditions prévues à l'article L. 361-4 du CSS.
- Bénéfice des avantages tirés de la législation du travail et des conventions collectives.
- Possibilité d'indemnisation du préjudice en cas de rupture abusive ou décès accidentel du concubin.

En revanche, l'égalisation des droits amènera à supprimer aux concubins homosexuels les avantages sociaux et fiscaux dont ils peuvent bénéficier actuellement, du fait de leur prétendu « isolement », en particulier l'allocation de parent isolé (API) et l'allocation de soutien familial (ASF).

B2. Création de nouveaux droits sociaux

Proposition

Accorder au concubin *justifiant d'une communauté de vie d'une certaine durée* **les droits dérivés ouverts par son concubin assuré social par les régimes d'assurance-invalidité, vieillesse-veuvage, décès et accidents du travail.**
Cet accroissement des droits paraît juste : la disparition ou l'accident du concubin peut avoir, si le concubinage a eu une certaine durée, des conséquences dramatiques, surtout pour les personnes les plus démunies.
L'important serait de s'accorder sur une durée minimale d'union exigée. On n'a pas pensé pouvoir aller ici au-delà d'une indication : un minimum de deux à trois ans paraît raisonnable.
Une information efficace sur l'intérêt de conserver des preuves de cohabitation réglerait l'immense majorité des

problèmes : chacun n'a-t-il pas intériorisé comme allant de soi la conservation de multiples documents ? Mais, encore une fois, le concubinage se prouve par tout moyen. Afin de créer une seconde catégorie de bénéficiaires des droits dérivés ouverts par ces régimes, il conviendrait d'ajouter après « le conjoint » la mention : « *ou le concubin justifiant d'une communauté de vie au moins égale à (X) ans* » aux articles suivants du code de la Sécurité sociale :

- L. 342-1 et L. 342-2 (assurance-invalidité),
- L. 351-13, L. 353-3, L. 356-1 et L. 356-3 (assurance-vieillesse, assurance-veuvage),
- L. 361-4 al 2 (assurance-décès),
- L. 434-8 et L. 434-9 (accidents du travail).

B3. Améliorer le régime des biens

La possibilité de pactes sous seing privé sur les biens, telle qu'élaborée dans le rapport du professeur Hauser, prendrait, dans le cadre d'un concubinage, toute sa signification.

Il conviendrait également, pour éviter des conflits souvent douloureux, de prévoir une présomption d'indivision sur les biens meubles acquis durant la vie commune. L'expérience a montré que les conséquences humainement les plus éprouvantes à la suite du décès d'un concubin ne portaient pas nécessairement sur des biens importants, mais tenaient, par exemple, à la confiscation par les membres de la famille du décédé de l'ensemble des objets se trouvant dans l'appartement commun.

B4. Accorder des droits extra-patrimoniaux

Parce que la communauté de vie d'un couple de concubins ne se limite pas à la protection d'intérêts économiques et sociaux, il est nécessaire de reconnaître la place et le rôle du concubin en cas d'hospitalisation ou de décès.

Information et choix thérapeutiques

Les textes relatifs aux droits des patients donnent certains pouvoirs aux proches (ils peuvent recevoir l'information médicale dès lors qu'ils ont été désignés par le patient, prendre les décisions lorsque ce dernier n'est pas en état de manifester sa volonté). Cependant, la notion de « proche » est floue. Le concubin n'étant pas reconnu en tant que tel peut se voir écarté par la famille de toute information et n'être pas consulté sur les éventuelles décisions à prendre.

Afin de prévenir tout conflit, la future loi sur les droits des patients devrait définir cette notion et prévoir un ordre des proches, dès lors que le patient n'a pas expressément manifesté sa volonté.

Organisation des funérailles

Le droit se borne à faire référence « aux personnes qui ont qualité pour pourvoir aux funérailles » sans les définir. Ce flou est source de conflits éventuels entre la famille et le concubin, lorsque le défunt n'avait pas exprimé par écrit ses dernières volontés. Ces conflits sont tranchés par la jurisprudence en fonction des circonstances de l'espèce. S'agissant d'une question de pur fait, tranchée au cas par cas selon l'intention présumée du défunt et la nature de ses relations avec ses proches, les solutions dégagées ne sont pas toujours favorables au concubin survivant.

Proposition

Adopter une disposition prévoyant que, sauf manifestation expresse de la volonté du défunt quant à l'organisation de ses funérailles, ***la décision appartient au concubin survivant qui a établi avec lui une vie commune d'au moins un an à la date du décès.***

C. ÉTENDRE CONSIDÉRABLEMENT L'EXERCICE DE LA VOLONTÉ, EN MATIÈRE DE DONATIONS ET LIBÉRALITÉS

La relation de concubinage étant une relation par essence « libre », n'impliquant aucun engagement public, il ne paraît pas souhaitable de faire du concubin un héritier.

L'expression de la volonté est ici indispensable. Mais cette volonté, on le sait, est aujourd'hui extrêmement limitée de fait par la réserve, ainsi que par la fiscalité des donations et successions. Les libéralités au concubin, considéré comme un « étranger », sont taxées à 60 % au-delà de 10 000 francs.

Cette situation est source d'injustices criantes. Elle amène de nombreuses personnes à utiliser d'autres voies de transmission (assurance-vie, etc.). Les personnes les moins fortunées, qui n'ont pas l'habitude de consulter un notaire, sont les plus grandes victimes de ce système.

On ne peut séparer l'accroissement des droits des concubins d'une réforme d'ensemble du droit des successions et libéralités. Cette question est traitée dans un chapitre particulier (*cf. infra « Successions et libéralités »*).

Notons cependant ici pour mémoire que la réforme proposée aurait des effets très importants pour les concubins justifiant d'une certaine durée de vie commune. La quotité disponible étant considérablement élargie (réduction des héritiers réservataires aux seuls descendants ; réduction de la réserve à la moitié de la succession au maximum), un champ beaucoup plus large serait ouvert à l'expression de la volonté individuelle.

Proposition

Accorder au concubin justifiant d'une certaine durée de vie commune **les mêmes abattements et la même imposition par tranches que celle qui est accordée au conjoint survivant.**

Cette proposition veut rendre compte d'un fait social majeur : le souci très grand que les concubins ont du sort de celui qui leur survivra. Beaucoup de concubins ont une vie commune très longue, et s'ils souhaitent vivre comme des concubins, ils souhaitent mourir comme des mariés. Ce souci, qui témoigne de la signification sociale profonde de la communauté de vie, doit non seulement être reconnu, mais encouragé.

La durée minimale de vie commune exigée est ici fondamentale, afin d'éviter aussi bien des injustices que des fraudes. Il semble raisonnable de proposer un minimum de deux à trois ans.

D. CONSERVER UNE IMPOSITION SÉPARÉE

La démarche proposée veut respecter le concubinage comme situation de fait : les droits proposés reconnaissent simplement que la communauté de vie est un fait social, qui doit être reconnu en tant que tel. Mais l'union libre demeure un engagement personnel et privé.

C'est dans cet esprit qu'il n'est pas proposé une imposition commune des concubins, qui demeurent deux personnes certes liées, mais indépendantes (pas de solidarité pour dettes, pas d'engagement social).

Bien que l'imposition commune ne soit pas favorable dans tous les cas, elle l'est souvent. Or avantager la vie à deux en tant que telle serait paradoxal par rapport à la vie solitaire de 7 millions de personnes, dont les capacités contributives sont largement moindres de la moitié de celles d'un couple, comme l'a établi une analyse récente de l'INSEE.

En revanche, la situation particulière créée par la suppression récente de la demi-part supplémentaire dont bénéficiaient les concubins ayant un enfant à charge doit être prise en compte en établissant une situation fiscale égalitaire pour toutes les familles (cf. infra chapitre « Autorité parentale »).

On doit ajouter que ces propositions ne prennent sens que pour faire face à des aménagements urgents. Comme on l'indique par ailleurs, il semble que seule une réforme d'ensemble de l'impôt sur le revenu permettrait de prendre en compte véritablement les transformations de la famille et de la vie privée.

II

L'ENFANT DANS SA FAMILLE

L'ENFANT SUJET DE PROTECTION

La place de l'enfant dans sa famille est, à l'évidence, d'abord régie par le droit des personnes, et en particulier les titres du Code civil relatifs à la filiation, l'adoption et l'autorité parentale. Cependant, comment aborder l'enfant dans ses liens familiaux sans évoquer d'abord l'enfant lui-même ? On ne peut ignorer que sont débattues aujourd'hui diverses propositions concernant un abaissement de l'âge de la majorité pénale et un statut de prémajorité. De tels changements, s'ils venaient à voir le jour, modifieraient profondément non seulement la situation personnelle de l'enfant, mais aussi son lien à ses parents et à sa famille.

Une lecture partielle et partiale de la Convention internationale des droits de l'enfant a accrédité en France, au cours de la dernière décennie, une critique souvent exacerbée de la protection à laquelle l'enfant a droit. Cette protection a été ridiculisée, comme faisant de l'enfant un « objet », on a même dit un « sous-être ». Elle a été condamnée, comme autorisant aux parents un pouvoir abusif. L'autorité parentale a été dénoncée comme une survivance indue de l'ancienne puissance paternelle.

Chacun peut voir aujourd'hui, et tout d'abord les professionnels de l'enfance confrontés aux situations les plus difficiles, le désarroi ainsi créé. Car chacun n'a pas payé du même prix la dénonciation de la protection de l'enfant. Elle n'a rien changé au sort des enfants les plus privilégiés, elle a abandonné au leur les plus démunis. Dans les quartiers en difficulté, les travailleurs sociaux, les magistrats, les enseignants, les policiers et les éducateurs qui tentent les expériences les plus innovantes pour retisser le lien social s'accordent désormais sur la nécessité urgente de restaurer l'autorité parentale, dans le respect premier de la dignité des parents et dans l'intérêt vital de l'enfant.

C'est pourquoi il semble fondamental aujourd'hui d'abandonner l'opposition stérile entre l'enfant-objet et l'enfant-sujet, et de revenir à une lecture beaucoup plus équilibrée de la Convention internationale des droits de l'enfant, qui affirme solennellement dans son préambule, et dans de très nombreux articles, le droit premier de l'enfant à être protégé.

Affirmer l'enfant comme un *sujet de protection* : telle est la démarche qui guide l'ensemble des réformes proposées dans ce rapport. Mais cela suppose de prendre conscience de l'inutilité d'une pré-majorité civile, et du recul de notre devoir collectif de protection à l'égard des mineurs que représenterait l'abaissement de l'âge de la majorité pénale.

I. La pré-majorité civile

Depuis la loi n° 74-631 du 5 juillet 1974, la majorité civile en France est fixée à « dix-huit ans accomplis », au lieu de vingt et un ans auparavant. Doté dès sa naissance de la capacité de jouissance de ses droits, le mineur est frappé de l'incapacité d'exercice de ceux-ci pendant sa minorité.

La fixation de l'âge de la majorité est une question de détermination d'un seuil dans le temps et dans l'espace en considération de facteurs multiples : maturité de la personne, poids culturel, conséquences civiles, financières, sociales, considérations électorales...

Fixer l'âge de la majorité consiste donc, pour une société déterminée, à définir le seuil le plus favorable en deçà duquel il serait illusoire de donner « les pleins pouvoirs » aux jeunes gens mais au-delà duquel il serait irresponsable de les maintenir dans un statut incomplet.

À la suite de la ratification par la France de la Convention internationale des droits de l'enfant, il a été proposé d'aménager une majorité civile relative à compter de l'âge de 16 ans, tant en matière personnelle que patrimoniale.

À la faveur de la mission d'enquête parlementaire sur les droits de l'enfant, cette proposition est remise au goût du jour.

L'analyse du droit positif français démontre que cette prémajorité existe déjà et qu'elle donne satisfaction en conciliant les impératifs de protection de l'enfant et le souci de son autonomisation progressive.

En matière personnelle, l'enfant donne son consentement à son adoption à partir de l'âge de 13 ans. Il doit également consentir au changement de son nom et de son prénom. À 14 ans, il peut travailler pendant les vacances scolaires avec l'accord de son représentant légal. À partir de 16 ans, il peut réclamer la nationalité française, demander la convocation du conseil de famille et y assister, demander la francisation de son nom, conclure un contrat d'apprentissage, adhérer à un syndicat, participer aux élections professionnelles... En matière médicale, le consentement de l'enfant est sollicité de même que celui de la jeune fille pour une interruption volontaire de grossesse... Quel que soit son âge, l'enfant capable de discernement peut être entendu dans toutes procédures le concernant.

En matière patrimoniale, l'enfant peut accomplir tous les actes de la vie civile que la loi ou l'usage autorisent. Il en va ainsi des actes usuels de la vie courante, tels l'achat de biens mobiliers d'usage courant ou le recours aux prestations de service de la vie quotidienne. L'enfant peut également accomplir tous les actes conservatoires, par exemple faire inscrire une hypothèque, mettre un débiteur en demeure... Il peut directement percevoir son salaire. Il peut ouvrir un livret de caisse d'épargne et, à partir de 16 ans, opérer librement des retraits d'argent.

En matière d'association, l'incapacité d'exercice des droits n'est pas un obstacle à la participation du mineur à une association mais l'empêche d'accéder à certaines fonctions. Ainsi, l'enfant peut adhérer à une association, ce qui est considéré comme un acte de la vie courante pour lequel il est présumé avoir reçu l'accord de ses parents. De même, il peut valablement participer à la constitution d'une association à la condition qu'il ne fasse pas d'apport en numéraire ou en nature. En tant que membre de l'association, il peut voter à l'assemblée générale de l'association. Il peut également être élu membre du conseil d'administration de l'association. En revanche, on discute de la possibilité de désigner un mineur comme président d'une association ou trésorier engageant à ce titre celle-ci. L'incapacité du mineur est généralement considérée comme lui interdisant d'exercer les fonctions de président ou de trésorier de l'association, qui impliquent de pouvoir valablement représenter l'association en tant que personne morale dans les actes de la vie civile ou en justice. Il y a lieu de noter toutefois que dès lors que *l'article 1990 du Code civil* autorise à choisir un mineur non émancipé comme mandataire (sous réserve de ce que le mandant n'a d'action contre ce mineur que d'après les règles générales relatives aux obligations des mineurs), on pourrait considérer qu'une association pourrait élire ou nommer des mineurs non émancipés comme dirigeants de l'association, quelles que soient les fonctions de direction : administrateur, membre du bureau, président. Enfin, les personnes contractant avec l'association doivent s'assurer de la capacité du mandant (l'association) et non de celle du mandataire.

La liste des domaines dans lesquels l'enfant dispose d'une capacité juridique effective est longue.

Les quelques exemples cités ci-dessus font la preuve qu'il n'est nullement besoin de bouleverser les règles actuelles de l'incapacité de principe du mineur assortie de dérogations en vue de son autonomisation progressive, surtout à l'heure où les jeunes sont de plus en plus longtemps dépendants de leurs parents et dans l'incapacité financière d'assumer une réelle responsabilité civile anticipée.

II. L'abaissement de l'âge de la majorité pénale

Des voix s'élèvent aujourd'hui pour affirmer que l'une des solutions à l'augmentation supposée de la délinquance juvénile réside dans l'abaissement de la majorité pénale à 16 ou 14 ans.

Une telle disposition mettrait la France en difficulté au regard de ses engagements internationaux puisque la Convention internationale des droits de l'enfant, qu'elle a signée et ratifiée, fixe l'âge de la majorité, qu'elle soit civile ou pénale, à 18 ans.

En outre, comme dans d'autres pays européens, la crise économique et sociale conduit un nombre important de jeunes à demeurer dépendants de leurs familles de plus en plus longtemps. Comme le souligne le rapport remis au Premier ministre par M. Balduick et Mme Lazerges, il est par conséquent paradoxal, dans un contexte où l'autonomie intervient de plus en plus tard, de considérer que, sur le plan pénal, elle peut intervenir de plus en plus tôt.

L'abaissement de la majorité pénale aboutirait, d'une part, à ce que tous les jeunes âgés de plus de 16 ou 14 ans, selon la limite retenue, ne soient plus déférés devant les juridictions spécialisées mais devant les mêmes juridictions que les adultes, d'autre part, à rendre impossible à leur égard le prononcé de toute mesure éducative.

A. LA COMPÉTENCE DES JURIDICTIONS DE DROIT COMMUN

En application des dispositions de la Convention internationale des droits de l'enfant, tout jeune âgé de moins de 18 ans doit être déféré devant une juridiction spécialisée. Les autres textes internationaux relayent très largement cette exigence, qu'il s'agisse des règles minima des Nations unies concernant l'administration de la justice pour mineurs de 1985 (règles de Beijing), des principes directeurs des Nations unies pour la prévention de la délinquance juvénile – dits principes de Ryad – adoptés au congrès de la Havane en 1990 ou, au plan européen, de la recommandation R(87)20 du comité des ministres du Conseil de l'Europe aux États membres, portant sur les réactions sociales à la délinquance juvénile. Ce principe de spécialisation des juridictions pour mineurs a d'ailleurs été consacré par le Conseil constitutionnel dans une décision du 13 août 1993.

En dehors des engagements pris par la France dans le domaine international et du principe constitutionnel ci-dessus évoqué, la compétence des juridictions de droit commun pour des jeunes âgés seulement de 14 ou 16 ans risquerait d'avoir des effets extrêmement néfastes en terme de prévention de la délinquance et de lutte contre la récidive.

C'est en effet grâce à sa spécialisation que le juge des enfants peut acquérir une bonne connaissance de la personnalité du mineur et se trouve ainsi à même, aidé en cela par les équipes éducatives qui interviennent dans le champ judiciaire, de prononcer à son égard la mesure éducative la plus appropriée. Parce qu'il en assure le suivi, il peut également en modifier l'orientation, ordonner une mesure éducative plus appropriée, voire choisir la voie de la sanction pénale au moment nécessaire dans le parcours du mineur en cause. En aucun cas, le tribunal correctionnel, compétent en matière délictuelle pour les adultes, ne dispose des mêmes prérogatives.

L'abandon du principe de spécialisation des juridictions pour les jeunes âgés de 14 ou 16 ans et plus conduirait en conséquence à des décisions prises sans réelle continuité ni cohérence, de sorte qu'il aboutirait à une dégradation rapide de la situation contrairement à l'objectif recherché.

B. UNE PROPOSITION CONTRAIRE AU DROIT À L'ÉDUCATION DE TOUT ADOLESCENT

Actuellement, la législation relative aux mineurs âgés de 13 à 16 ans et de 16 à 18 ans permet d'apprécier, en fonction des circonstances et de la personnalité du mineur, la nécessité de recourir à une sanction pénale plutôt qu'à une mesure éducative. Cette sanction pénale est possible dès qu'un mineur est âgé de 13 ans au moins.

Entre 13 et 16 ans, le mineur bénéficie automatiquement d'une diminution de peine qui interdit le prononcé à son encontre d'une peine supérieure à la moitié de celle encourue par les majeurs. Si la réclusion criminelle à perpétuité est encourue, le tribunal pour enfants ne peut prononcer une peine supérieure à vingt ans de réclusion criminelle mais il peut d'ores et déjà décider de cette peine extrêmement lourde. L'amende, quant à elle, ne peut excéder 50 000 francs (articles 20-2 et 20-3 de l'ordonnance du 2 février 1945 relative à l'enfance délinquante).

Entre 16 et 18 ans, le bénéfice de la diminution de peine n'est plus automatique. En effet, le tribunal pour enfants et la cour d'assises des mineurs, compétente en matière criminelle pour les jeunes de 16 ans et plus, peuvent, à titre exceptionnel, et compte tenu des circonstances de l'espèce et de la personnalité du mineur, décider qu'il n'y a plus lieu de faire application des dispositions relatives à la diminution de peine (article 20-2 précité). Par conséquent, pour les jeunes de plus de 16 ans, les juridictions pour mineurs peuvent d'ores et déjà prononcer une peine équivalente à celle encourue par les adultes. À cet égard, l'abaissement de la majorité pénale n'apporterait rien de plus.

En outre, le droit à l'éducation pour tout jeune délinquant, lui aussi inscrit dans les textes internationaux comme dans l'ordonnance de 1945, correspond à l'obligation qu'ont les adultes de transmettre à toute une génération les repères éducatifs qu'ils ont acquis ou sont supposés avoir acquis. Interdire à l'égard de tous les jeunes âgés de 14 ou 16 ans et plus la possibilité de travailler sur cette transmission et privilégier pour eux une réponse pénale équivalente à celle des adultes reviendraient à nier et la spécificité de l'adolescence et cette relation particulière entre jeunes et adultes.

FILIATION

« Pas plus pour les individus que pour l'ordre social général, la filiation n'est une affaire purement privée. Son enjeu
individuel et collectif concerne l'identification de chaque individu, à une place unique et non interchangeable, au sein d'un
ordre généalogique culturellement construit ; cet ordre inscrit,
en outre, la personne dans le temps et dans la longue lignée des
vivants et des morts » écrit Catherine Labrusse-Riou dans un
article récent, significativement intitulé « La filiation en mal
d'institution » (1996).

Rappeler ainsi que la fonction du droit n'est pas simplement une fonction de gestion ou de contrôle des identités, mais
d'abord une fonction symbolique, fait écho à la formule désormais célèbre de Pierre Legendre (1985), reprenant le comman-
dement du droit romain *Vitam instituere* : « Il ne suffit pas de
produire de la chair humaine, encore faut-il l'instituer. »

Or, de façon croissante, l'institution de la filiation devient
incertaine, fragile, incohérente, contradictoire, soumise à une
double pente : celle de la tyrannie des volontés privées d'un
côté, celle de la tyrannie du biologisme de l'autre. Ces deux pen-
tes, paradoxalement, ne s'équilibrent pas mais se nourrissent
mutuellement.

Quatre grands problèmes peuvent être dégagés :

1. Le premier tient à la complexité même de la filiation,
   faite de trois composantes : la composante biologique
   (le parent biologique est le géniteur), la composante
   domestique (le parent domestique est celui qui élève

l'enfant dans sa maison) et la composante généalogique (le parent généalogique est celui que le droit reconnaît comme tel, inscrivant l'enfant dans sa lignée). De plus en plus souvent, ces trois composantes se délient. Dans les faits, tout d'abord, du fait des séparations et recompositions familiales qui peuvent entraîner des conflits entre différentes personnes, chacune se réclamant d'une composante en la définissant comme la principale. Dans les esprits surtout : car la société ne sait plus très bien ce qu'elle nomme un « parent ».

De là pour les enfants de notre temps une incertitude identitaire quant à leur appartenance, incertitude qui peut, pour certains d'entre eux, se traduire par une insécurité identitaire réelle : filiation abolie, pères successifs, changement de nom, de grands-parents...

2. Le second problème est lié au précédent : les intérêts en cause peuvent être violemment divergents, et notre droit les permet, voire les organise. Conflit, par exemple entre le droit d'un enfant de connaître ses origines, et celui de sa mère à voir préservé son anonymat ; entre le droit d'un enfant à rechercher sa paternité, et celui du père présumé à refuser de consentir à une expertise...

De là une volonté de plus en plus affirmée de chercher une solution de principe à ces conflits, qui pour légitime qu'elle soit, doit se garder de tout raccourci. En effet, s'il est évident que le souci de l'enfant doit être premier et qu'il faut le protéger des manipulations de son identité au gré des désirs des adultes, ériger en principe d'application directe le « droit de l'enfant à connaître ses origines » (Convention internationale des droits de l'enfant, art. 7) conduirait tout droit à une biologisation pure et simple de la filiation. En revanche, la tendance croissante *à organiser socialement le secret des origines*, voire à en faire un droit, doit être contrecarrée dans le souci primordial de l'intérêt de l'enfant.

3. Alors que les droits des enfants naturels et légitimes, autrefois tragiquement inégaux, tendent à s'égaliser, les

deux filiations sont aujourd'hui protégées très inégalement, par le jeu le complexe du droit et de la jurisprudence. En cas de contestation de la paternité, ni les
personnes autorisées à agir, ni les délais, ni les motifs
légaux ne sont semblables, tantôt au bénéfice de la filiation légitime, tantôt à celui de la filiation naturelle. Les
règles techniques sont devenues d'une complexité telle
que seul un expert confirmé peut (si on ose cette expression) y retrouver ses petits.

De là un facteur accru d'insécurité de la filiation, par
le jeu laissé à la volonté privée. Dans les cas les plus
dramatiques, qui se multiplient aujourd'hui, elle pous-
sera un homme à la reconnaissance de complaisance
d'un enfant par amour de la mère, puis la défera comme
mensongère, si la paternité devient encombrante après
une séparation du couple.

4. Enfin, alors que toute l'évolution de notre société va vers
l'égalité entre les sexes, l'inégalité s'accroît aujourd'hui,
au bénéfice des mères et au détriment des pères. Ce
mouvement est très accusé dans d'autres pays européens, que la mère dispose d'un droit de veto absolu à
la reconnaissance paternelle comme aux Pays-Bas, et/ou
que la primauté des liens du sang fasse de la recherche
du géniteur un droit constitutionnel de l'État, y compris
jusqu'à la paternité forcée, comme en Allemagne (pour
une présentation très précise de l'ensemble du droit européen, cf. Meulders-Klein, 1993).

La France, bien qu'ayant préservé un meilleur équilibre,
n'échappe pas aujourd'hui à cette tendance.

On ne prétendra proposer, dans ce chapitre, qu'un bilan
d'ensemble des grands problèmes et des pistes de réformes. En
effet, chacun peut mesurer l'importance des choix de société
qui s'imposent à nous. L'essentiel sera de les débattre de façon
démocratique, d'en rendre les enjeux clairs et lisibles par tous
et de chercher à retrouver une cohérence d'ensemble, bien mise
à mal ces dernières décennies par l'accumulation des réformes
partielles. Quatre grandes directions paraissent à privilégier :

- *Faire le choix majeur de la signification du lien humain* : autrement dit, refuser la fatalité de l'atomisation, chercher autant qu'il est possible à renouer, par la loi, les fils constitutifs de toute filiation que sont la vraisemblance biologique, la possession d'état et la volonté individuelle. Reconstruire la dimension symbolique de la parenté instituée.
- *Combattre, dans le souci premier de l'intérêt de l'enfant, la tendance croissante à organiser socialement le secret de ses origines.*
- *Parfaire l'égalité entre les enfants,* qu'ils soient légitimes, naturels ou adoptifs. Supprimer l'état d'enfant naturel ou légitime.
- *Favoriser enfin, autant que faire se peut, l'égalité entre les droits des mères et ceux des pères.*

I. L'établissement du lien de filiation

L'intérêt de l'enfant est d'avoir une filiation établie et stable. Le droit français satisfait dans une large mesure à ces considérations. L'accouchement de la mère et la mention de son nom dans l'acte de naissance établissent la maternité légitime. La paternité du mari découle de la présomption « Pater is est... » posée à l'article 312 du Code civil. S'agissant d'un enfant naturel, sa filiation est établie par la reconnaissance des parents ou par la possession d'état (art. 334-8 C. Civ.). Quant à la filiation adoptive, elle découle du jugement prononçant l'adoption qui donne lieu à inscription à l'état civil.

En l'absence de filiation établie, l'enfant, légitime ou naturel, a le droit de faire rechercher celle-ci judiciairement.

A. LA RECONNAISSANCE

Aller vers plus d'égalité des filiations légitime et naturelle

Le mariage et la présomption de paternité qu'il implique constituent en quelque sorte une reconnaissance *a priori* des enfants à naître de l'épouse. Le seul nom de celle-ci sur l'acte de naissance établit la filiation légitime, indivisible. En revanche, la reconnaissance reste indispensable à l'établissement volontaire de la filiation naturelle, qui est fondamentalement divisible.

Concernant le père naturel, il ne paraît en aucune façon souhaitable d'étendre au concubinage une quelconque présomption de paternité, ce qui irait absolument à l'encontre de la spécificité de cette communauté de vie *(cf. supra chapitre « Concubinage »)*.

En ce sens, une exigence d'égalité abstraite des filiations ne respecterait pas les significations respectives du mariage et du concubinage.

A1. Harmoniser les filiations maternelles

En revanche, un débat est ouvert sur la possibilité de faire résulter la filiation maternelle naturelle de la seule mention du nom de la mère dans l'acte de naissance. D'un côté, on fait valoir que la maternité est toujours certaine, qu'aucune raison ne justifie d'opérer une distinction entre l'enfant légitime et naturel, que les mères peuvent ignorer la nécessité de reconnaître leur enfant et croire à tort le lien de filiation établi, que la plupart des droits étrangers ne comportent pas une telle exigence et enfin que l'intérêt de l'enfant commande de faciliter l'établissement de son lien de filiation. De l'autre, on invoque le fait que les déclarations de naissance ne sont pas faites par les mères, qui ne peuvent les contrôler, et que par sa nature même la filiation naturelle repose sur un acte de volonté.

Le débat a une dimension internationale :

- La France a signé le 2 septembre 1977 (mais non ratifié) la Convention européenne sur le statut juridique des enfants nés hors mariage, qui dispose que la filiation maternelle de tout enfant né hors mariage est établie du seul fait de la naissance de l'enfant (art. 2).
- Le célèbre arrêt Marckx condamnant la Belgique en violation de l'art. 8 de la CEDH (1979) fait jurisprudence pour la Cour européenne : il apparaît induire le principe d'automaticité de la filiation maternelle.

Proposition

Modifier l'article 337 du Code civil (« L'acte de reconnaissance portant l'indication de la mère vaut reconnaissance lorsqu'il est corroboré par la possession d'état ») de la façon suivante : « L'acte de reconnaissance portant l'indication de la mère vaut reconnaissance *à moins qu'il ne soit pas* corroboré par la possession d'état. »
Ainsi, la filiation maternelle serait établie par l'acte de naissance sans que l'intéressée ait à apporter la preuve de sa possession d'état.

A2. Consacrer le caractère solennel de la reconnaissance d'enfant naturel

La reconnaissance, acte juridique solennel, volontaire et personnel par lequel un parent déclare être l'auteur d'un enfant et s'engage à en assumer les conséquences légales, constitue le mode d'établissement de la filiation naturelle le plus fréquent : 85 % des enfants nés en 1994 ont été reconnus par leur père avant leur premier anniversaire et 97 % par leur mère. Les enfants naturels d'aujourd'hui n'ont plus rien de commun avec les « bâtards » d'un autre temps : dans l'immense majorité des cas, désormais ils naissent de couples, qui ont souhaité fonder une famille.

On constate d'ailleurs qu'un nombre croissant de parents non mariés font une reconnaissance anténatale de l'enfant (39 % des enfants naturels nés en 1995 ont été reconnus par leurs deux parents avant la naissance, contre 30 % en 1992). Ces chiffres indiquent clairement l'importance qu'ils attachent à inscrire l'enfant dans sa filiation (en prévenant en particulier le risque de vide de filiation en cas de décès du père lors de la grossesse).

Cependant, aucune formalité n'est exigée, rien ne vient marquer l'importance de cet acte. La pratique actuelle des officiers d'état civil est de déléguer leurs fonctions sans distinction pour : les déclarations de naissance, de décès, d'enfants sans vie et de reconnaissance d'enfants naturels (décret du 3 août 1962). Ce dispositif est peu cohérent avec les dispositions de l'article 335 du Code civil qui consacre le caractère solennel de la reconnaissance.

Cette absence de solennité est d'autant plus dommageable que, depuis la loi du 8 janvier 1993, la reconnaissance entraîne généralement l'exercice de l'autorité parentale, pour le père comme pour la mère, et qu'il est proposé dans ce rapport d'aller jusqu'au bout de la logique et accorder un sens fort à l'acte de reconnaissance, en liant sans conditions l'exercice commun de l'autorité parentale à l'ensemble des doubles reconnaissances effectuées avant le premier anniversaire de l'enfant (cf. chapitre « Autorité parentale »).

Proposition

Imposer que les reconnaissances d'enfants naturels soient reçues par les officiers d'état civil eux-mêmes. Un rite civil devrait être prévu, comportant en particulier une information des parents sur les effets de la reconnaissance, et la lecture des principaux articles du Code civil relatifs à l'autorité parentale.

Outre son importance intrinsèque, cette solennité responsabiliserait l'auteur de la reconnaissance, et contribuerait à décourager les reconnaissances mensongères.

B. LA POSSESSION D'ÉTAT

La possession d'état d'enfant est une spécificité du droit français, revivifiée par la loi de 1972. Elle est consacrée comme mode de preuve autonome non contentieuse de la maternité ou de la paternité naturelle depuis la loi du 25 juin 1982, par souci d'égalité entre les filiations. Dans la majorité des cas, l'établissement de la filiation par ce biais résulte de la demande de l'enfant, lors du décès de son père qui l'avait élevé sans le reconnaître.

Dès lors qu'elle est suffisamment constituée, continue et non équivoque, la possession d'état fait présumer la filiation naturelle. La preuve peut en être rapportée par acte de notoriété, dressé de manière non contentieuse par le juge des tutelles (art. 311-3 C. Civ.).

Mais il en résulte un lien précaire et fragile. En effet, la possession d'état a changé avec le temps et l'évolution des mœurs : la continuité n'implique plus qu'elle soit originelle et ininterrompue, et elle est souvent séquentielle, précaire.

Dès lors, ce mode d'établissement extrajudiciaire de la filiation soulève un certain nombre de difficultés : incertitude quant à la date d'établissement, quant à la possession d'état à prendre en compte (celle d'origine ou celle de la réalité du moment) lorsqu'il existe plusieurs possessions d'état successives. En outre, elle rend possible l'établissement d'une seconde filiation à l'égard d'un enfant déjà doté d'une filiation, créant un conflit entre vérité biologique et vérité affective.

Propositions

- Examiner de façon approfondie la proposition, faite par certains, de supprimer la possession d'état comme mode d'établissement extrajudiciaire de la filiation, ce qui la réserverait comme mode de preuve judiciaire et complémentaire. Cependant, on peut légitimement hésiter à renoncer à ce mode d'établissement de la filiation, qui a une place particulière dans l'histoire de notre pays, et peut être précieuse dans certaines situations.

• Une autre hypothèse, afin de limiter la précarité de la filiation, serait de *prendre comme principe que seule la possession d'état originaire fait foi, les autres étant considérées comme équivoques.* Il serait en outre utile d'encadrer plus strictement les actes de notoriété (cf. art. 311-3 C. Civ.).

• Enfin, une grande difficulté tient à l'établissement d'une filiation par la possession d'état à l'égard d'un enfant déjà doté d'une filiation. À cet égard, la loi de 1982 suscite de considérables difficultés qu'il serait souhaitable de lever en admettant qu'*une possession d'état ne peut se constituer valablement à l'égard d'un enfant déjà doté d'une filiation.*

C. L'ÉTABLISSEMENT JUDICIAIRE DE LA FILIATION ET LES DROITS DE L'ENFANT

La filiation naturelle peut être établie judiciairement, à la suite de l'action de l'enfant contre son parent. Deux actions parallèles, distinctes et indépendantes, permettent de faire reconnaître la maternité ou paternité naturelle. Si les actions en recherche de maternité naturelle sont résiduelles et en diminution (de 33 en 1988 à 14 en 1995), les actions en recherche de paternité sont en forte augmentation (de 402 à 716 pour les mêmes années). L'évolution historique est marquée par un assouplissement et une harmonisation de ces actions.

Cependant, quatre questions sont aujourd'hui très débattues, en référence tant au droit de l'enfant de connaître ses origines qu'au principe de l'égalité des sexes :

- L'accouchement sous X.
- Le secret demandé par des parents qui confient leur enfant à l'Aide sociale à l'enfance.
- L'utilisation des expertises biologiques afin d'établir la paternité.
- Les procréations médicalement assistées avec tiers donneur.

D'un côté, la loi fait primer la volonté individuelle lorsqu'elle protège la génitrice qui ne veut pas être mère et organise le secret de son enfantement, alors que de l'autre, le principe de réalité biologique scientifiquement prouvé peut imposer à un homme d'être père contre sa volonté, y compris après son décès.

C1. L'accouchement sous X

L'accouchement sous X, organisé indirectement naguère par l'article 47 du Code de la famille et de l'aide sociale, a été introduit dans le Code civil par la loi du 8 janvier 1993. Cette consécration est venue renforcer symboliquement le caractère absolu du droit de la mère à cacher sa maternité.

Or l'accouchement sous X aboutit à admettre la négation du fait objectif que constitue l'accouchement, et se heurte au droit des enfants à connaître leurs origines :

- l'article 341 du Code civil oppose une fin de non-recevoir à l'établissement de la filiation maternelle ;
- théoriquement, rien ne s'oppose à la reconnaissance de l'enfant par son père, mais en pratique l'anonymat de l'accouchement rend impossible l'identification de l'enfant nécessaire à l'établissement de la filiation paternelle. L'accouchement sous X est donc incompatible avec le nouvel article 340 du Code civil qui prévoit que la paternité hors mariage peut être judiciairement déclarée, puisqu'il paralyse à la fois l'établissement des filiations maternelle et paternelle.

Les textes sont muets sur la possibilité d'une action en réclamation d'état d'enfant légitime, et la transposition de l'article 341 aboutit à élever une fin de non-recevoir à la réclamation d'état du père légitime plus étendue encore que dans la filiation naturelle.

Le vide de filiation, le secret organisé par la loi, sont source d'une souffrance aiguë pour les enfants nés ainsi : il est peut-être encore pire de savoir que l'effacement de son origine a été organisé par la société que d'affronter le silence de l'inconnu, comme lorsqu'on est enfant trouvé.

La question de l'accouchement sous X est aujourd'hui très controversée et très passionnelle. En outre, il ne faut pas se cacher que cette pratique répond au souci de favoriser l'adoption rapide de certains enfants, et il n'est pas exclu de voir derrière ses défenseurs la pression d'une certaine forme de « lobby » de l'adoption.

> **Proposition**
>
> **Compte tenu des conséquences extrêmement graves de l'accouchement anonyme, celui-ci privant doublement l'enfant de sa filiation paternelle et maternelle, il est proposé de supprimer l'article 341-1 du Code civil.**
> L'abandon volontaire et responsable de l'enfant en vue de son adoption paraît une issue plus équilibrée, et moins douloureuse pour l'enfant.

C2. Le secret demandé par des parents qui confient leur enfant à l'Aide sociale à l'enfance

Lorsque des parents confient un enfant âgé de moins d'un an à l'Aide sociale à l'enfance, ils peuvent demander le secret de leur état civil, ce qui concrètement enlève à un enfant sa filiation biologique (art. 62, 4e point, du Code de la famille et de l'aide sociale). Il n'apparaît pas que cette pratique puisse s'appuyer sur une quelconque justification au regard de l'intérêt de l'enfant. Au contraire, à partir du moment où un acte de naissance a été dressé, il y a un droit pour l'enfant à se voir maintenir l'identité qui lui a été conférée.

Si l'enfant est ultérieurement adopté, l'adoption plénière permettra l'établissement d'une filiation adoptive, effaçant la précédente.

Proposition

Abroger l'article 62-4 du Code de la famille et de l'aide sociale.

C3. L'utilisation des expertises biologiques et la pratique des procréations médicales assistées avec tiers donneur

Ces deux questions posent des questions éthiques éminemment complexes, débordant largement le cadre de ce rapport. À l'occasion du bilan de la loi de 1994 sur la bioéthique, qui doit être fait au bout de cinq ans d'application, il serait souhaitable qu'un débat *plus large* s'engage sur l'ensemble des problèmes touchant à l'utilisation du corps humain.

On indiquera simplement ici qu'un encadrement plus strict et plus cohérent des expertises biologiques (tant sanguines que génétiques) semble souhaitable, en particulier des expertises *post-mortem*. Il paraît choquant que, d'un côté, on accorde à un homme la possibilité de refuser son consentement à une expertise lors d'une action en réclamation d'état et que, de l'autre, on l'impose à son cadavre après sa mort.

Quant au régime dérogatoire de la filiation en cas de procréation médicalement assistée prévu par la loi de 1994 (art. 311-20), qui crée une « super filiation », il est en contradiction avec le droit commun et conduit à des solutions différentes en cas de conflit, selon que la procréation était naturelle ou artificielle.

> **Proposition**
>
> **Supprimer l'article 311-20 du Code civil** et soumettre la
> filiation issue des PMA au droit commun révisé.

II. La stabilité du lien de la filiation

La loi du 3 janvier 1972 a d'autant plus ouvert les actions
en contestation que la destruction de la filiation légitime n'entraîne plus pour l'enfant les conséquences graves qu'induisait,
avant la réforme, l'inégalité des filiations légitime et naturelle.

Ainsi, s'agissant de l'enfant légitime, la paternité peut être
contestée par le mari de la mère (action en désaveu, art. 312
C. Civ) ou par celle-ci (action en contestation de paternité légitime, art. 318). La maternité elle-même peut être objet de
contestation en cas de supposition ou de substitution d'enfant
(art. 322-1). Plus généralement, la filiation d'un enfant légitime
peut être contestée lorsqu'il a une possession d'état non conforme à son titre de naissance (art. 322 *a contrario* ; art. 334-9
a contrario).

Quant à l'enfant naturel, l'article 339 du Code civil autorise
toute personne qui y a intérêt à contester la reconnaissance
dont il fait l'objet, y compris l'auteur lui-même.

Il en résulte une fragilisation du lien de filiation avec diverses conséquences : changement de l'état de l'enfant, modification de son nom, retrait de l'autorité parentale, suppression des
séjours de l'enfant chez l'un des parents... Ainsi, en 1995, le
nombre des contestations de paternité s'est élevé à 1 910 procédures. Parmi elles, la contestation de reconnaissance est la procédure qui a le plus augmenté, passant de 1 180 en 1988 à 1 610
en 1996 (il s'agit surtout de reconnaissances de complaisance
contestées ensuite lors de la séparation du couple).

Certes, il n'est pas souhaitable de maintenir à tout prix des
paternités forcées. Mais il est choquant que ces actions en con-

testation soient aujourd'hui si largement ouvertes, qu'il s'agisse des motifs invoqués, des délais pour exercer ou des personnes pouvant agir.

A. HARMONISER LES DÉLAIS

A1. Désaveu de paternité, contestation de sa reconnaissance par le père naturel

En cas de possession d'état conforme, le désaveu de paternité légitime par le mari (art. 312 al. 2 C. Civ.) est encadré par des délais très courts qui marquent le caractère exceptionnel du désaveu et la force originelle de la présomption de paternité légitime : il ne dispose que de six mois à partir de la naissance ou de la connaissance de celle-ci, et le délai est préfix (les actions en désaveu de paternité sont en légère régression, passant de 294 en 1988 à 249 en 1996).

En revanche, l'auteur d'une reconnaissance d'enfant naturel peut contester sa propre reconnaissance pendant dix ans. Cela est d'autant plus choquant quand la reconnaissance a été mensongère et conduit à une véritable déresponsabilisation.

Proposition

Harmoniser les délais de l'action exercée par le père légal, qu'il soit légitime ou naturel **en retenant un délai de six mois à un an maximum.**

A2. Contestation de paternité

La filiation naturelle peut être contestée par tout intéressé, pendant dix ans. Au-delà, la contestation n'est plus possible si l'enfant a une possession d'état de dix ans conforme à celle-ci. En revanche l'enfant, l'autre parent (la mère, dans l'immense majorité des cas), ou le véritable parent peut exercer l'action pendant trente ans.

La filiation légitime est apparemment plus encadrée : la contestation par la mère doit être introduite dans les six mois du remariage avec le véritable père de l'enfant (art. 318 C. Civ.). Mais la contestation de la paternité comme de la maternité légitime est en réalité possible par tout intéressé pendant trente ans lorsque l'enfant ne dispose pas d'une possession d'état conforme à son titre de naissance (art. 322 *a contrario* ; 334-9 *a contrario*).

Propositions

- *Le délai de droit commun de trente ans* fixé par l'article 311-7 C. Civ. *devrait être réduit à dix*, du moins pour les actions en contestation d'état.

- *La contestation de paternité ou de maternité légitime* sur la base des articles 322 et 334-9 interprétés *a contrario*, *comme la contestation de la reconnaissance d'enfant naturel* de l'article 339, devraient voir leur *délai réduit à cinq ans ou même, si l'enfant jouit d'une possession d'état conforme à son titre, à deux ans*.

Bien évidemment, les délais étant suspendus pendant la minorité, le mineur doit pour agir disposer à sa majorité des délais précités.

B. LIMITER LES TITULAIRES DES ACTIONS

Mis à part le désaveu de paternité et la contestation de paternité légitime de l'article 318 qui sont strictement encadrés, les actions en contestation de filiation sont ouvertes à tout intéressé et, s'agissant de la reconnaissance d'enfant naturel, au parquet lorsque des indices tirés des actes eux-mêmes rendent invraisemblable la filiation déclarée ou en cas de fraude à l'adoption.

Si l'on peut concevoir qu'en cas de fraude à la loi, le ministère public puisse agir au nom de l'ordre public, la contestation par les tiers conduit à une fragilisation indue de la filiation, au surplus pour des motifs souvent pécuniaires (héritage).

> **Proposition**
>
> **Réserver les possibilités d'action en contestation de filiation au père, à la mère, à l'enfant et à ceux qui se prétendent les véritables parents.**

C. ENCADRER LA FINALITÉ DES ACTIONS

Désaveu de paternité, contestation par la voie de l'art. 322 *a contrario*, contestation de la reconnaissance d'enfant naturel, ont pour effet d'écarter tout lien de filiation entre le mari ou l'auteur de la reconnaissance et l'enfant de manière rétroactive, sans pour autant faire triompher la vérité. L'anéantissement de la filiation inexacte ne constitue que le préalable indispensable à l'établissement éventuel de la véritable paternité naturelle (art. 338 C. Civ.).

> **Proposition**
>
> **Lier systématiquement l'action en contestation de paternité naturelle à la recherche du véritable père de l'enfant.**

D. RENFORCER LES DROITS DE L'ENFANT

Les droits propres de l'enfant pourraient être renforcés. Il faudrait en particulier éviter que les légitimations tardives ou parfois de complaisance obligent un enfant à changer de nom, assurer à l'enfant la représentation de ses intérêts quand ils peuvent être en contradiction avec ceux du parent qui agit, protéger l'enfant enfin contre le vide de filiation dû à la négligence des parents.

Propositions

- **Fixer un âge au-delà duquel les changements de nom sont impossibles sans l'accord de l'enfant,** même en cas de changement de filiation (par exemple, 13 ans).

- **Désigner un administrateur ad hoc** chargé de représenter l'enfant dans les procédures en contestation de filiation.

- **Permettre l'établissement du lien de filiation de leur petit-enfant par les grands-parents** en cas de décès ou carence des parents. Plusieurs cas de décès accidentels ont démontré la nécessité de cette mesure.

III. Filiation adoptive

Il apparaît difficile de remettre en chantier la loi sur l'adoption, qui a été votée récemment.

En revanche, une réforme importante s'impose : permettre à un couple de concubins formé d'un homme et d'une femme d'adopter un enfant.

L'impossibilité actuelle de l'adoption par les concubins hétérosexuels paraît d'autant plus choquante que plus d'un tiers des enfants naissent aujourd'hui de parents non mariés, que les filiation légitime et naturelle sont de plus en plus égales, et qu'elles le seront parfaitement si les orientations proposées dans ce rapport sont acceptées. Pourquoi, pour adopter un enfant, faudrait-il être mariés ? En outre, un couple de concubins hétérosexuels a désormais accès à une procréation médicalement assistée, sous réserve d'une vie commune de deux ans.

La même durée de vie commune pourrait être exigée pour une adoption.

Proposition

Autoriser l'adoption d'un enfant par un couple de concubins formé d'un homme et d'une femme, sous réserve d'une vie commune de deux ans.

Conclusion

Au-delà de la question de la filiation, l'ensemble des propositions formulées dans ce rapport établit une égalité de droit totale entre les enfants, que leurs parents soient ou non mariés : même protection du lien de filiation, autorité parentale conjointe dès lors que la filiation est établie à l'égard des deux parents, égalité successorale (cf. chapitres suivants).

On peut alors se demander quel sens conserve la distinction entre deux « états », celui d'enfant légitime et celui d'enfant naturel. Ne devrait-on pas l'abolir ? Franchir ce pas supposerait de supprimer les procédures de légitimation. Devenue déjà en grande partie symbolique depuis la réforme de 1972, la légitimation, dès lors qu'elle ne changerait plus rien aux droits conférés à l'enfant n'apparaîtrait plus que comme une survivance de la séculaire inégalité des filiations.

Propositions

• **Supprimer la distinction entre l'état d'enfant légitime et celui d'enfant naturel.**

- ***Reformuler l'article 334 du Code civil*** qui, en l'état, n'accorde qu'une égalité imparfaite.

- ***Supprimer les articles 329 à 333-6 du Code civil*** relatifs à la légitimation.

AUTORITÉ PARENTALE

L'autorité parentale appartient aux père et mère et à eux seuls. C'est une fonction d'ordre public (art. 376 C. Civ.), qui dure jusqu'à la majorité de l'enfant ou son émancipation. Ainsi, la loi reconnaît la vocation première des parents à assurer la protection et l'éducation de l'enfant.

Introduite par la réforme du 4 juin 1970, réformée par les lois du 22 juillet 1987 et du 8 janvier 1993, l'autorité parentale a connu des évolutions importantes depuis trois décennies :

- Dans le sens d'une égalité accrue entre tous les enfants, quel que soit le statut juridique de leurs parents.
- Dans le sens d'une continuité de son exercice au-delà de l'éventuelle rupture du couple, refusant la fatalité de l'inégalité mère/père.
- Dans le sens d'une plus grande liberté reconnue aux parents dans l'organisation des modalités de cet exercice.

Accompagner les transformations de la famille dans le souci de l'intérêt de tous les enfants implique d'aller plus loin dans ces trois directions, afin de sécuriser plus fortement le double lien de l'enfant à ses deux parents, en conformité avec la Convention internationale des droits de l'enfant, et en particulier ses articles 7, 9, et 18 : « Les États parties s'emploient de leur mieux à assurer la reconnaissance du principe selon lequel les deux parents ont une responsabilité commune pour ce qui est d'élever l'enfant et d'assurer son développement. »

I. Valoriser l'autorité parentale

« L'autorité (parentale) appartient aux père et mère pour protéger l'enfant dans sa sécurité, sa santé et sa moralité. Ils ont à son égard droit et devoir de garde, de surveillance et d'éducation » (art. 371-2 C. Civ.).

Selon cette définition, l'autorité parentale n'a plus rien de l'autoritarisme que l'on pouvait percevoir dans l'ancienne puissance paternelle. C'est un droit-fonction, qui ne peut s'exercer que dans l'intérêt de son bénéficiaire : l'enfant.

Cette définition a été permise par l'évolution de l'histoire des relations parents-enfants depuis deux siècles, tant dans le sens de l'égalité des parents que du souci de l'enfant.

A. CONSERVER LE TERME D'AUTORITÉ PARENTALE

Il a parfois été proposé de remplacer le terme d'« autorité » parentale par celui de « responsabilité ». Cette proposition paraît inutile et réductrice : le terme d'autorité est plus large, et englobe la responsabilité. Les parents n'ont pas que des responsabilités, mais aussi un « devoir d'exigence » à l'égard de l'enfant, permettant sa socialisation. Dévaloriser ce devoir serait affaiblir la signification du lien de filiation. Enfin, le mot autorité vient du latin *auctoritas*, et indique symboliquement tout ce que représente le fait de se reconnaître auteur de l'enfant.

Pour toutes ces raisons, il est proposé de conserver le terme du Code civil.

B. AFFIRMER LA RESPONSABILITÉ DE L'ÉTAT À PROTÉGER L'AUTORITÉ PARENTALE

Le goupe de travail sur la paternité présidé par Alain Bruel a fortement souligné le rôle de l'État comme garant de cette fonction d'ordre public qu'est l'autorité parentale (Bruel, 1997). On appuiera ici sa proposition d'inscrire au début du titre IX une mention de la responsabilité de l'État indiquant clairement que l'autorité parentale n'est pas de nature exclusivement privée.

C. RÉUNIR L'ENSEMBLE DES DISPOSITIONS RELATIVES À L'AUTORITÉ PARENTALE DANS LE TITRE IX DU CODE CIVIL

L'autorité parentale est traitée au titre IX du Code civil : « De l'autorité parentale. » Cependant, les dispositions relatives à l'autorité parentale après divorce sont incluses dans le titre « Du divorce ».

Il serait opportun de réunir tous les articles relatifs à l'autorité parentale au titre IX.

En effet, ces dispositions ne concernent pas seulement les enfants en cas de divorce de leurs parents, mais aussi en cas de séparation de leurs parents non mariés. Le souci du législateur de traiter de la même façon les deux situations, dont témoigne aussi la suppression du juge aux affaires matrimoniales et la création d'un juge aux affaires familiales (loi du 8 janvier 1993) en serait plus clair.

II. Renforcer l'exercice en commun de l'autorité parentale des parents non mariés

La loi de 1970 avait posé le principe d'un exercice unilatéral de l'autorité parentale par la mère, en cas de non-mariage. Les considérations sociologiques ayant appuyé ce choix du législateur n'ont plus de validité près de trente ans plus tard. Désormais, les enfants naturels naissent de couples (il y a 4 à 5 % seulement de naissances dans lesquelles la mère ne vit pas en couple) et les pères reconnaissent massivement les enfants. C'est pourquoi la loi a déjà évolué dans le sens d'une reconnaissance accrue des droits des pères naturels et d'une affirmation du principe de coparentalité des parents non mariés. Le mouvement général va dans le sens d'une égalité des familles. On notera à titre d'indice que la loi du 8 janvier 1993 traite de l'exercice de l'autorité parentale « en mariage et hors mariage » et non plus de l'enfant légitime et de l'enfant naturel.

A. SUPPRIMER LA CONDITION DE VIE COMMUNE

Bien que les lois de 1987 et 1993 aient considérablement réduit les différences entre enfant naturel et légitime, les règles de dévolution de *l'exercice* de l'autorité parentale ne sont pas identiques.

Lorsque les parents sont mariés, l'exercice de l'autorité parentale est d'emblée commun (art. 372 C. Civ.).

Pour les parents non mariés, la loi du 8 janvier 1993 a posé le principe d'une autorité parentale exercée en commun (art. 372 C. Civ.), mais il existe trois possibilités :

- *De plein droit.* Mais l'article 372 exige deux conditions : « Si les parents d'un enfant naturel l'ayant tous deux reconnu avant l'âge d'un an vivent en commun au moment de la reconnaissance concomitante ou de la seconde reconnaissance. »
- *Par déclaration devant le greffier en chef du tribunal de grande instance* (art. 374 al. 2 C. Civ.).
- *Par décision du juge aux affaires familiales* (art. 374 al 3 C. Civ.).

Propositions

- **Supprimer la condition de vie commune prévue à l'article 372 al. 2** et reformuler cet article : « Elle est également exercée en commun si les parents d'un enfant naturel l'ont tous deux reconnu avant qu'il ait atteint l'âge d'un an. »
- Supprimer l'article 372-1.

Ces propositions visent d'une part à supprimer l'inégalité entre la mère non mariée (pour laquelle la reconnaissance entraîne automatiquement l'exercice de l'autorité parentale) et le père (pour lequel elle ne l'entraîne pas automatiquement). Mais elles consistent, aussi, à *donner toute sa force symbolique à l'acte qu'est la reconnaissance.*

C'est cet acte, et non la vie commune, qui indique la responsabilité engagée et cette responsabilité survit d'ores et déjà à une séparation éventuelle du couple.

En outre, en maintenant la vie commune comme une sorte de condition des relations père/enfant, on persiste dans une approche erronée du concubinage, qui devient une sorte de « mariage de fait ». La principale différence entre la famille légitime et la famille naturelle est que l'une s'engage dès le mariage (par la présomption de paternité) alors que l'autre ne commence pas avec le couple, mais avec la reconnaissance de l'enfant. Respecter cette différence est fondamental, sauf à vouloir rendre absolument insignifiant le choix du mariage ou du concubinage.

On a parfois avancé, contre cette proposition (qui avait été celle du Parlement lors des débats préparatoires à la loi du 8 janvier 1993), la diversité des situations hors mariage. Cette diversité n'est aujourd'hui pas aussi importante qu'on le prétend, puisque dans 85 % des cas, les enfants sont reconnus par leurs deux parents avant leur premier anniversaire. Dans ces cas, conforter la double responsabilité parentale va dans le sens de l'égalité des sexes, de l'intérêt de l'enfant et de l'intérêt de la famille.

Il ne paraît cependant pas souhaitable de supprimer la compétence résiduelle de la mère (374 C. Civ.) pour organiser les cas minoritaires où la reconnaissance par le père n'a toujours pas eu lieu au bout d'un an. Dans le cas d'une reconnaissance postérieure, un exercice conjoint pourra toujours être obtenu par la voie de l'article 374 al. 2 et al. 3.

B. RITUALISER L'IMPORTANCE DE LA RECONNAISSANCE

Lors de la cérémonie du mariage, l'officier d'état civil signifie aux époux l'importance de leur tâche de parents, en particulier par la lecture de l'article 203 du Code civil. On pourrait y adjoindre celle de l'article 371-2.

Lorsque les parents qui reconnaissent l'enfant ne sont pas mariés, la création du lien de filiation devrait être solennisé par un rite civil, afin de marquer l'importance de l'engagement pris, et ce d'autant plus que la reconnaissance emporterait désormais *ipso facto* l'exercice de l'autorité parentale, dans l'immense majorité des cas *(sur cette ritualisation, cf. chapitre « Filiation »)*.

III. Renforcer le principe de coparentalité en cas de séparation des parents

La réforme du divorce de 1975 avait posé le principe de l'attribution exclusive de la garde à l'un des parents divorcés. Cette alternative, faisant un parent « principal » et un parent « secondaire » (même s'il conservait des droits), paraissait une conséquence fatale de la séparation du couple. Depuis, du fait des conséquences sociales liées à l'augmentation des séparations, s'est affirmé progressivement un principe inverse : celui d'une coparentalité maintenue au-delà de la séparation. Ce principe vise à sécuriser le lien de l'enfant à chacun de ses deux parents, et en particulier à réassurer le lien entre l'enfant, son père et sa lignée paternelle.

Il signifie que la société considère qu'il existe une contrepartie très forte à la liberté accrue du couple : l'obligation corrélative pour chacun des deux parents de maintenir sa responsabilité à l'égard de l'enfant, et de respecter et encourager celle de l'autre.

Assurer ce principe par la loi est tout à fait conforme à la responsabilité de l'État de sécuriser le double lien de la filiation tout au long du temps, quels que soient les aléas du couple. La loi du 8 janvier 1993 a posé le principe de l'exercice en commun de l'autorité parentale après le divorce (art. 287 C. Civ.). Le recours à un exercice unilatéral est devenu tout à fait exceptionnel.

Cependant, le principe de coparentalité reste ambigu et incertain.

En effet, dans le mouvement d'affirmation progressive de la coparentalité, la notion de « garde » a été démantelée : depuis la loi de 1987, l'exercice de l'autorité parentale se distingue de la résidence de l'enfant.

Le principe de coparentalité est ambigu

La distinction entre exercice de l'autorité parentale et attribution de la résidence a permis, en quelque sorte, au législateur de 1987 de donner d'une main et d'enlever de l'autre. Les débats parlementaires de 1987 témoignent très clairement de cette double intention. Dans le sens du principe de coparentalité, on prescrit l'exercice commun de l'autorité parentale. Dans le sens inverse, on exige du juge la fixation de la résidence principale de l'enfant chez un des parents, au nom de l'intérêt de l'enfant à n'avoir qu'un « chez soi ». Ainsi est paradoxalement réintroduite la distinction entre un parent principal et un parent secondaire, et réactivée la rivalité parentale.

Les conflits parentaux n'ont pas manqué de se déplacer immédiatement de la garde sur la résidence.

La loi de 1993 n'oblige plus le juge à fixer la résidence : dès lors que l'exercice commun est le principe, le juge ne fixe celle-ci qu'à défaut d'accord entre les parents. On note aussi que les termes de « droit de visite et d'hébergement » ne sont plus utilisés dans le Code civil que dans les articles traitant de l'hypothèse exceptionnelle d'un exercice unilatéral.

Quant aux pratiques, elles évoluent très lentement : dans la grande majorité des cas, la résidence est fixée chez la mère et le père la demande peu (15 % des cas environ).

Le principe de coparentalité est en outre incertain

Comme l'écrit le professeur Fulchiron (1996) : « Il est regrettable qu'après avoir proclamé le principe de l'exercice en commun de l'autorité parentale, le législateur de 1993, pas plus que celui de 1987, ne se soit penché sur son organisation [...]. Rien n'est prévu pour l'aménagement des relations personnelles entre l'enfant et le parent "non résident". »

De cette incertitude sont nés des interrogations et des conflits : jusqu'où faut-il observer un mode commun d'éducation ? Doit-on demander l'accord de l'autre pour le moindre acte de la vie quotidienne ? Y a-t-il un rythme « standard » pour organiser la vie de l'enfant entre ses deux parents ? Que faire si un parent décide brutalement de partir à 500 kilomètres, voire davantage ?

Plusieurs aménagements sont possibles pour réduire ces ambiguïtés et incertitudes, et ainsi conforter le principe de coparentalité, c'est-à-dire le lien de l'enfant à ses deux parents dans la vie concrète et quotidienne.

En effet, s'il ne saurait être question de changer les mœurs par la loi, ni de transformer en parents coopératifs l'ensemble des ex-époux, on constate aujourd'hui que des *obstacles* juridiques ou judiciaires s'interposent quand des parents souhaiteraient assurer davantage leur double responsabilité.

Il en est ainsi, tout d'abord, des pères qui se voient évincés, alors qu'il est à la fois légal et légitime qu'ils refusent de voir se distendre leur lien à l'enfant. Il en est ainsi, également, des ex-époux qui parviennent parfaitement à s'accorder sur ce qu'exige à leurs yeux tant le respect de l'enfant que leur respect mutuel, mais se voient refuser par la justice un hébergement partagé de leurs enfants.

A. REVOIR LA NOTION DE « RÉSIDENCE HABITUELLE » DE L'ENFANT

La notion de « résidence habituelle » de l'article 287 du Code civil est ambiguë, car elle est à la fois constat d'un fait, qui en soi ne pose pas de problème, et prescription d'une norme juridique, qui peut être en contradiction avec la réalité concrète.

Il semblerait utile de la supprimer, au profit d'une distinction plus claire entre le domicile, tel que défini au titre III du livre premier du Code civil, et l'hébergement.

La question de savoir s'il est légalement obligatoire de fixer un unique domicile de l'enfant, dès lors qu'il est hébergé chez l'un et chez l'autre de ses parents devrait être examinée : en effet, l'article 108-2 du Code civil présume une résidence unique, ce qui correspond de moins en moins souvent à la réalité concrète.

Au cas où il serait impossible d'établir deux domiciles, il faudrait considérer que cette notion, administrative, ne préjuge pas des droits liés à l'hébergement comme situation de fait.

Propositions

• **Préciser que l'exercice commun de l'autorité parentale implique non un « droit de visite » mais un devoir de garde de l'un et l'autre parent**
Ce n'est que par abus de langage que l'on parle encore de « droit de visite et d'hébergement » en cas d'exercice commun de l'autorité parentale. Ces termes, qui ont disparu du Code civil aux articles correspondants devraient être bannis des jugements. L'exercice commun suppose, du fait du contenu même de l'autorité parentale, un *devoir* de garde. Un parent ne peut s'y soustraire que pour des raisons exceptionnelles. Toute limitation indue de ce devoir par l'autre parent devrait être sanctionnée.

• **Supprimer la notion de résidence habituelle et la remplacer par celle d'« organisation de l'hébergement » de l'enfant**
D'ores et déjà, la fixation d'une résidence habituelle n'est pas obligatoire. Le devoir de garde de chacun des parents impliquerait de supprimer cette notion, qui préjuge une différence de droits entre les parents. À défaut d'accord, le juge indiquerait les modalités de l'hébergement de l'enfant.

> • *Affirmer clairement que l'hébergement partagé est un droit*

Il existe une vieille hostilité à l'égard de ce que l'on nomme la « garde alternée » dans une partie de la doctrine. Cette hostilité a une longue histoire, qui tient :

- Au temps où la Cour de cassation a admis la garde conjointe et refusé la garde alternée (1984). Mais le refus de cette dernière était fondé principalement sur le fait que l'autorité parentale, notion d'ordre public, ne pouvait pas « changer de tête » au gré de la garde. Cet argument est tombé par l'édiction du principe de l'exercice en commun de l'autorité parentale.
- À la force de stéréotypes à la fois psychologiques et moraux sur le fait qu'il serait toujours néfaste à un enfant d'avoir deux maisons, et que cette organisation ne serait qu'un arrangement satisfaisant égoïstement les parents au mépris de l'intérêt de l'enfant.

La pratique judiciaire est aujourd'hui divisée. Des magistrats de plus en plus nombreux accordent des hébergements partagés, dans lesquels l'enfant réside chez chacun de ses parents de façon égale ou quasi égale. D'autres s'y refusent, contraignant parfois des parents à masquer l'organisation qu'ils ont choisie.

Il est temps de reconnaître que rien ne permet d'affirmer que l'hébergement partagé soit par principe néfaste à l'enfant. Ces préjugés n'ont jamais été étayés par aucune enquête d'aucune sorte. En revanche, des enquêtes qualitatives ont souligné l'importance des modalités d'organisation concrètes de celui-ci.

Rien n'autorise en outre à présumer que les parents n'ont pas recherché le meilleur intérêt de l'enfant. Les contraintes que se donnent à eux-mêmes la plupart des parents qui organisent ainsi la vie de l'enfant (domiciles proches, etc.) indiqueraient plutôt à l'inverse un souci premier de l'enfant.

Enfin, deux arguments juridiques s'imposent :

- D'une part, le droit au respect de la vie privée exige de reconnaître aux parents, cotitulaires de l'autorité parentale, le droit d'organiser la vie de l'enfant comme ils l'entendent, dès lors qu'ils ne mettent pas l'enfant en danger.
- D'autre part, la loi du 16 mars 1998 sur la nationalité en reconnaît le principe pour les couples « mixtes » (art. 22-1 du nouveau Code civil). Il serait pour le moins incohérent de la réserver à ce seul cas.

B. FAVORISER LES RELATIONS DE L'ENFANT AVEC CHACUN DE SES PARENTS

La situation la plus fréquente est que l'enfant est hébergé le plus souvent chez un de ses parents (la mère dans la majorité des cas). Dans ces cas, le devoir de garde de l'autre parent est encore très souvent fixé par les magistrats en référence à des standards hérités du temps où l'alternative entre les parents était la règle : « Le premier, troisième, cinquième week-end et la moitié des vacances scolaires. »

Ces standards n'ont aucune force juridique, et on peut craindre que l'informatisation des tribunaux ne conduise à pérenniser des habitudes que rien ne justifie vraiment. Au contraire, on a toute raison de penser aujourd'hui que des contacts si peu fréquents contribuent inévitablement à fragiliser le lien entre l'enfant et le parent chez lequel il ne vit pas au quotidien, le père dans la plupart des cas.

De plus en plus fréquemment, des solutions plus souples sont organisées, et le temps passé par l'enfant avec chacun de ses parents devient moins déséquilibré. Il convient d'encourager ce mouvement, condition d'une coparentalité réelle et élément fondamental pour lutter contre la précarisation de la paternité.

Propositions

- **Supprimer la clause de révision pour seuls « motifs graves » des conventions relatives à l'autorité parentale homologuées dans le cadre des procédures de divorce sur requête conjointe** (suppression de l'art. 292 C. Civ.)

En effet, cette clause paraît en contradiction avec le caractère éminemment évolutif de la situation de l'enfant qui peut justifier dans son intérêt une modification de la convention sans qu'aucun caractère de « gravité » puisse être allégué. On peut lire en outre, dans cette dérogation au principe posé à l'article 291 du Code civil, une forme de défiance à l'égard des parents ayant opté pour cette procédure de divorce, incompatible avec la généralisation de l'exercice en commun de l'autorité parentale.

- **Rendre obligatoire l'information de l'autre parent avant tout changement de résidence susceptible d'affecter le lien de cet autre parent à l'enfant**

Un changement de résidence inopiné d'un parent peut mettre en cause très violemment le lien de l'autre parent et de l'enfant, en imposant un fait accompli. C'est pourquoi il paraît indispensable d'imposer par la loi un devoir d'information préalable de l'autre parent. En cas de désaccord, une décision judiciaire pourrait être demandée.

Priorité devrait alors être accordée à la solution la plus favorable au maintien du lien de l'enfant à ses deux parents. À défaut, le maintien de l'enfant dans son cadre de vie habituel devrait être privilégié.

- **Réaffirmer le droit des deux parents à l'information scolaire**

Ce droit a été reconnu par la circulaire du 19 avril 1994 du ministère de l'Éducation nationale. Mais elle n'est pas toujours appliquée et devrait être renforcée : convocation des deux parents aux réunions organisées dans l'établissement, communication aux deux parents des bulletins et livrets scolaires et en général de toute information concernant la vie de l'enfant scolarisé.

IV. Prendre en compte de façon plus efficace et plus juste l'obligation d'entretien des deux parents

L'obligation d'entretien est définie par l'article 203 du Code civil : « Les époux contractent, par le seul fait du mariage, l'obligation de nourrir, entretenir et élever leurs enfants. » Cependant, il ne fait pas de doute que ce devoir découle non du mariage, mais du lien de filiation. Il « naît avec l'enfant et crie aussi fort que lui », et la loi du 3 janvier 1972 a inscrit dans l'article 334 du Code civil que l'enfant naturel a les mêmes droits que l'enfant légitime dans ses rapports à ses père et mère.

Rappelons également que l'obligation d'entretien n'est pas subordonnée à l'exercice de l'autorité parentale. Obligation personnelle non réciproque, elle ne prend pas nécessairement fin à la majorité de l'enfant.

A. LA PENSION ALIMENTAIRE EN CAS DE SÉPARATION OU DIVORCE

La mise en œuvre de cette obligation apparaît principalement en cas de séparation des parents, mariés ou non. Dans ce dernier cas, celui qui assume la charge principale de l'enfant saisit la justice en sollicitant une participation de l'autre à l'entretien de l'enfant. La fixation judiciaire de la contribution est systématique dans toutes les procédures de divorce avec enfant.

La fixation d'une telle contribution peut apparaître très

subjective, ou parfois arbitraire. Cependant, l'étude des décisions fait apparaître une certaine cohérence. La capacité de chacun à contribuer variant selon ses propres ressources, la pension alimentaire due à l'enfant est en général calculée non selon un « coût de l'enfant » abstrait, mais en fonction des ressources de celui qui paie, celui qui reçoit contribuant également à l'entretien de l'enfant en fonction de ses propres moyens.

Cependant, la fixation de la pension alimentaire apparaît relativement subjective et aléatoire, les parents ne sont pas informés des mécanismes de fixation, ils ignorent souvent qu'ils pourraient la fixer eux-mêmes et forment des demandes judiciaires qui pouraient être évitées.

Proposition

Établir un barème indicatif des pensions alimentaires pour enfants
Ce barème pourrait servir de référence pour les parents, les avocats et les juges afin de fixer le montant de ces contributions de manière équitable et uniforme.

B. PRÉVOIR L'IMPOSITION COMMUNE DES CONCUBINS AYANT DES ENFANTS À CHARGE

L'obligation d'entretien se traduit, en droit social et fiscal, par la notion d'enfant à charge. Depuis 1994, les concubins ayant des enfants à charge ne bénéficient plus, pour l'impôt sur le revenu, de la demi-part supplémentaire auparavant réservée aux célibataires, veufs et divorcés. La condition d'isolement est désormais requise pour bénéficier de cette demi-part.

Cette réforme, en voulant réparer ce qui apparaissait comme une injustice à l'égard des mariés par rapport aux concubins, en a créé une autre à l'égard des familles naturelles par rapport aux familles légitimes. En effet, seules les familles légitimes bénéficient de l'imposition commune. Bien que n'étant pas avantageuse dans tous les cas, elle l'est le plus souvent. Un certain « équilibre » a ainsi été rompu, puisqu'auparavant l'une des situations entraînait un avantage spécifique et l'autre un autre avantage.

Il serait conforme à l'évolution d'ensemble, tant des comportements familiaux que du droit civil, que toutes les situations familiales impliquant charge d'enfant soient traitées également.

Proposition

***Prévoir une imposition commune dès lors qu'un enfant est à la charge d'un couple**, que celui-ci soit marié ou non.*

V. Prévenir les conflits, développer la médiation familiale

La séparation peut être à l'origine de multiples conflits dans la famille : conflits entre les parents, conflit entre un parent et l'enfant, conflits fraternels. Le développement du principe de coparentalité par les moyens énoncés plus haut devrait contribuer à atténuer ceux-ci. En effet, la peur pour un parent d'être dépossédé de son identité de père ou de mère, la crainte pour l'enfant d'être obligé de « choisir » entre ses parents, génèrent la rivalité, puis l'enchaînement de situations de conflit qui deviennent parfois inextricables.

A. DÉVELOPPER L'INFORMATION SUR L'ORGANISATION DE L'EXERCICE COMMUN DE L'AUTORITÉ PARENTALE

À l'initiative de magistrats, des livrets ont été confectionnés dans certains tribunaux de grande instance, précisant ce qu'implique l'exercice commun de l'autorité parentale. Ils précisent en particulier quels sont les actes qui ne demandent pas consultation préalable de l'autre parent (actes usuels, etc.) et quels sont ceux qui exigent une négociation et un accord (actes important, tel un changement d'école, etc.).

Ce type d'information répond aux questions que se posent beaucoup de parents, a un rôle préventif important des conflits, et peut éviter la saisine du juge aux affaires familiales à tout propos pour des détails de la vie quotidienne. En général, l'information sur les droits liés à l'autorité parentale devrait être organisée par tous moyens qui sembleraient appropriés.

B. RÉORGANISER LES MESURES D'INVESTIGATION, FAVORISER LA MÉDIATION FAMILIALE JUDICIAIRE

Lorsque les parents ne parviennent pas à s'entendre, il est fréquemment ordonné une enquête sociale ou un examen médico-psychologique. Ces mesures d'investigation sont insuffisamment réglementées, tant en ce qui concerne la compétence professionnelle requise et l'objet des missions que la déontologie de leur mise en œuvre.

On constate une *extrême disparité* d'une juridiction à l'autre (Théry, 1993). Souvent mal perçues par les justiciables, elles peuvent attiser les conflits, et finalement obérer le processus de négociation.

Il serait important d'organiser de façon plus claire ces mesures, de préciser les cas où elles sont appropriées et de définir de façon plus stricte les missions confiées à l'enquêteur ou l'expert.

Le principe d'un financement public devrait être examiné, dans la mesure où il s'agit de mesures d'aide à la décision judiciaire. En effet, il arrive fréquemment que le juge renonce à une enquête ou un examen médico-psychologique pour la seule raison que les parents (quand ils sont situés juste au-dessus des plafonds de ressources de l'aide judiciaire) ne pourraient pas les payer.

Enfin, des mesures d'investigation sont parfois ordonnées

en lieu et place d'une médiation, qui correspondrait mieux à la situation en cause.

Le recours (sous réserve d'accord des parents) à la médiation judiciaire prévue par le décret du 22 juillet 1996 devrait être largement développé.

Cette réorganisation devrait s'attacher particulièrement à la question de *l'écoute de l'enfant*, dans un cadre approprié à son âge et à sa situation de dépendance, qui peut induire des manipulations parentales. Les cas où l'audition par le juge est la solution la plus appropriée sont sans doute rares.

Cependant, le souci de ne pas responsabiliser outrageusement l'enfant par rapport à la décision qui sera prise ne doit pas dispenser de lui reconnaître le droit d'être entendu par l'autorité judiciaire s'il en exprime le besoin, comme le prévoit expressément la Convention internationale sur les droits de l'enfant.

C. DÉVELOPPER LA MÉDIATION FAMILIALE EXTRAJUDICIAIRE

La médiation familiale extrajudiciaire s'est développée depuis une dizaine d'années en France. Ses objectifs se sont peu à peu précisés, ainsi que ses méthodes, et de nombreux débats ont accompagné l'émergence de cette nouvelle pratique professionnelle. Le ministère de la Justice a contribué à cette émergence, en finançant un certain nombre d'expériences, et en assurant des évaluations. Depuis, on doit constater une certaine stagnation des pouvoirs publics dans leur effort pour développer ces modalités spécifiques d'aide à la préservation du lien de l'enfant à ses deux parents.

Le fait d'encourager la médiation familiale extrajudiciaire serait pourtant extrêmement utile :

- en cas de conflit familial, de quelque nature qu'il soit ;
- en amont du judiciaire, lorsqu'il s'agit d'affronter les difficultés de l'organisation de la séparation ou du divorce ;
- en aval pour aider à l'application des décisions.

En effet, les problèmes qui se posent lors d'une rupture familiale sont loin de se réduire à des problèmes juridiques.

Le développement de tels modes de régulation non judiciaire des conflits, souples, permettant une réponse au moment nécessaire, contribuerait à éviter le développement de processus d'affrontements incontrôlables, améliorerait le déroulement des négociations lors des procédures de divorce, et permettrait enfin de limiter le recours injustifié au juge pour des questions qui ne sont pas de sa compétence.

Le développement de la médiation familiale suppose de traiter de façon générale la question du *financement* des lieux de médiation, de leur *implantation*, des *compétences professionnelles* requises. Une réflexion d'ensemble doit être menée, afin de favoriser un équilibre entre les diverses méthodes de médiation, dont aucune ne doit être *a priori* écartée, si elle satisfait à des critères d'ensemble à définir.

Le souci doit demeurer cependant de ne pas dévaloriser les organisations informelles, du type des associations de parents qui se sont développées ces dernières années dans des quartiers en difficulté. Elles peuvent jouer un rôle important en particulier d'aide à la parentalité des jeunes adultes, de restauration de l'autorité des pères, et de médiation informelle dans les conflits intrafamiliaux impliquant des adolescents.

VI. Engager une réflexion de fond sur la famille biparentale après séparation

La notion de « famille monoparentale » ne se justifie que lorsqu'un parent n'a plus aucun contact avec l'enfant et n'assure pas son obligation d'entretien. Dans tous les autres cas, la famille de l'enfant ne se réduit pas à un seul ménage.

Quant à la notion de « couple parental », elle n'est pas moins ambiguë, laissant croire que l'exercice commun de l'autorité parentale suppose un accord sur tout, comme si le couple n'était pas séparé. Quand toute la difficulté est de *rester deux parents sans plus être un couple*, cette notion peut être source d'intolérance à l'égard de toute différence dans les modes de vie, et d'immixtions injustifiées dans la vie de l'ex-époux, dont l'enfant est finalement victime.

C'est pourquoi il serait utile de promouvoir une réflexion sur la coparentalité dans la famille post-divorce, dans la mesure où les changements du lien familial prennent en défaut de nombreuses habitudes de pensées, et catégories jusqu'à présent admises.

Cette réflexion devrait se poursuivre sur les enjeux juridiques, en droit social et fiscal, induits par l'exercice commun de l'autorité parentale, et ses conséquences sur les modalités de l'obligation d'entretien.

En effet, l'exercice commun de l'autorité parentale supposant deux parents hébergeants, il n'est pas normal qu'un seul parent bénéficie des droits sociaux et fiscaux liés à la prise en charge de l'enfant. Par ce biais se maintient la fiction selon laquelle l'enfant de parents séparés n'aurait plus qu'un parent.

Cela est particulièrement évident en cas d'hébergement partagé de façon égale ou quasi égale, mais n'est pas moins important si l'hébergement est inégal en temps.

D'où une série de suggestions qui devraient être mises rapidement à l'étude :

- *Possibilité pour chacun des parents de faire état de son devoir d'hébergement pour obtenir un logement social approprié.*

- *Accès de l'enfant aux équipements municipaux de la commune où réside chacun de ses parents.*

- *Réaménagement de la taxe d'habitation et de l'*IRPP*, de façon à tenir compte de la présence d'enfants aux deux foyers.*

- *Réorganisation du versement des allocations familiales de façon à tenir compte du double hébergement de l'enfant.*

FAMILLES RECOMPOSÉES

Les familles recomposées, ces constellations familiales issues d'unions successives qui rassemblent parents, beaux-parents, frères, demi-frères et quasi-frères et sœurs, sont désormais une composante importante du paysage familial. On évalue aujourd'hui à plus d'un million les ménages recomposés, chiffre sans doute très inférieur à la réalité.

Mais les familles recomposées ne sont pas seulement des configurations particulières de la famille. Parce qu'elles ne prennent sens que dans la temporalité des biographies individuelles et familiales, elles posent en profondeur la question des repères susceptibles de rendre intelligible et signifiant le lien familial contemporain, confronté à sa propre transformation au cours de trajectoires de plus en plus complexes.

Dans le passé, la norme était de tenter, à travers une nouvelle union, de « reconstituer » la famille nucléaire par substitution d'un beau-parent au parent disparu ou éloigné. Cette conception substitutive, faisant de chaque rupture une table rase et de chaque nouvelle union l'amorce d'une nouvelle famille, était encore dominante dans les années soixante et soixante-dix, quand le divorce demeurait une transgression sociale relativement peu fréquente. Acceptant comme une fatalité de lier la disparition de la famille à la dissolution du couple, on incitait alors à l'adoption de l'enfant par le nouveau conjoint, au changement de son nom, à l'effacement du passé pour mieux garantir le retour à la norme de la famille nucléaire, dans une logique d'assimilation. Le droit, en facilitant l'adoption de l'enfant du conjoint, a conforté cette perception.

Mais les représentations de la famille recomposée ont commencé de basculer quand la précarisation des unions est devenue un phénomène social de grande ampleur, et que s'est affirmée corrélativement une exigence croissante de maintien du lien de l'enfant à chacun de ses parents *(cf. chapitre « Autorité parentale »)*.

Aujourd'hui, les membres des foyers recomposés refusent de plus en plus de se donner comme la « vraie famille » de l'enfant d'une première union. Préserver la continuité de la filiation, ne pas spolier l'enfant de son histoire et de son identité, tout en construisant de nouvelles relations familiales, est pourtant loin d'aller de soi. Parce que l'ajout de nouvelles figures au cercle de famille ne va pas sans modification de l'ensemble des liens et des places, y compris de celles qui paraissaient les plus assurées, la recomposition est toujours vécue comme une forme d'insécurisation des repères et de trouble des références.

Quand l'ordre symbolique de la parenté vacille, chacun devient une menace pour chacun, et tous peuvent se sentir rejetés ou spoliés. C'est pourquoi les nouvelles formes de recompositions familiales supposent aussi que soient réinstituées, au sein d'un ensemble ordonné, les places de la parenté. Faute de le faire, c'est-à-dire de s'efforcer de penser la règle et l'exception, la société soumet les individus à la pire des dépendances : la dépendance relationnelle.

C'est pourquoi il importe que les repères qui ont émergé depuis deux décennies, dans l'ombre de la vie privée, trouvent aujourd'hui une forme de reconnaissance sociale, dans la mesure où ils s'avèrent tout à fait cohérents avec l'exigence accrue de la sécurité du lien de la filiation et de la primauté d'une coparentalité, après séparation des deux parents.

Ceci concerne tout particulièrement le lien le plus spécifique à une recomposition familiale : celui du beau-parent et du bel-enfant.

Le beau-parent est ignoré du droit. Il n'apparaît spécifiquement qu'en tant que conjoint du père ou de la mère en matière d'empêchement à mariage : il ne peut épouser l'enfant de son ex-conjoint après en avoir divorcé (art. 161 C. Civ.). Il n'a à l'égard de l'enfant de son conjoint ni droits ni devoirs spécifiques. Ce silence juridique contraste fortement avec la réalité, où désormais des centaines de milliers de beaux-parents prennent en charge l'enfant, contribuent de fait à son éducation et son entretien, et nouent avec leur bel-enfant des liens parfois très importants, qu'ils redoutent de voir anéantis en cas de séparation ou de décès du parent.

Comment envisager de mettre fin à cette ignorance du droit ?

Ces questions ont été examinées dans le cadre d'un groupe de travail réuni à la demande de la Chancellerie par le GIP Justice. Ce groupe n'a pas encore achevé ses travaux. On reprendra ici les principales propositions qu'il a d'ores et déjà élaborées, auxquelles ont été ajoutées des suggestions personnelles, sur des sujets non abordés par ce groupe de travail.

Les situations concrètes sont très diverses :

a) Du fait des origines de la recomposition familiale : elle peut avoir fait suite à un divorce, une séparation ou un décès. Une première situation est celle où les deux parents sont vivants, ont reconnu l'enfant et continuent d'exercer leurs responsabilités, que ce soit de façon intense ou moins intense. Une seconde situation est celle où l'un des parents est décédé, n'a pas reconnu l'enfant, ou a complètement disparu de l'horizon de l'enfant après la séparation du couple (pas de contacts, pas de contribution à son entretien). Dans les deux cas, le rôle du beau-parent diffère significativement.

b) Du fait des liens de l'enfant au beau-parent : ils sont très variables selon l'âge de l'enfant, la durée de la recomposition, l'investissement personnel du beau-parent, la place que lui accorde le parent, l'attitude de l'enfant...

C'est pourquoi il ne saurait être question d'élaborer un quelconque *statut du beau-parent*, qui ne pourrait que fragiliser les parents, et unifierait abusivement des situations fortement hétérogènes. En revanche, des améliorations significatives sont possibles, en partant des besoins de l'enfant.

A. PRÉSERVER LA FILIATION ORIGINELLE DE L'ENFANT

La situation actuelle est celle du « tout ou rien ». Soit le beau-parent est un « étranger », soit il peut devenir juridiquement un parent.

La filiation mensongère de complaisance

- Le beau-père peut établir une filiation mensongère par une reconnaissance de complaisance, si l'enfant n'a pas été reconnu par son père.
- Il le peut aussi par le jeu de la possession d'état, si le père qui a reconnu l'enfant s'en est rapidement désintéressé : dans ce cas, l'absence de possession d'état fragilise le lien de filiation et ouvre la voie à des actions (art. 322 ou 334-9 *a contrario*). La jurisprudence a ainsi parfois coupé le lien de filiation non « vivifié » par la possession d'état et ouvert la possibilité d'une filiation fictive (Brunet, 1993).

Pour l'enfant, le risque principal de cette situation est sa fragilité. En particulier en cas de séparation, une contestation de la nouvelle filiation ou un désaveu de paternité, fondé cette fois sur la vérité biologique, va entraîner un second effondrement de l'identité généalogique de l'enfant. L'intérêt de l'enfant commande de limiter de telles pratiques. C'est pourquoi il est proposé de limiter les possibilités ouvertes à ces manipulations du lien de filiation *(cf. chapitre « Filiation »)*.

L'adoption plénière de l'enfant du conjoint

L'adoption plénière de l'enfant du conjoint a longtemps été favorisée par le législateur, dans une logique de substitution d'une seconde famille à la famille antérieure.

Mais, au terme d'une longue évolution, la loi du 8 janvier 1993 a renversé les principes et posé l'interdiction de l'adoption plénière de l'enfant du conjoint si sa filiation est établie à l'égard des deux parents. Deux raisons justifiaient cette interdiction : l'anéantissement de l'inscription généalogique initiale, qui atteint les grands-parents, et le sentiment plus général que cette solution n'est plus conforme à la promotion de la coparentalité et de la sécurité de l'identité de l'enfant.

La loi du 5 juillet 1996 a cependant réintroduit la possibilité d'une adoption plénière « lorsque l'autre parent que le conjoint s'est vu retiré totalement l'autorité parentale » et « lorsque l'autre parent que le conjoint est décédé et n'a pas laissé d'ascendants au premier degré, ou lorsque ceux-ci se sont manifestement désintéressés de l'enfant » (art. 345-1 C. Civ.).

L'adoption plénière est donc réservée à des situations très exceptionnelles.

L'adoption simple de l'enfant du conjoint

Elle ne porte pas atteinte à la filiation. Comme l'adoption plénière, elle suppose le consentement de l'adopté s'il a plus de 13 ans. L'autre parent doit consentir à l'adoption, mais le tribunal peut passer outre et estimer abusif son refus s'il s'est désintéressé de l'enfant (art. 348-6 C. Civ.). Le consentement du conjoint suffit si l'autre parent est décédé ou a été déchu.

Cependant, cette adoption simple ne confère aucun exercice de l'autorité parentale au beau-parent : « L'adoptant a l'autorité parentale concurremment avec son conjoint mais celui-ci en conserve l'exercice » (art. 365 C. Civ.).

Quant à l'adoption de l'enfant du concubin, elle ferait perdre au parent lui-même ses droits d'autorité parentale.

L'adoption simple ne peut-être une façon « normale » d'envisager les liens entre l'enfant et son beau-parent, au moment où par ailleurs s'affirme le principe du maintien du lien de l'enfant à ses deux parents. Elle devrait être réservée à des cas particuliers où elle se justifie, en particulier quand l'autre parent s'est totalement désintéressé de l'enfant. Il serait en outre souhaitable d'éviter qu'elle ne serve à des buts qui lui sont étrangers (successions).

> **Proposition**
>
> Pour ces cas exceptionnels, *l'adoption simple devrait être aménagée afin de prévoir un exercice commun de l'autorité parentale entre le parent et le beau-parent, que ceux-ci soient ou non mariés.*

B. CONFORTER UNE PLACE GÉNÉRATIONNELLE POUR LE BEAU-PARENT

Sans inscrire l'enfant dans sa lignée, sans lui donner son nom, sans que son lien à celui-ci relève de l'inconditionnalité et de la perpétuité de la filiation, le beau-parent est pourtant lié à l'enfant dont il prend soin et auquel il est attaché. Autrement dit, beaux-parents et beaux-enfants appartiennent à la même famille mais pas à la même parenté généalogique. En ce sens, la place du beau-parent est une place *générationnelle* : il considère qu'il possède à l'égard de l'enfant des obligations et respecte certains interdits. Ces obligations et interdits sont dans l'ensemble exercés ou reconnus spontanément, mais ils devraient être reconnus et confortés.

Les interdits : la question de l'inceste

Le beau-parent fait partie de ceux dont la peine est aggravée en tant que « personne ayant autorité sur la victime » en cas de violences (art. 222-8 du nouveau Code pénal), en cas de viol (art. 222-24) ou d'autres agressions sexuelles (art. 222-28).

Cependant, on constate que ces incriminations ne suffisent pas à établir clairement la notion d'inceste. Il est souvent signalé que des beaux-parents incriminés pour abus sexuel sur le bel-enfant n'ont pas intégré l'interdit : « Elle n'est pas ma fille. » Or, comme l'a très clairement expliqué Françoise Héritier (1994), le tabou de l'inceste n'est pas fondé sur le seul lien biologique, mais d'abord sur la transgression générationnelle. Comme elle l'écrit : « On ne couche pas avec la mère et la fille. »

La question n'est pas ici principalement juridique : on sait que le droit ignore l'inceste. Cependant, afin de développer une logique de *prévention* et non pas seulement de répression, il importerait de trouver les moyens d'énoncer plus clairement, et de diffuser massivement la portée de l'interdit générationnel.

C. ORGANISER UNE PARTICIPATION DU BEAU-PARENT À L'EXERCICE DE L'AUTORITÉ PARENTALE

Alors même qu'il vit quotidiennement avec l'enfant, participe à sa prise en charge et son éducation, le beau-parent ne dispose d'aucun droit ni devoir d'autorité parentale. Ce silence du droit ne pose pas de nombreux problèmes dans la vie ordinaire, où la vie s'organise à l'ombre du non-droit (Théry et Dhavernas, 1991). Mais ils sont toujours possibles : un chef d'établissement scolaire, une administration tatillonne, un médecin suspicieux peuvent délégitimer totalement le beau-parent dans l'exercice de ses responsabilités générationnelles.

La non-reconnaissance par le droit civil d'une responsabilité alors qu'elle est exercée en fait, et par ailleurs reconnue par le droit social et fiscal (enfant à charge), est dommageable. Comment reconnaître cette situation sans faire du beau-parent un troisième parent, et en tenant compte de la diversité des situations ?

Deux systèmes sont envisageables (Fulchiron, 1994) : l'assistance des père et mère de l'enfant ou la participation à l'exercice de l'autorité parentale.

- *L'assistance*
  Le beau-parent est considéré comme un collaborateur du parent, sur le modèle du droit suisse (art. 229 du Code civil suisse : « Tout époux est tenu d'assister son conjoint de façon appropriée dans l'exercice de l'autorité parentale à l'égard des enfants de l'autre et de le représenter quand les circonstances l'exigent. »). Le droit français organisant aussi un devoir de collaboration entre époux (art. 213 C. Civ.), on pourrait imaginer qu'il s'étende aux

enfants du premier lit. Une partie de la jurisprudence et de la doctrine admet que l'on puisse faire entrer dans la contribution aux charges du mariage l'entretien de l'enfant du conjoint.

Dans cette perspective, on pourrait revoir l'article 213 pour compléter le devoir d'assistance qu'on peut y percevoir, par un pouvoir de représentation. Mais ceci serait très réduit, ne constituerait pas une reconnaissance du beau-parent en tant que tel et ne réglerait pas la question des recompositions sans mariage.

- *La participation à l'exercice de l'autorité parentale*
  En s'inspirant du Children Act anglais de 1989, il serait possible d'accorder au beau-parent le pouvoir « d'accomplir tous les actes usuels relatifs à la surveillance et à l'éducation de l'enfant ». Ce pouvoir minimum pourrait être complété par un système d'autorisation pour les actes les plus graves. Cette perspective paraît la plus appropriée.

Proposition

Insérer dans le Code civil un article indiquant :
« Tout tiers ayant en charge de manière habituelle un enfant mineur peut accomplir les actes usuels le concernant, sans préjudice des droits des titulaires de l'autorité parentale. »

D. FACILITER LES RELATIONS ENTRE L'ENFANT ET SON BEAU-PARENT EN CAS DE SÉPARATION DU COUPLE

Les situations sont très diverses. Il ne saurait être question d'établir un droit général au maintien des liens, qui serait imposé à l'enfant. En revanche, quand celui-ci le souhaite, la possibilité de conserver des relations avec son « ex-beau-parent » devrait lui être plus clairement reconnue.

Le droit a prévu les cas où le droit de l'enfant aux relations personnelles peut être opposé à des parents qui voudraient couper les relations souhaitées par l'enfant et un tiers. Celui-ci peut être le beau-parent : « En considération de situations exceptionnelles, le tribunal peut accorder un droit de correspondance et de visite à d'autres personnes, parents ou non » (art. 371-4 al. 2). Ce droit de visite peut impliquer un hébergement : la Cour de cassation a affirmé que « le droit d'hébergement ne constitue qu'une modalité du droit de visite » (arrêt du 10 mars 1977). Mais cette jurisprudence semble inconnue de nombreux magistrats et mériterait d'être inscrite dans le Code civil.

Proposition

Extension du droit d'hébergement au tiers dans les conditions de l'article 371-4 al. 2.

E. ÉTENDRE LES CAS OÙ L'ENFANT PEUT ÊTRE CONFIÉ AU BEAU-PARENT

Exceptionnellement, il peut se trouver conforme à l'intérêt de l'enfant d'être confié à son beau-parent. D'ailleurs, *en cas de divorce*, le juge peut confier l'enfant au beau-parent (art. 287-1 C. Civ.).

Il conviendrait de prévoir une extension aux situations équivalentes pour les séparations de concubins.

En cas de décès du parent, si l'enfant n'a plus de parents, la tutelle est automatiquement déférée au grand-père ou à la grand-mère (art. 402 C. Civ.). La seule issue est que le parent qui le souhaite désigne le beau-parent comme tuteur, cette nomination primant tout autre mode de désignation (397 C. Civ.).

> **Proposition**
>
> **Supprimer l'automaticité de la tutelle** afin que le juge puisse prendre en considération le seul intérêt de l'enfant.

F. AMÉNAGER LA DÉLÉGATION D'AUTORITÉ PARENTALE DANS DES CIRCONSTANCES EXCEPTIONNELLES

Lorsque, après décès du parent, l'enfant conserve son autre parent, le principe est alors que l'exercice de l'autorité parentale lui appartient entièrement. Il ne convient pas de remettre en cause ce principe.

Cependant, exceptionnellement, ce principe peut se trouver en contradiction avec l'intérêt de l'enfant. L'article 373-3 du Code civil permet au juge aux affaires familiales, saisi par la famille ou le ministère public, de confier l'enfant à un tiers. Le parent lui-même peut avoir aménagé les conséquences de son éventuel décès en désignant à l'avance à quelle personne l'enfant serait confié par le juge (373-3 al. 3). Le beau-parent dans cette hypothèse n'aurait cependant pas l'exercice de l'autorité parentale, mais seulement le pouvoir d'accomplir les actes usuels relatifs à sa surveillance et son éducation.

On peut alors se tourner vers le système de la délégation d'autorité parentale.

La délégation d'autorité parentale volontaire est organisée par l'article 377. L'enfant doit être âgé de moins de 16 ans. Il ne s'agit ici que de l'exercice, il faut le posséder pour le déléguer. La délégation peut être totale ou partielle. Si elle est partielle, elle peut comprendre seulement le droit de garde et le droit de surveillance, ce qui laisse au parent délégataire les droits relatifs à l'éducation et à la santé (sauf les actes usuels en la matière à accomplir par le tiers).

La délégation confère un titre opposable au tiers. Ne constituant pas une atteinte au lien de filiation, le délégataire peut obtenir du parent une contribution à l'entretien de l'enfant. Et le parent peut obtenir la restitution, s'il justifie de circonstances nouvelles.

Propositions

- *Assouplir les règles de la délégation d'autorité parentale.*
- *Abandonner l'exigence d'une remise et la condition d'âge* (377 C. Civ.).
- *L'ouvrir largement à l'accord des intéressés.*
- *En cas de désaccord : étendre la délégation forcée à toutes les hypothèses où elle est conforme à l'intérêt de l'enfant.*
- *Enfin, imaginer un système plus souple d'exercice en commun entre le délégant et le délégataire,* qui aurait l'avantage de dédramatiser la délégation d'autorité parentale.

G. NE PAS CRÉER D'OBLIGATION D'ENTRETIEN À LA CHARGE DU BEAU-PARENT

La question a été débattue, dans de nombreux pays, d'une éventuelle obligation alimentaire du beau-parent (Sosson, 1995).

Celle-ci ne paraît pas souhaitable, en l'absence de lien de filiation.

Dans la famille unie, le devoir d'entretien s'exécute par la vie commune, dans le cadre de l'entraide conjugale. En cas de séparation du couple, une vocation alimentaire du beau-parent survivrait à la séparation, créant d'une part une multiplicité de créanciers, d'autre part, une réciprocité pour l'enfant à l'égard de son beau-parent.

H. FAVORISER L'EXERCICE DE LA VOLONTÉ EN MATIÈRE DE LIBÉRALITÉS

Cette question est traitée dans le cadre du chapitre consacré aux successions et libéralités. On ne rappellera ici que les deux propositions principales.

Propositions

- ***Suppression de la présomption d'interposition de personne*** de l'article 1100 du Code civil.
- ***Extension des règles fiscales prévues en matière successorale pour les enfants aux libéralités à l'égard du bel-enfant.***

III

LA TRANSMISSION DES BIENS

SUCCESSIONS ET LIBÉRALITÉS

Le droit des successions et des libéralités constitue le seul volet du droit de la famille à n'avoir pas fait l'objet d'une refonte globale depuis le Code civil de 1804. Certes, quelques textes épars ont aménagé plusieurs aspects de la matière, mais aucune réflexion d'ensemble n'a prospéré à ce jour.

Cependant une réforme s'impose à plus d'un titre.

- D'abord parce que le droit des successions, fondé sur l'affection présumée du défunt, traduit, au-delà de la mort, des liens familiaux qui ont profondément évolué depuis deux siècles. À la famille patriarcale héritière du droit romain et conçue de la manière la plus large, se sont substituées d'une part une famille nucléaire composée du couple et des enfants, d'autre part une famille étendue dont les liens forts sont désormais resserrés sur l'axe central de la filiation. Enfin, le développement des concubinages, des familles naturelles et des familles recomposées pose maintenant des problèmes qu'il faut prendre en compte.

  En effet, si le droit des successions confère aux descendants directs une place privilégiée, il maintient, conformément à notre tradition historique, le conjoint, censé ne pas appartenir à la famille, dans une situation d'infériorité.

  Quant au concubin, il ne dispose d'aucun droit successoral et, jusqu'à une époque relativement proche, les libéralités en sa faveur étaient annulables pour cause immorale.

- Ensuite, la procédure de dévolution successorale est longue, complexe, onéreuse et ne permet pas, bien souvent, une gestion efficace de l'actif successoral alors que celui-ci peut comprendre des biens professionnels. Il n'est pas rare que les héritiers gardent du règlement successoral un sentiment d'incompréhension et d'irritation, particulièrement lorsque l'héritage est d'importance modeste.

  Or, chaque année en France, il y a environ 550 000 décès et un héritage survient environ dans les deux tiers des ménages. C'est dire l'importance quantitative de ces problèmes.

- Enfin, le droit successoral français reste très largement dominé par l'institution de la réserve, instrument d'égalité hérité de la Révolution française, mais qui restreint notablement la volonté individuelle.

  Ainsi, en présence d'un enfant, les parents ne peuvent disposer à leur gré que de la moitié de leurs biens, en présence de deux enfants, que du tiers, et en présence de trois enfants ou plus, du quart.

Or une aspiration à plus de liberté est largement répandue, qui traduit tout à la fois le désir d'une reconnaissance plus affirmée de la vie privée et la nécessité de rechercher la gestion la plus efficace de l'actif successoral au plan économique.

Pour ces trois raisons, la réforme du droit des successions et des libéralités devient prioritaire. Son adoption serait d'ailleurs facilitée par les importants travaux déjà réalisés au cours des dix dernières années par le ministère de la Justice.

Deux projets de loi ont été en effet déjà élaborés dans le cadre d'un groupe de travail animé par le doyen Jean Carbonnier et le professeur Pierre Catala. Le premier, déposé en 1988, a trait à la technique de la dévolution successorale ; le second aux droits des héritiers et principalement du conjoint survivant.

Ces deux textes fusionnés ont été déposés le 8 février 1995 sur le bureau de l'Assemblée nationale sous le n° 1941. Ils pourraient largement inspirer une réforme en la matière (I) que devraient compléter un volet sur les libéralités (II) et un aménagement de la fiscalité (III).

I. Réformer le droit successoral

A. SIMPLIFIER LA PROCÉDURE DE DÉVOLUTION

La modernisation de cette procédure passe par une simplification et une accélération des opérations de transmission, de liquidation et de partage des biens du défunt.

Sur ce point, les aménagements proposés par le projet de loi établi en 1992 par le ministère de la Justice pourraient être très largement repris.

Il en est ainsi :

- De la clarification de la preuve de la qualité d'héritier laissée jusqu'à présent à la pratique.
- De l'accélération de l'option héréditaire, dont le délai devrait être sensiblement raccourci en même temps que devrait être créée une procédure interrogatoire pour forcer l'héritier inactif à opter.
- D'une meilleure organisation de la procédure de bénéfice d'inventaire qui, actuellement, n'est pas protectrice des créanciers, payés au prix de la course.
- De la possibilité d'administrer le patrimoine héréditaire malgré les passivités ou les dissensions, en conférant aux notaires un mandat judiciaire à cette fin.
- Enfin, de la simplification des règles du partage par une large déjudiciarisation de celui-ci.

B. AMÉLIORER LES DROITS DES HÉRITIERS

Deux questions se posent essentiellement, qui portent sur les droits des enfants naturels et ceux du conjoint survivant.

B1. Affirmer l'égalité entre tous les enfants

Si le statut des enfants naturels s'est largement amélioré et tend à l'égalité avec celui des enfants légitimes, il demeure encore quelques zones d'ombre :

- *À l'encontre des enfants naturels simples* : l'action en retranchement (art. 1527 C. Civ.) est en effet strictement limitée aux enfants nés d'un précédent mariage.
- *Vis-à-vis des enfants adultérins* : le Code Napoléon les avait soumis à un régime d'une extrême rigueur : leur filiation ne pouvait être établie, ils ne pouvaient être légitimés et n'avaient aucun droit successoral mais seulement des droits alimentaires.

Si la loi du 3 janvier 1972 a posé le principe de l'égalité entre enfants (art. 334 C. Civ.), elle a cependant réservé la situation des enfants adultérins qui se trouveraient en présence du conjoint et des enfants légitimes victimes de l'adultère. En effet, il lui est apparu qu'en pareilles circonstances, une conciliation devait être opérée entre le principe d'égalité entre les enfants, par hypothèse innocents des fautes que leurs auteurs pourraient commettre, et le devoir de fidélité inhérent au mariage. L'infériorité des droits de l'enfant adultérin dans notre législation se manifeste à un quadruple point de vue, même si celle-ci ne joue qu'en présence d'un conjoint survivant et/ou d'enfants légitimes issus de l'union au cours de laquelle l'adultère s'est produit :

- En premier lieu, la part de l'enfant adultérin est réduite de moitié par rapport à celle dont il aurait bénéficié s'il n'avait pas été adultérin, l'autre moitié revenant au conjoint et/ou aux enfants de l'union au cours de laquelle l'adultère a eu lieu.
- En deuxième lieu, le conjoint et les enfants issus de cette union bénéficient d'une attribution préférentielle des biens dans le partage de la succession.

- En troisième lieu, le parent d'un enfant adultérin peut écarter celui-ci des opérations de liquidation et de partage de sa succession en lui faisant de son vivant une attribution de biens suffisante.
- Enfin, l'enfant adultérin ne peut recevoir plus que sa part successorale par des libéralités.

À dire vrai, la solution retenue par le législateur n'apparaît, aujourd'hui, ni satisfaisante sur le plan de l'équité, ni conforme à nos engagements internationaux. Il est vraisemblable que la France, en persistant dans cette solution inégalitaire, se verra condamner par la Cour européenne pour violation de la Convention européenne de sauvegarde des droits de l'homme dont l'article 14 énonce le principe de non-discrimination, et notamment celle fondée sur la naissance.

Une procédure est actuellement pendante devant la Cour[1], après que la Cour de cassation ait considéré que l'octroi de droits réduits à l'enfant adultérin ne portait pas atteinte aux articles 8 et 14 de la convention au motif que la vocation successorale est étrangère au respect de la vie privée et familiale dont le droit est reconnu par le premier de ces articles et garanti sans distinction par le second[2].

En 1979, la Belgique a déjà été condamnée[3] dans un cas de figure, il est vrai, différent, puisque sa législation ne donnait aucune vocation successorale à un enfant à l'égard de ses grands-parents, du seul fait du caractère naturel de sa filiation. La Cour européenne a néanmoins considéré que le droit au respect de la vie familiale inclut le lien juridique de filiation naturelle et que le principe de non-discrimination implique que l'État doit se garder de toute discrimination fondée sur la naissance. On a certes fait valoir que la Convention européenne n'assurait pas littéralement une égalité patrimoniale entre enfants. Il est vrai que l'aspect spécifique des droits successoraux n'est pas abordé dans la Convention. Mais on peut légiti-

---

1. Affaire Mazurek.
2. Civ. 1re, 25 juin 1996.
3. Arrêt Marckx.

mement se demander si le principe d'égalité de la situation entre enfants n'implique pas, implicitement mais nécessairement, une égalité des droits patrimoniaux en cas d'héritage. La formulation de l'arrêt Marckx semble suffisamment large pour le laisser penser.

Propositions

- *Étendre le bénéfice de l'action en retranchement à tous les enfants* (art. 1527 C. Civ.).
- *Abroger les textes restreignant les droits des enfants adultérins :* art. 759, 760, 762, 908 et 1097-1 du Code civil.

B2. Améliorer les droits du conjoint survivant

L'importance sociale de la question est considérable : ce sont 240 000 ménages qui sont chaque année concernés, avec une espérance de vie qui ne cesse de croître (81,8 ans pour la femme, qui reste veuve dans 174 000 couples).

Or les enquêtes d'opinion sont unanimes : les familles souhaitent voir accroître les droits du conjoint survivant (80 % en 1981) même en présence d'enfants communs, quitte à diminuer leur part (55 % en 1996).

Du fait de l'accroissement de la durée d'espérance de vie, les héritiers sont la plupart du temps des adultes disposant de ressources personnelles alors que le conjoint survivant, généralement une veuve, âgée, se trouve souvent disposer de revenus modestes.

En pratique, les couples – principalement les plus âgés – recourent aux donations au dernier vivant ou à l'adoption d'un régime de communauté universelle pour avantager le survivant.

Il est souhaitable que le droit successoral intègre ces pratiques notariales, qui en l'état bénéficient surtout aux ménages les mieux informés et les plus aisés.

Cette réforme permettrait de rapprocher le droit français

des autres droits européens qui accordent au conjoint des droits substantiellement plus importants en propriété (comme en Allemagne, en Italie ou en Suisse) ou en usufruit (comme en Belgique) et dont certains (Allemagne, Belgique) font du conjoint un héritier réservataire.

Actuellement, le conjoint survivant ne dispose que d'un quart de la succession en usufruit dans la situation la plus fréquente, c'est-à-dire en présence d'enfants communs. Encore peut-il en être privé, puisqu'il n'est pas réservataire ; dans ce cas, il ne pourra prétendre qu'à des aliments. Son usufruit peut, en outre, être converti, à la demande des héritiers, en une rente viagère.

En concours avec des collatéraux privilégiés (frères et sœurs du défunt et leurs descendants) ou d'ascendants dans les deux lignes, le conjoint ne reçoit que la moitié de l'usufruit de la succession.

Le paradoxe est certain si l'on compare sa situation à celle du conjoint divorcé. Depuis la loi du 3 juillet 1975, ce dernier peut bénéficier d'une prestation compensatoire. C'est dire que le conjoint divorcé dispose d'un droit au maintien de ses conditions d'existence là où le conjoint survivant ne peut prétendre, s'il est privé de droit successoral, qu'à des aliments.

La réforme des droits du conjoint survivant n'est toutefois pas simple et la difficulté est augmentée encore par le développement des familles recomposées et la situation des enfants des lits précédents qui peuvent se trouver en concurrence avec un conjoint survivant dont l'espérance de vie peut être longue.

Un équilibre doit donc être préservé.

a) Ne pas distinguer biens propres et acquêts

Plusieurs considérations pourraient militer en faveur d'une telle distinction. Elle serait conforme aux principes régissant le droit français des régimes matrimoniaux, qui consacre comme régime légal la communauté réduite aux acquêts et maintient la qualité de bien propre à ceux possédés à titre personnel au jour du mariage ou acquis depuis par héritage familial.

Elle permettrait de concilier la liberté individuelle, qui

serait complète s'agissant des biens personnels, et la solidarité familiale, qui jouerait pour les acquêts et se traduirait par l'institution d'une réserve.

Il n'en reste pas moins que cette règle pour séduisante qu'elle soit, risquerait d'être d'un maniement délicat et de susciter des difficultés d'application par sa complexité. Outre les problèmes de preuve qu'elle générerait, elle conduirait à devoir opérer deux dévolutions distinctes, démultipliant ainsi les opérations de liquidation et les rendant plus longues et plus onéreuses. À cet égard, les successions anomales ont révélé les inconvénients que pourraient présenter les différences de régime selon la nature des biens.

Aussi, la distinction entre biens personnels et acquisitions du mariage apparaît-elle présenter plus d'inconvénients que d'avantages.

b) *Élever la place du conjoint survivant dans l'ordre des successibles*

Le conjoint est actuellement très mal placé dans l'ordre des successibles (art. 765 C. Civ.) : il n'hérite en pleine propriété que si le défunt ne laisse ni descendants, ni ascendants dans les deux lignes, ni collatéraux privilégiés.

Cet ordre successoral n'est plus adapté au lien familial contemporain et traduit une méfiance à l'égard de l'étranger à la famille par le sang.

Proposition

Prévoir que le conjoint est appelé à succéder immédiatement après les descendants. Il hériterait ainsi en pleine propriété dès lors que le conjoint prédécédé ne laisse pas de descendant.

(Sur la réserve des ascendants, voir III.)

---

*c) Réaménager les droits du conjoint survivant
en présence d'enfants*

Si l'amélioration des droits du conjoint en présence d'enfants est généralement souhaitée, il n'est pas facile de décider si elle doit se faire en pleine propriété ou en usufruit.

L'octroi de droits en propriété serait sans doute la marque la plus symbolique de l'évolution de la situation du conjoint survivant. Il lui permettrait de disposer d'une partie de la succession avec une totale liberté, n'ayant à subir aucun droit concurrent.

Mais l'octroi de droit successoraux en pleine propriété, même en présence de descendants, conduirait à cette situation paradoxale de faire du conjoint l'ayant droit de l'autre au même titre, voire dans les mêmes proportions, que les enfants du couple. Il n'est pas certain que le moyen le plus significatif de traduire l'évolution contemporaine de la situation des couples soit de positionner ainsi l'un de ses membres par rapport à l'autre.

Au surplus, le conjoint ne serait nullement assuré de disposer d'une réelle autonomie pour lui permettre le maintien de ses conditions d'existence et principalement de son cadre de vie. En effet, ses droits en pleine propriété seraient nécessairement limités à une fraction de la succession puisqu'il faudrait compter avec la réserve des descendants. Le morcellement du patrimoine du défunt serait ainsi impropre à satisfaire les besoins du conjoint.

Il en serait différemment si celui-ci pouvait bénéficier de droits en usufruit portant, sinon sur la totalité de la succession, du moins sur la plus grande partie d'entre elle et au premier chef le logement familial :

- Sociologiquement, cette hypothèse correspond à la situation, qui reste largement majoritaire, où le conjoint survivant est une femme d'un certain âge qui aspire à voir préservées, dans toute la mesure du possible, ses conditions de vie, sans pour autant voir réduire de manière définitive la part de ses enfants.

- Juridiquement, cela transposerait dans la loi, et généraliserait ainsi à l'ensemble des couples, la pratique notariale des donations au dernier vivant auxquelles seuls actuellement les ménages prévoyants et les plus aisés recourent.

Pour autant, l'usufruit n'est pas sans présenter des inconvénients dans certaines situations. Il en est principalement ainsi lorsque la succession comporte des biens professionnels, telle une entreprise, dont la gestion nécessite une unité d'action que ne permettent pas les démembrements du droit de propriété. Il en est de même en cas de famille recomposée où le conjoint survivant peut avoir une espérance de vie élevée et où les enfants du premier lit pourront ainsi être privés durant un laps de temps important, de la succession de leur auteur.

Proposition

Transformer en dévolution successorale **ab intestat** *ce qui est la faculté ouverte aujourd'hui par les articles 1094-1 et suivants du Code civil* (donation au dernier vivant).

Une telle inversion du principe, qui passerait ainsi de la manifestation de volonté à l'automaticité, permettrait au conjoint survivant de choisir entre trois options :

- attribution de la quotité disponible en pleine propriété,
- totalité des biens en usufruit,
- un quart en pleine propriété et trois quarts en usufruit.

Sans doute faudrait-il prévoir un recours possible au juge dans le cas où le choix du conjoint survivant porterait aux enfants un préjudice grave.

Des dispositions doivent enfin être prises pour assurer l'égalité entre enfants. Il faudrait peut-être différencier les cas où tous les enfants sont des enfants du couple, et les cas où il y a des enfants d'un premier lit : dans ce cas, des facilités devraient être donnés à ces derniers pour qu'ils ne soient pas en définitive lésés de fait de leur héritage du fait de la moindre différence d'âge entre eux et le second époux. Par exemple, la possibilité de rachat de l'usufruit de leur beau-parent survivant.

La nouvelle dévolution successorale ne devrait pas priver de sa liberté le disposant, qui conserverait la liberté de donner ou de léguer la quotité disponible, sous réserve de ne pas toucher à la maintenance du conjoint survivant. Sur ce point, il est suggéré de reprendre la proposition du projet de loi n° 1941 qui prévoit une créance contre la succession au bénéfice du conjoint survivant pour voir maintenir ses conditions d'existence et son cadre de vie.

II. La réforme du droit des libéralités

Les libéralités restent à l'heure actuelle d'un usage relativement restreint. Moins de 10 % de la population rédige un testament. Quant aux donations, elles représentent annuellement un montant de l'ordre d'un tiers de celui des héritages et sont principalement utilisées par les agriculteurs et la fraction de la population la plus aisée. En 1995, on comptait 215 942 donations (hors donations entre époux) pour 456 497 déclarations de successions.

Deux raisons expliquent cette situation : d'une part, l'existence de la réserve, de l'autre, celle de règles de fond et de forme particulièrement contraignantes en matière de libéralités.

Des aménagements s'imposent pour prendre en compte le souhait des ménages de disposer de plus de liberté et les impératifs du contexte économique et social.

A. LIMITER LA RÉSERVE

La première question qui doit être posée est celle de la persistance ou non, en tout ou partie, de la réserve.

Il est certain qu'une quotité disponible forte permet d'adapter la dévolution successorale aux situations d'espèce en tenant compte, notamment, de la spécificité de certains biens tels que l'entreprise familiale.

Il ne semble pas opportun de supprimer purement et simplement l'institution : instrument de solidarité familiale, moyen d'assurer un minimum d'égalité entre enfants, la réserve dans son principe, est ancrée dans les mœurs. Il n'en reste pas moins que ses applications peuvent apparaître excessives.

A1. Ne pas créer de réserve au profit du conjoint survivant

Plusieurs propositions vont en ce sens et, notamment, le rapport déposé en février 1997 faisant suite aux travaux de la conférence sur la famille présidée par Hélène Gisserot.

Il est allégué que la réserve trouve sa justification dans le devoir familial particulièrement fort entre époux, à mesure que la famille se resserre autour du noyau conjugal ; le patrimoine familial est de plus en plus composé de biens acquis pendant le mariage et non de biens transmis par les ascendants.

Mais à une époque où le besoin de liberté individuelle en la matière se fait de plus en plus sentir, il serait paradoxal de rigidifier encore le droit successoral en créant un nouveau cas de réserve. Une telle solution serait impropre à satisfaire le souci du conjoint survivant de ne pas voir ses conditions de vie bouleversées, car elle serait nécessairement faible dans son montant.

A2. Abroger la réserve des ascendants

Tout d'abord, on peut s'interroger sur le maintien de la réserve des ascendants, qui d'une part paraît moins nécessaire aux âges où se transmettent les biens du fait de l'allongement de l'espérance de vie, et d'autre part va à l'inverse du flux « spontané » des solidarités financières intrafamiliales, qui est descendant.

> *Proposition*
>
> *Supprimer la réserve au profit des ascendants.*

A3. Réduire la réserve en général

Il convient de réfléchir également sur le montant de la réserve instaurée au profit des enfants, qui dès le troisième enfant atteint trois-quarts de la succession, ne laissant pratiquement aucune marge de manœuvre utile à l'aménagement successoral. Il n'est d'ailleurs pas certain, comme en témoigne le droit comparé, que l'accroissement de la quotité disponible soit un facteur de dysharmonie familiale. Ainsi aux États-Unis, où la liberté de tester est la règle, les règlements successoraux restent profondément égalitaires.

> *Proposition*
>
> *Réduire la réserve à la moitié de la succession.*
> La plus grande liberté testamentaire ainsi reconnue serait plus conforme à la reconnaissance du rôle de la volonté individuelle, à la diversité des familles contemporaines, aménagerait les intérêts de chacun, et permettrait de gratifier ceux qui n'ont pas vocation à être héritiers, comme le concubin ou les beaux-enfants, ce qui éviterait en particulier certains détournement d'institution (adoption à des fins successorales).

B. MODIFIER LES RÈGLES RÉGISSANT LES LIBÉRALITÉS

Une réflexion doit être entreprise sur l'assouplissement des règles en matière de libéralités, qu'il s'agisse des donations, des testaments ou des partages d'ascendant. Celles-ci restent très largement marquées par une défiance historique à l'égard des biens de mainmorte et par la crainte des captations. Cette défiance ne se justifie plus, alors que parallèlement se sont développés des mécanismes conventionnels qui permettent d'aménager la transmission du patrimoine après décès avec, au premier chef, l'assurance sur la vie.

Parce que les libéralités permettent d'adapter le régime successoral légal à chaque type de patrimoine familial, elles doivent être en mesure de jouer un rôle économique et social. À cet égard, il conviendrait d'examiner si un certain nombre de règles régissant le droit des libéralités ne pourraient être assouplies tels :

- l'interdiction des pactes sur succession future,
- le caractère restreint des bénéficiaires des donations partage.

Il y aurait lieu également de reprendre les réflexions sur l'introduction en France de la fiducie.

Il convient, enfin, de s'interroger sur la pertinence de deux règles : la révocabilité des donations entre époux et l'interdiction des libéralités dans les familles recomposées.

B1. Remettre en cause le principe de la révocabilité des donations entre époux

La règle en vigueur est une exception par rapport au principe général de l'irrévocabilité des donations. En outre, elle pénalise les époux par rapport aux concubins et induit des rigidités dans de nombreux actes juridiques. Elle n'encourage pas la responsabilité des époux.

> **Proposition**
>
> **Poser le principe de l'irrévocabilité des donations entre époux et n'autoriser la révocation de celles-ci qu'en cas de divorce,** la révocabilité prenant effet dès la date d'introduction de la procédure de divorce.
>
> Il faudrait, en cas de divorce, trouver des règles permettant de concilier sécurité des tiers (préservation des droits des sous-acquéreurs) et intérêts légitimes des divorçants.

B2. Autoriser les libéralités dans les familles recomposées

La présomption d'interposition de personne en cas de donation aux enfants ou parents de l'époux avec lequel on est remarié est une survivance de l'ancestrale « haine des secondes noces » caractéristique du droit de l'Ancien Régime (Rondeau-Rivier, 1987). Elle apparaît aujourd'hui très choquante.

> **Proposition**
>
> **Supprimer l'article 1100 du Code civil.**

III. La fiscalité en matière de successions et de libéralités

Il n'y a pas lieu de distinguer entre les droits successoraux à proprement parler et les libéralités et entre les droits en propriété ou ceux en usufruit (lesquels sont alors fictivement capitalisés).

L'imposition des successions est mal comprise par la population et considérée comme abusive. Les taux applicables et les

montants des abattements sont variables selon le degré de
parenté :

- Les taux applicables en ligne directe (descendants et
  ascendants) sont progressifs, par tranches allant de 5 à
  40 %.
- Les descendants comme les ascendants bénéficient d'un
  abattement de 300 000 francs chacun.
- Le conjoint survivant se voit appliquer également un tarif
  par tranche pratiquement identique au précédent (à l'exception de deux tranches) avec les mêmes taux que ci-
  dessus. Il bénéficie d'un abattement de 330 000 francs.
- En ligne collatérale, entre frère et sœur, le taux est de
  35 % pour la fraction de part nette taxable n'excédant pas
  150 000 francs et de 45 % au-delà.
- Entre parents jusqu'au quatrième degré inclusivement, le
  tarif est de 55 %.
- Au-delà du quatrième degré, il est de 60 %.

Quant aux concubins, ils sont considérés comme étrangers
l'un à l'autre et doivent payer les droits de succession au taux
de 60 % au-delà d'un abattement de 10 000 francs.

Abattements compris, seules 20 % des successions donnent
lieu actuellement au paiement de droits de mutation. Quant au
montant de ces droits, il représente actuellement moins de 1 %
de celui des recettes publiques. Ils se sont élevés, en 1994, à
3,781 milliards de francs pour les donations et 26,495 milliards
pour les successions. En 1995, les droits ont été plus faibles :
3,860 milliards pour les donations et 24,036 milliards pour les
successions.

Ces chiffres permettent de relativiser le débat controversé
sur d'éventuels aménagements de la fiscalité des successions et
libéralités.

La répartition des droits selon les héritiers, comparée au
taux applicable, est significative. En 1994 :

- 4 % de l'ensemble des droits de succession ont été payés
  par les conjoints,

- 39,6 % par les héritiers en ligne directe,
- 17,1 % par les frères et sœurs,
- 39,1 % par les autres collatéraux et non-parents.

Sur ce dernier chiffre, très important, on remarque en outre que les petites successions sont particulièrement concernées : sur 95 721 « autres collatéraux et non-parents », 79 422 ont été taxés pour une part assujettie inférieure à 300 000 francs.

Le souhait très généralement répandu dans les ménages d'une réduction de la fiscalité n'est pas nouveau. Il a pris cependant une acuité nouvelle avec la question de la transmission de l'entreprise familiale, taxée en droit français au même titre que les autres biens, à la différence de plusieurs droits étrangers.

Il ne saurait être question dans le cadre du présent rapport de développer des propositions techniques concernant l'adaptation des règles de la fiscalité applicables aux transmissions à titre gratuit. Cependant, force est de constater qu'un certain nombre d'entre elles sont particulièrement dissuasives et mal ressenties par les familles, qui pour les contourner n'hésitent pas à recourir à d'autres mécanismes de transmission (adoption de la communauté universelle, souscription d'une assurance vie, etc.) et, dans le cas des familles recomposées, à des adoptions qui n'ont d'autre but que d'échapper à la fiscalité.

Une réforme d'ensemble de la fiscalité des successions et donations devrait accompagner la réforme du droit civil, sous peine de lui faire perdre toute sa signification. On se contentera d'indiquer quelques-unes des propositions essentielles qui devraient être examinées.

A. REVALORISER LE MONTANT DES ABATTEMENTS

- À court terme, devrait être étudiée une revalorisation des abattements.
- En particulier, les donations entre grands-parents et

petits-enfants doivent être encouragées et la fiscalité applicable entre « étrangers » doit être revue.

Propositions

- *Aligner le régime des donations effectuées par les grands-parents au profit de leurs petits-enfants sur celui applicable entre parents et enfants.*
- *Relever significativement l'abattement quasi-dérisoire de 10 000 francs prévu à l'égard des « autres collatéraux » et non-parents ; au-delà, revoir le taux de 60 %, sans doute excessif, en aménageant des tranches.*

B. CRÉER DE NOUVEAUX CAS DE BÉNÉFICIAIRES

Certaines personnes, du fait de leur lien personnel particulier au *de cujus*, doivent pouvoir bénéficier d'abattements significatifs facilitant la transmission des biens, afin de tenir compte des grandes évolutions des liens familiaux et privés contemporains. Il s'agit de la transmission entre concubins et entre beaux-parents et beaux-enfants.

S'agissant du concubin, il ne paraît en effet pas envisageable d'en faire un héritier *ab intestat*, du fait du caractère fondamentalement « libre » du concubinage *(cf. supra chapitre « Concubinage »)*.

En revanche, il paraîtrait juste et conforme à la signification des unions contemporaines que dès lors que le concubin prédécédé a fait un testament en sa faveur, le concubin justifiant d'une certaine durée d'union ne soit pas considéré comme une sorte de « conjoint inférieur » en matière fiscale.

S'agissant du bel-enfant, il paraîtrait également normal que si son beau-parent souhaite lui léguer des biens, il en décide librement le montant, mais que le bel-enfant ne soit pas considéré, par le jeu de la fiscalité, comme un « sous-enfant ».

Propositions

Étendre le régime fiscal (abattements et taux) applicable aux époux aux libéralités entre concubins, sous condition d'une durée minimale de leur union (il paraît raisonnable de proposer une durée minimale de deux à trois ans, sachant que dans la grande majorité des cas, les unions seront beaucoup plus longues).

- *Étendre le régime fiscal (abattements et taux) applicable entre parents et enfants aux libéralités à l'égard du bel-enfant.*

BIBLIOGRAPHIE

Première partie

ARENDT H., *La Crise de la culture*, Gallimard, coll. Folio-Essais, 1991.

ARIÈS P., *L'Enfant et la vie familiale sous l'Ancien Régime*, Seuil, 1975.

ATTIAS-DONFUT C. (éd.), *Les Solidarités entre les générations*, Nathan, 1995.

ATTIAS-DONFUT C., « Les solidarités entre générations », *Données sociales*, INSEE, 1996.

BARAILLE J.-P., « L'âge de la retraite », *Données sociales*, INSEE, 1994.

BARRET-DUCROCQ F. et PISIER E., *Femmes en tête*, Flammarion, 1997.

BARRY C. DE et al., « Les aides financières entre ménages », *INSEE Première*, n° 441, avril 1996.

BASTARD B. et CARDIA-VONECHE L., *Divorcer aujourd'hui. Les processus de décision dans les situations de rupture familiale*, Rapport de recherches CNAF-CNRS, 1990.

BAUDELOT C. et ESTABLET R., *Allez les filles !*, Seuil, Points actuels, 1992.

BECCHI E. et JULIA D., *Histoire des enfants en Occident*, Seuil, 1998.

BLOSS T., *Les Liens de famille, sociologie des rapports entre les générations*, PUF, 1997.

BOURDELAIS P., *L'Âge de la vieillesse*, Odile Jacob, 1993.

BRUEL A., « Un avenir pour la paternité ? Jalons pour une politique de la paternité », rapport présenté au ministère de l'Emploi et de la Solidarité, 1997.

CARBONNIER J., « Le mariage », conférence à l'École nationale de la magistrature (ronéo), 1993.

CASTEL R., *Les Métamorphoses de la question sociale*, Fayard, 1993.

CAVELL S., *À la recherche du bonheur. Hollywood et la comédie du remariage*, Cahiers du cinéma, coll. Essais, 1993.

CHALVON-DEMERSAY S., « Une société élective. Scénarios pour un monde de relations choisies », *Terrain*, sept. 1997.

CHAUVEL L., « Âge et suicide », *Revue française de sociologie*, vol. XXXVIII, n° 4, 1997.

DECHAUX J.H., « Les échanges dans la parenté accentuent-ils les inégalités ? », *Sociétés contemporaines*, n° 17, 1994.

DECHAUX J.-H., *Le Souvenir des morts*, PUF, coll. Le lien social, 1997.

DESPLANQUES G., « Concilier vie familiale et vie professionnelle », *Recherches et Prévisions*, n° 36, juin 1994.

DONZELOT J. et ROMAN J., Introduction au n° spécial « Travail social », *Esprit*, mars-avril 1998.

DONZELOT J., *La Police des familles*, Éd. de Minuit, 1977.

DUBET F. et MARTUCELLI D., *Dans quelle société vivons-nous ?*, Seuil, 1998.

EEKELAAR J., *Regulating Divorce*, Oxford, Clarendon Press, 1991.

EHRENBERG A., *L'Individu incertain*, Calmann-Lévy, 1998.

FAGNANI J. et DESCOLONGES M., *La flexibilité dans l'emploi : un moyen de concilier sa vie familiale et sa vie professionnelle ou une nouvelle forme de précarité ?*, Rapport pour la DG 5 de la Commission des communautés européennes, déc. 1997.

FESTY P. et VALETAS M.-F., « Les pensions alimentaires à l'épreuve de la recomposition familiale », in *Les Recompositions familiales aujourd'hui*, Nathan, coll. Essais et recherches, 1993.

FESTY P., « L'évolution démographique récente », *Population*, n°s 4-6, 1995.

FINKIELKRAUT A., « La crise de la transmission », *Esprit*, décembre 1996.

FULCHIRON H. et GOUTTENOIRE-CORNU A., « Réformes législatives et permanence des pratiques : à propos de la généralisation de l'exercice en commun de l'autorité parentale par la loi du 8 janvier 1993 », *Recueil Dalloz*, 1997, 42e cahier, chronique.

GALLAND O., « Une entrée de plus en plus tardive dans la vie adulte », *Économie et Statistique*, INSEE nos 283-284, 1995.

GAUCHET M., *Le Désenchantement du monde*, Gallimard, 1985.

GAULLIER X., « Pluriactivité à tout âge », *Esprit*, décembre 1995.

HERAN F., « L'aide au travail scolaire, les mères persévèrent », INSEE *Première*, n° 350, décembre 1994.

HÉRITIER F., *Masculin/Féminin, la pensée de la différence*, Odile Jacob, 1996.

HERPIN N. et VERGER D., « Les étudiants, les autres jeunes, leur famille et la pauvreté », *Économie et Statistique*, INSEE nos 308-309-310, 1998.

HERPIN N. et OLIER L., « Familles monoparentales : aidées mais fragilisées », INSEE, France portrait social, 1997.

HURSTEL F., *La Déchirure paternelle*, PUF, 1996.

KAUFMANN J.-C., *Sociologie du couple*, PUF, coll. Que sais-je ? n° 2787, 1993.

KAUFMANN J.-C., « L'intégration conjugale », in *La Famille en questions*, Syros, 1996.

LAGRANGE H., « Violence : chômage et involution des mœurs », *Cahiers de l'osc*, n° 20, mars 1998.

LEGENDRE P., *L'Inestimable Objet de la transmission. Essai sur le principe généalogique en Occident*, Fayard, 1985.

LERIDON H. et GOKALP C., *Constance et inconstances de la famille*, INED-PUF, travaux et documents, 1994.

MARCHAND O. et THELOT C., *Deux Siècles de travail en France*, INSEE Études, 1991.

MARTIN C., *L'Après-divorce. Lien familial et vulnérabilité*, Presses universitaires de Rennes, 1997.

MARTIN C. et LE GALL D., « Transitions familiales, logiques de recomposition et modes de régulation conjugale », *Les Recompositions familiales aujourd'hui*, Nathan, coll. Essais et recherches, 1993.

MARUANI M., « Anciens clivages, nouveaux partages », in *La Famille en questions*, Syros, 1996.

MASSON A., « Quelle solidarité générationnelle ? État providence vs entraide familiale » (à paraître en 1998).

MEULDERS-KLEIN M.-T. et THÉRY I. (éds), *Les Recompositions familiales aujourd'hui*, Nathan, coll. Essais et recherches, 1993.

MEULDERS-KLEIN M.-T. et THÉRY I. (éds), *Quels repères pour les familles recomposées ?*, LGDJ, Droit et Société, n° 10, 1995.

MUXEL A., *Individu et mémoire familiale*, Nathan, 1996.

PARSONS T., « The Kinship System in Contemporary United States », in Bourricaud F., *Éléments pour une sociologie de l'action*, Plon, 1955.

PAUGAM S. et ZOYEM J.-P., « Le soutien financier de la famille : une forme essentielle de la solidarité », *Économie et Statistique*, INSEE n° 308-309-310, 1998.

ROUSSEL L. et BOURGUIGNON O., *La Famille après le mariage des enfants*, PUF, coll. Cahiers de l'INED, 1976.

ROUSSEL L., *La Famille incertaine*, Paris, Odile Jacob, 1989.

SEGALEN M., *Sociologie de la famille*, Armand Colin, 1981.

SINGLY F. DE et SCHULTEIS F., *Affaires de famille, affaires d'État*, Actes du colloque franco-allemand « sociologie de la famille », Éd. de l'Est, 1991.

SINGLY F. DE, *Le Soi, le couple et la famille*, Nathan, 1996.

THÉRY I., « Différence des sexes et différence des générations, l'institution familiale en déshérence », *Esprit*, décembre 1996.

THÉRY I., « Remariage et familles composées. Des évidences aux incertitudes », *L'Année sociologique*, 1987.

THÉRY I., *Le Démariage. Justice et vie privée*, Odile Jacob, 1993, et coll. Opus 1996.

TOULEMON L. et de GUIBERT-LANTOINE C., « Enquêtes sur la fécondité et la famille dans les pays de l'Europe. Résultats de l'enquête française », *Dossiers et recherches*, INED n° 55, décembre 1996.

TOULEMON L., « La cohabitation hors mariage s'installe dans la durée », *Population*, n° 3, 1996.

VILLENEUVE-GOKALP C., « Vivre en couple chacun chez soi », *Population*, n° 5, 1997.

Deuxième partie

BRUEL A., *Un avenir pour la paternité ? Jalons pour une politique de la paternité*, rapport présenté au ministère de l'Emploi et de la Solidarité, 1997.

BRUNET L., « Heurs et malheurs de la famille recomposée en droit français », *Les Recompositions familiales aujourd'hui*, Ouvrage collectif sous la direction de M.-T. Meulders-Klein et I. Théry, Nathan Essais et recherches, 1993.

CARBONNIER J., « Le droit entre le droit et le non droit. Conclusion juridique pour un colloque sur la nuptialité », *Population*, 47e volume, n° 3, mai-juin 1992.

COULON J.M., *Réflexions et propositions sur la procédure civile*, rapport au garde des Sceaux, ministre de la Justice, La Documentation française, 1997.

CORNU J., *Droit civil, La famille*, Montchrestien, 1996.

DEKEUWER-DEFOSSEZ F., « Couple et cohabitation », colloque de l'université de Reims, 20-21 juin 1997, Presses universitaires de Reims (à paraître en 1998).

FULCHIRON H., « Autorité parentale et famille recomposées », *Mélanges à la mémoire de D. Huet-Weiller*, LGDJ, 1994.

HENAFF G., « La communauté de vie du couple en droit français », RTD civ. (3) juillet-septembre 1996.

HÉRITIER F., *Les Deux Sœurs et leur mère. Anthropologie de l'inceste*, Odile Jacob, 1994, et coll. Opus 1997.

LABRUSSE-RIOU C., « La filiation en mal d'institution », *Esprit*, décembre 1996.

LEGENDRE P., *L'Inestimable Objet de la transmission. Étude sur le principe généalogique en Occident*, Fayard, 1985.

MEULDERS-KLEIN M.-T., « Le père dans la famille de demain », Ministère danois des Affaires sociales, Commission des communautés européennes 1993.

RONDEAU-RIVIER M.C., « La haine des secondes noces », *Dialogue*, n° 87, 1987.

RUBELLIN-DEVICHI J., *Les Concubinages en Europe*, presses du CNRS, 1989.

SCHMERBER J.L. (éd.), « Divorce à la mairie, le temps est venu », *Libération*, 25 février 1998.

SOSSON J., *Beaux-parents, beaux-enfants. Étude de droit civil comparé*, Thèse de doctorat, faculté de droit de l'université catholique de Louvain, 1995.

SULLEROT E., *Statut matrimonial : ses conséquences juridiques, fiscales et sociales*, rapport et projet d'avis présenté au Conseil économique et social, 1984.

THÉRY I., *Le Démariage. Justice et vie privée*, Odile Jacob, 1993, et coll. Opus 1996.

THÉRY I., DHAVERNAS M.J., *Le Beau-Parent dans les familles recomposées, rôle familial, statut social, statut juridique*, rapport de recherche CNRS-CNAF, 1991.

ANNEXES

Annexe 1

DONNÉES STATISTIQUES SUR LES ÉVOLUTIONS DÉMOGRAPHIQUES ET LES SITUATIONS FAMILIALES

Henri LERIDON
*Démographe, Directeur de recherche à l'*INED

Catherine VILLENEUVE-GOKALP
*Démographe, Chargée de recherche à l'*INED

1. **Données de l'état civil : mariages, naissances hors mariage, reconnaissances, légitimations, divorces**
2. **Situations et histoires conjugales des 20-49 ans : enquête INED (ESFE, 1994)**
3. **Situations et histoires familiales des enfants de moins de 18 ans (ESFE, 1994)**[1]
4. **Comparaisons européennes (données Eurostat) : fécondité, nuptialité, divortialité, naissances hors mariage**

---

1. Les tableaux 8 à 10 sont des données provisoires (article de C. Villeneuve-Gokalp à paraître dans *Population* en 1998).

1. Données de l'état civil : mariages, naissances hors mariages, reconnaissances, légitimations, divorces.

Tableau 1. – Évolution du nombre de mariages, de divorces et de la fréquence des naissances hors mariage.

	Mariages (milliers)	Divorces et séparations (milliers)	Naissances hors mariage (p. 100 naiss.)	Âge moyen au 1er mariage (femmes)
1960	320	32,6	6,1	23,0
1961	315	33,3	5,9	23,0
1962	317	32,9	5,9	22,9
1963	340	32,9	5,9	22,7
1964	347	36,0	5,9	22,7
1965	346	37,8	5,9	22,7
1966	340	39,6	5,9	22,7
1967	346	40,0	6,1	22,7
1968	357	38,3	6,4	22,7
1969	381	39,7	6,5	22,6
1970	394	41,0	6,8	22,6
1971	406	43,4	7,0	22,6
1972	417	46,8	7,5	22,5
1973	401	49,4	8,2	22,5
1974	395	55,1	8,5	22,5
1975	387	57,8	8,5	22,5
1976	374	62,6	8,5	22,6
1977	368	73,0	8,8	22,7
1978	355	75,9	9,4	22,8
1979	340	80,3	10,3	22,8
1980	334	83,0	11,4	23,0
1981	315	89,2	12,7	23,1
1982	312	96,3	14,2	23,3
1983	301	100,8	15,9	23,5
1984	281	106,4	17,8	23,8
1985	269	110,4	19,6	24,2
1986	266	111,3	21,9	24,4
1987	265	109,5	24,1	24,7
1988	271	109,1	26,3	25,0
1989	280	108,3	28,2	25,3
1990	287	108,8	30,1	25,5
1991	280	111,0	31,8	25,8
1992	271	111	33,2	26,1
1993	255	114	34,9	26,4
1994	254	119	36,1	26,7
1995	255	124	37,6	27,0
1996	280			
1997	284			

Source (tabl. 1 à 3, graph. 1-2 : H. Leridon et C. Villeneuve-Gokalp, *Constance et inconstances de la famille*, PUF (*Cahier INED 134*), 1994.

Tableau 2. – Les reconnaissances paternelles depuis 1965.

a) Nombre de reconnaissances paternelles d'enfants nés hors mariage (données estimées pour 1967 et 1977)									
Année de naissance (a)	Nombre total de naiss.	Nombre de naiss. hors mar.	A la naissance	La même année	Reconnaissance :				
					Au cours de l'année...				
					a+1	a+2	a+3	a+4	a+5
1965	862 333	50 888	11 358	8 380	4 770	3 300	2 476	1 830	1 434
1975	745 065	63 429	25 210	10 249	4 058	2 800	2 175	1 525	1 211
1985	768 431	150 492	85 989	21 430	5 612	3 574	3 914	2 802	2 064
1986	778 468	170 682	100 430	24 484	5 865	4 257	4 454	2 976	2 250
1987	767 828	184 926	111 480	25 799	6 062	4 902	4 524	3 113	
1988	771 268	203 066	124 990	28 309	7 025	4 942	4 742		
1989	765 473	216 063	137 478	29 927	7 038	4 884			
1990	762 407	229 107	150 589	30 816	7 087				
1991	759 056	241 628	163 645	32 985					

b) Pourcentage cumulé d'enfants reconnus (pour 100 nés hors mariage) selon l'âge au moment de la reconnaissance								
Année de naissance (a)	Naiss. hors mariage	Rec. à la naissance	Reconnus au cours de l'année...					
			a	a+1	a+2	a+3	a+4	a+5
1965	100,0	22,3	38,8	48,2	54,6	59,5	63,1	65,9
1975	100,0	39,7	55,9	62,3	66,7	70,1	72,5	74,5
1985	100,0	57,1	71,4	75,1	77,5	80,1	81,9	83,3
1986	100,0	58,8	73,2	76,6	79,1	81,7	83,5	84,8
1987	100,0	60,3	74,2	77,5	80,2	82,6	84,3	
1988	100,0	61,6	75,5	79,0	81,4	83,7		
1989	100,0	63,6	77,5	80,7	83,0			
1990	100,0	65,7	79,2	82,3				
1991	100,0	67,7	81,4					

NB. Ce tableau ne tient pas compte des reconnaissances paternelles faites avant la naissance, qui donnent ensuite lieu à une reconnaissance au moment de la naissance, ou plus tard. On a enregistré 2 975 reconnaissances de ce type en 1965, et 89 434 en 1991.

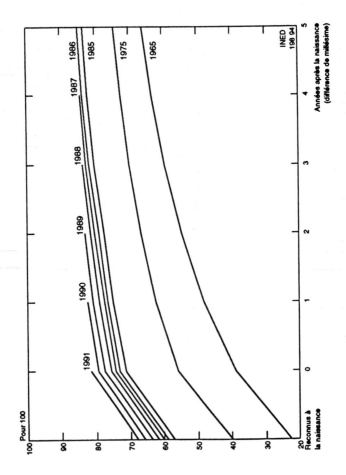

Graphique 1 – Pourcentage cumulé de reconnaissances paternelles
par année de naissance de l'enfant et âge
(pour 100 naissances hors mariage).

Tableau 3 – Enfants légitimés par mariage (1960-1991).

a) Effectifs (1960-1991)				
Année (a)	Naissances hors mariage	Mariages légitimants	Nb enfants légitimés	Légitimés p. 100 nés hors mar. (a-3)
1960	49 430	19 401	26 657	53,3
1965	50 888	19 905	27 684	55,4
1970	57 866	21 079	27 890	55,8
1975	63 429	22 987	29 827	49,7
1980	91 115	23 120	28 995	44,6
1981	102 146	24 436	31 073	44,4
1982	113 398	26 444	33 466	41,8
1983	118 851	28 434	36 030	39,5
1984	135 265	28 523	36 485	35,7
1985	150 492	30 636	39 400	34,7
1986	170 682	33 736	43 510	36,6
1987	184 926	38 268	49 671	36,7
1988	203 066	41 501	54 071	35,9
1989	216 063	46 648	61 191	35,9
1990	229 107	50 481	66 962	36,2
1991	241 628	51 807	69 468	34,2

b) Estimation du pourcentage d'enfants jamais légitimés		
Année	Naissances hors mariage (p. 100 naiss.)	Dont : enfants jamais légitimés (p. 100 naiss.)
1960	6,1	2,7
1970	6,8	3,4
1980	11,4	6,8
1981	12,7	8,1
1982	14,2	9,2
1983	15,9	10,0
1984	17,8	11,2
1985	19,6	12,5
1986	21,9	14,0
1987	24,1	15,4
1988	26,3	16,8
1989	28,2	18,6
1990	30,1	
1991	31,8	

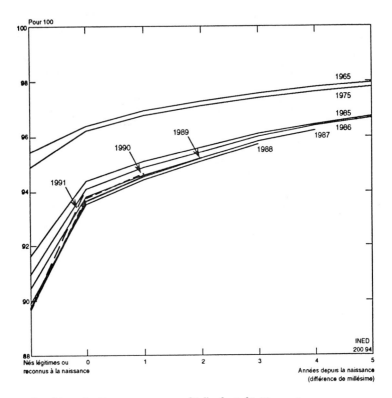

Graphique 2 – Pourcentage cumulé d'enfants légitimes et reconnus par année de naissance de l'enfant et âge (pour 100 naissances).

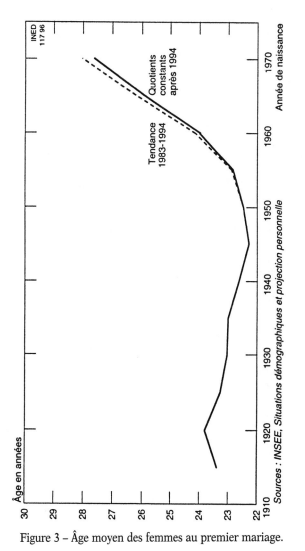

Figure 3 – Âge moyen des femmes au premier mariage.

Source : L. Toulemon, « La cohabitation hors mariage s'installe dans la durée », *Population*, 1996, n° 3.

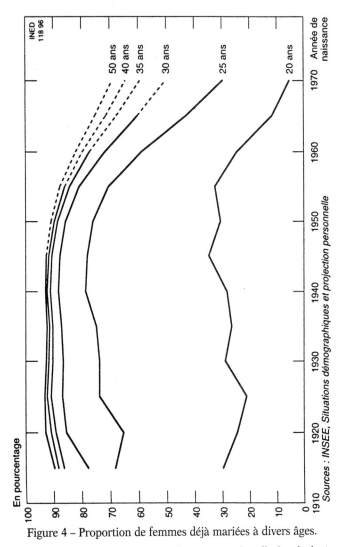

Figure 4 – Proportion de femmes déjà mariées à divers âges.

Source : L. Toulemon, « La cohabitation hors mariage s'installe dans la durée »,
Population, 1996, n° 3.

2. Situations et histoires conjugales des 20-49 ans : enquête INED (ESFE, 1994).

Tableau 4 – Situations conjugales à l'enquête (mars 1994)
p. 100 hommes et p. 100 femmes de chaque groupe d'âges.

Âge	En couple		Non en couple	
	marié	non marié	rel. amour stable	pas de relation
Hommes				
20-24 ans	4,1	19,5	30,2	46,1
25-29	29,9	33,1	9,3	27,7
30-34	56,2	23,8	2,6	17,3
35-39	67,4	17,4	3,1	12,1
40-44	72,4	12,5	2,3	12,8
45-49	76,3	10,9	1,4	11,3
Ens. 20-49	**50,9**	**19,7**	**8,1**	**21,3**
Ens. 21-44				
1994	47,1	21,5	8,6	22,8
1986	62,6	10,0	6,8	20,6
Femmes				
20-24 ans	12,3	28,3	20,8	38,6
25-29	45,5	31,5	10,0	12,9
30-34	60,1	21,0	4,1	14,8
35-39	70,9	11,0	4,5	13,6
40-44	72,5	9,3	5,1	13,2
45-49	70,6	6,1	3,3	20,0
Ens. 20-49	**55,4**	**18,0**	**8,0**	**18,7**
Ens. 21-44				
1994	54,0	20,0	7,8	18,2
1986	68,8	9,7	7,1	14,4

Ce tableau présente les situations conjugales, à l'enquête, des 5000 hommes et femmes interrogés. On distingue les personnes « en couple » des « non en couple », la situation étant appréciée par les répondants eux-mêmes ; ainsi, certains couples ne partagent pas en permanence le même domicile. Parmi les « non en couple », on a distingué ceux ou celles déclarant « avoir une relation amoureuse stable »

Source : De Guibert, Leridon, Toulemon, Villeneuve-Gokalp, « La cohabitation adulte », *Population et Sociétés*, sept. 1994.

Tableau 5 – Nombre d'unions selon le sexe et l'âge
pour 100 hommes et 100 femmes de chaque groupe d'âges.

Âge à l'enquête	HOMMES			FEMMES		
	0 union	1 union	2 unions ou +	0 union	1 union	2 unions ou +
20-24	70,3	27,4	2,3	52,8	42,8	4,4
25-29	28,4	59,0	12,6	12,7	75,4	11,9
30-34	12,2	73,2	14,6	7,8	75,5	16,7
35-39	7,6	69,6	22,8	6,7	79,4	13,9
40-44	6,0	74,3	19,7	3,6	80,1	16,3
45-49	5,2	79,8	15,0	4,7	81,6	13,7
Ens. 20-49	**21,6**	**63,8**	**14,6**	**14,6**	**72,5**	**12,9**
Ens. 21-44						
1994	**23,4**	**61,9**	**14,7**	**15,1**	**71,9**	**13,0**
1986	**21,9**	**69,5**	**8,6**	**12,9**	**77,8**	**9,3**

Source : cf. Tableau 4.

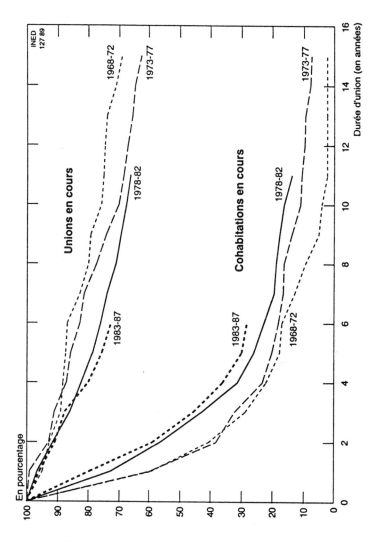

Figure 5 – Devenir des premières unions des femmes
commencées hors mariage (en %), selon la durée depuis le début
de l'union, par promotion d'union.

Tableau 6 – Devenir à dix ans des premières unions
commencées hors mariage.

Date du début de l'union		Vers 1970	Vers 1980	Vers 1990*
Unions encore en cours	dont : mariés	71	51	31
	dont : non mariés	4	16	30
Unions rompues	dont : après mariage	11	11	9
	dont : sans mariage	14	22	30
Total		100	100	100

* Projection.
Source : L. Toulemon, *Population*, 1996, n°4.

3. Situations et histoires familiales des enfants de moins de 18 ans (ESFE, 1994).

Tableau 7 – Nombre d'enfants mineurs selon leur situation familiale
(1990).

A. nés d'une mère vivant seule	500 000	
nés de parents vivant ensemble non mariés	1 500 000	
nés hors mariage légitimés		7 à 800 000
nés hors mariage non légitimés		7 à 800 000
B. séparés d'un de leurs parents	2 100 000	
séparés, puis famille recomposée*		750 000
séparés, famille restée monoparentale		1 300 000
C. vivant avec un couple non marié	1 200 000	
couple de célibataires		600 000
couple, anciennement marié		600 000
vivant en famille monoparentale	1 400 000	
mère célibataire		300 000
autres		1 100 000
D. vivant avec des demi-frères plus jeunes**	400 000	
vivant avec des demi-frères plus âgés	500 000	

* Certaines de ces familles ont pu ensuite se séparer à nouveau et redevenir monoparentales.
** Il s'agit uniquement de demi-frères vivant dans le même logement.
Sources : Recensement (INSEE).
        Enquête famille (INSEE).
        Estimations.   (INED, *23ᵉ Rapport*, 1994)

Tableau 8 – Situation familiale des enfants de moins de 18 ans
en mars 1994, selon l'âge des enfants.

Enfants résidant avec :	Effectifs observés	Effectifs pondérés (en milliers)	Ensemble	0-2 ans	3-5 ans	6-8 ans	9-11 ans	12-14 ans	15-17 ans
leurs deux parents	3 605	9 672	82,8	91,9	87,7	82,7	83,0	78,2	73,8
Un parent non en couple	1 265	1 342	11,5	7,6	9,9	11,0	10,6	14,2	15,6
dont : la mère	1 165	1 249	10,7	7,4	9,5	10,2	9,9	13,1	13,9
le père	100	93	0,8	0,2	0,4	0,8	0,7	1,1	1,7
Un parent et son nouveau conjoint	509	538	4,6	0,3	1,7	5,1	5,1	6,9	8,2
dont : la mère	430	459	3,9	0,3	1,5	4,5	4,5	5,7	6,7
le père	79	79	0,7	0,0	0,2	0,6	0,6	1,2	1,5
Aucun parent	104	132	1,1	0,2	0,7	1,2	1,3	0,8	2,4
TOTAL	5 483	11 684	100,0	100,0	100,0	100,0	100,0	100,0	100,0

Source des tableaux 8 à 10 : Enquête INED 1994 (ESFE). Article de C. Villeneuve-Gokalp à paraître dans *Population* en 1998 (données provisoires).

Tableau 9 – L'origine de la séparation des parents.

	Effectifs observés	Effectifs pondérés (en milliers)	% sur l'ensemble des enfants	% sur les enfants séparés d'un (ou des 2) parent(s)
Ensemble dont :	1 878	2 012	17,2	100
Parents séparés par				
• divorce	1 018	1 022	8,7	50,8
• séparation d'une union libre	345	412	3,5	20,5
• décès	207	234	2,0	11,6
• n'ont jamais vécu ensemble	148	159	1,4	7,9
• père inconnu	120	133	1,1	6,6
• origine de la séparation inconnue	16	23	0,2	1,1
Parents unis mais enfant séparé de ses parents	24	29	0,3	1,4

Tableau 10 – Fréquence des rencontres avec le père des enfants qui résident avec leur mère, selon la nouvelle situation familiale de chaque parent et leur mode de séparation *(si le père est vivant)*.

	Effectifs observés	mi-temps ou plus	1 fois par semaine	tous les 15 jours	1 fois par mois ou toutes vacances scolaires	moins d'1 fois par mois	jamais	Père inconnu	Non réponse	TOTAL
Ensemble 1994	1 381	8	12	20	5	18	24	8	5	100
dont : enfants dont le père n'est pas inconnu	*1 276*	*9*	*13*	*22*	*5*	*20*	*26*	*-*	*5*	*100*
Ensemble 1986	1 237	6	6	15	7	23		3 0	13	100
1994 :										
Enfant résidant avec :										
sa mère + un beau-père + enfant du couple	181	5	5	19	6	18	33	7	6	100
sa mère + un beau-père, pas d'enfant	210	6	12	26	5	14	29	7	1	100
sa mère seule, avec une relation stable	215	18	18	18	2	15	14	5	10	100
sa mère seule, sans relation	775	7	11	19	6	20	22	9	5	100
Situation familiale du père										
Père + belle-mère + enfant du couple	156	3	6	22	4	29	31	-	5	100
Père + belle-mère, pas d'enfant	312	6	15	33	8	23	15	-	0	100
Père seul	452	19	19	24	7	18	11	-	2	100
Situation du père inconnue	356	3	5	9	4	15	49	-	15	100

4. Comparaisons européennes (données Eurostat) : fécondité, nuptialité, divortialité, naissances hors mariage.

Tableau 11 – Indicateur conjoncturel de fécondité
(nombre d'enfants par femme).

	1995	1994	1993	1992	1991	1990	1989	1988	1987	1986	1985
EUR 15	…	1,45*	1,46*	1,51	1,53	1,57	1,56	1,59	1,57	1,58	1,60
B	…	1,55*	1,59*	1,65	1,66	1,62	1,58	1,57	1,54	1,54	1,51
DK	…	1,80	1,75	1,76	1,68	1,67	1,62	1,56	1,50	1,48	1,45
D	…	1,26	1,28	1,30	1,33	1,45	1,42	1,46	1,43	1,41	1,37
EL	…	1,35	1,34	1,38	1,38	1,39	1,40	1,50	1,50	1,60	1,68
E	…	1,22*	1,25	1,29	1,30	1,34	1,38	1,43	1,48	1,54	1,63
F	…	1,65	1,65	1,73	1,77	1,78	1,79	1,81	1,80	1,83	1,81
IRL	…	1,86	1,93	2,01	2,09	2,12	2,09	2,18	2,33	2,46	2,50
I	…	1,22*	1,26	1,31	1,31	1,34	1,33	1,36	1,32	1,34	1,42
L	…	1,72	1,70	1,64	1,60	1,61	1,52	1,51	1,40	1,43	1,38
NL	…	1,57	1,57	1,59	1,61	1,62	1,55	1,55	1,56	1,55	1,51
A	…	1,44	1,48	1,49	1,49	1,45	1,44	1,44	1,43	1,45	1,47
P	…	1,44	1,52	1,54	1,57	1,57	1,58	1,62	1,62	1,66	1,72
FIN	…	1,85	1,81	1,85	1,79	1,78	1,71	1,69	1,59	1,60	1,65
S	…	1,88	1,99	2,09	2,11	2,13	2,01	1,96	1,84	1,80	1,74
UK	…	1,74	1,75	1,79	1,81	1,83	1,79	1,82	1,81	1,78	1,79
ISL	…	2,14	2,22	2,21	2,18	2,30	2,19	2,25	2,06	1,93	1,93
NOR	…	1,86	1,86	1,88	1,92	1,93	1,89	1,84	1,75	1,71	1,68
EEA	…	1,45*	1,47*	1,51	1,53	1,57	1,56	1,59	1,58	1,59	1,60
CHE	…	1,49	1,51	1,58	1,53	1,59	1,56	1,57	1,52	1,53	1,52
USA	…	2,05*	2,05	2,06	2,07	2,08	2,01	1,93	1,87	1,84	1,84
CAN	…	…	1,66	1,69	1,70	1,71	1,66	1,60	1,58	1,59	1,61
JPN	…	1,50	1,46	1,50	1,53	1,54	1,57	1,66	1,69	1,72	1,76

D: y compris l'ex-RDA pour toutes les années.

Statistiques démographiques, 1996, Eurostat.

Pour en savoir plus

Source tableaux 11-12 : Eurostat, *Annuaire*, 1996.

Tableau 12 – Descendance finale des générations (nombre d'enfants par femme).

	1930	1935	1940	1945	1950	1955	1956	1957	1958	1959	1960
EUR 15				2,05	1,96	1,90	1,88	1,86	1,85	1,82	1,80
B	2,30	2,27	2,17	1,94	1,84	1,83	1,83	1,84	1,84	1,83	1,85
DK	2,36	2,38	2,24	2,06	1,90	1,84	1,84	1,85	1,85	1,86	1,87
D	2,17	2,16	1,98	1,79	1,72	1,67	1,67	1,65	1,65	1,64	1,63
EL	2,21	2,02	2,01	2,00	2,07	2,03	1,99	1,92	1,90	1,93	1,93
E	2,59	2,67	2,59	2,43	2,19	1,90	1,87	1,85	1,80	1,75	1,69
F	2,64	2,58	2,41	2,22	2,11	2,13	2,13	2,12	2,11	2,09	2,07
IRL	3,50	3,44	3,27	3,27	3,00	2,67	2,57	2,53	2,47	2,42	2,37
I	2,29	2,29	2,14	2,07	1,90	1,79	1,76	1,73	1,69	1,67	1,63
L	1,97	2,00		1,82	1,72	1,68	1,69	1,68	1,66	1,70	1,71
NL	2,65	2,50	2,21	1,99	1,90	1,87	1,87	1,86	1,86	1,83	1,84
A	2,32	2,45	2,17	1,77	1,89	1,70	1,73	1,71	1,68	1,69	1,66
P	2,95	2,85	2,61	2,31	2,12	1,97	1,95	1,93	1,94	1,90	1,86
FIN	2,51	2,30	2,03	1,87	1,85	1,88	1,90	1,92	1,93	1,93	1,93
S	2,11	2,14	2,05	1,96	2,00	2,03	2,04	2,05	2,06	2,05	2,06
UK	2,35	2,41	2,36	2,17	2,03	2,02	2,02	2,00	1,98	1,96	1,94
ISL	3,50				2,67	2,47	2,43	2,49	2,48	2,46	2,49
NOR	2,49	2,57	2,45	2,21	2,09	2,05	2,05	2,06	2,06	2,06	2,06
EEA					1,96	1,90	1,89	1,87	1,85	1,82	1,80
CHE	2,18	2,20	2,07	1,85	1,79	1,75	1,74	1,73	1,74	1,76	1,76
USA	3,16	3,16	2,78	2,29	2,03						
CAN											
JPN					2,01	1,97	2,01	2,06	2,04	2,03	2,10

Statistiques démographiques, 1996, Eurostat.

D: y compris l'ex-RDA pour toutes les années.

Pour en savoir plus

Tableau 13 – Taux bruts de nuptialité, 1960-1994
(nombre annuel de mariages, pour 1 000 hab.).

	EUR 15	B	DK	D	GR	E	(F)	IRL	I'[1]	L	NL
1960	7,9	7,2	7,8	9,5	7,0	7,7	7,0	5,5	7,7	7,1	7,8
1965	7,8	7,0	8,8	8,2	9,4	7,1	7,1	5,9	7,7	6,6	8,8
1970	7,7	7,6	7,4	7,4	7,7	7,3	7,8	7,0	7,3	6,4	9,5
1975	7,2	7,3	6,3	6,7	8,5	7,6	7,4	6,7	6,7	6,8	7,3
1980	6,3	6,7	5,2	6,3	6,5	5,9	6,2	6,4	5,7	5,9	6,4
1985	5,8	5,8	5,7	6,4	6,4	5,2	4,9	5,3	5,3	5,4	5,7
1989	6,2	6,4	6,0	6,7	6,1	5,7	5,0	5,2	5,7	5,8	6,1
1990	6,0	6,5	6,1	6,5	5,8	5,7	5,1	5,1	5,6	6,1	6,4
1991	5,6	6,1	6,0	5,7	6,4	5,6	4,9	4,9	5,5	6,7	6,3
1992	5,5	5,8	6,2	5,6	4,7	5,6	4,7	4,7	5,5	6,4	6,2
1993	5,3 P	5,4	6,1	5,5	6,0	5,2 P	4,4	4,4 P	5,3	6,0	5,8
1994	5,2 *	5,1	6,8	5,4	5,4	5,0 P	4,4	4,6 P	5,0 P	5,8	5,4

[1] Total des mariages égal aux mariages de femmes résidant dans le pays

	A	P	FIN	S	UK	IS	FL	N	EEE	CH
1960	8,3	7,8	7,4	6,7	7,5	7,4	5,7	6,6	7,9	7,8
1965	7,8	8,4	7,9	7,8	7,8	8,1	6,9	6,5	7,7	7,7
1970	7,1	9,4	8,8	5,4	8,5	7,8	5,9	7,6	7,7	7,6
1975	6,1	11,3	6,7	5,4	7,7	7,7	6,8	6,5	7,2	5,6
1980	6,2	7,4	6,1	4,5	7,4	5,7	7,1	5,4	6,3	5,7
1985	5,9	6,8	5,3	4,6	6,9	5,2	6,5	4,9	5,8	6,0
1989	5,6	7,4	4,9	12,8	6,8	4,7	5,7	4,9	6,2	6,8
1990	5,8	7,2	5,0	4,7	6,5	4,5	5,6	5,2	5,9	6,9
1991	5,6	7,3	4,9	4,3	6,1	4,8	6,3	4,7	5,6	7,0
1992	5,8	7,1	4,7	4,3	6,1	4,8	14,2	4,5	5,5	6,6
1993	5,6	6,9	4,9	3,9	5,9	4,6	7,5	4,5	5,3 P	6,2
1994	5,4	6,7	4,9	3,9	:	4,9	6,9	4,8	5,2 *	6,1

Source tableaux 13 à 15 : Eurostat, *Situation démographique*, 1996.

Tableau 14 – Taux bruts de divortialité, 1960-1994
(nombre annuel de divorces, pour 1 000 hab.).

	EUR 15	B	DK	D	GR	E	(F)	IRL	I	L	NL
1960	0,5	0,5	1,5	1,0	0,3	:	0,7	:	:	0,5	0,5
1965	0,6	0,6	1,4	1,1	0,4	:	0,7	:	:	0,4	0,5
1970	0,8	0,7	1,9	1,3	0,4	:	0,8	:	:	0,6	0,8
1975	1,3	1,1	2,6	1,9	0,4	:	1,1	:	0,2	0,6	1,5
1980	1,4	1,5	2,7	1,8	0,7	:	1,5	:	0,2	1,6	1,8
1985	1,7	1,9	2,8	2,3	0,8	0,5	1,9	:	0,3	1,8	2,3
1989	1,7	2,0	3,0	2,2	0,6	0,6	1,9	:	0,5	2,3	1,9
1990	1,7	2,0	2,7	2,0	0,6	0,6	1,9	:	0,5	2,0	1,9
1991	1,6	2,1	2,5	1,7	0,6	0,7	1,9	:	0,5	2,0	1,9
1992	1,6	2,2	2,5	1,7	0,6	0,7	1,9	:	0,5	1,8	2,0
1993	1,7	2,1	2,5	1,9	0,7	0,7	1,9	:	0,4	1,9	2,0
1994	:	2,2	2,6	2,0	0,7	:	:	:	0,5	1,7	2,4

	A	P	FIN	S	UK	IS	FL	N	EEE	CH
1960	1,1	0,1	0,8	1,2	0,5	0,7	:	0,7	0,5	0,9
1965	1,2	0,1	1,0	1,2	0,7	0,9	:	0,7	0,6	0,8
1970	1,4	0,1	1,3	1,6	1,1	1,2	:	0,9	0,8	1,0
1975	1,4	0,2	2,0	3,1	2,3	1,8	0,7	1,4	1,3	1,4
1980	1,8	0,6	2,0	2,4	2,8	1,9	0,8	1,6	1,4	1,7
1985	2,0	0,9	1,8	2,4	3,1	2,2	:	2,0	1,7	1,8
1989	2,0	1,0	2,9	2,2	2,9	2,1	1,0	2,2	1,7	1,9
1990	2,1	0,9	2,6	2,3	2,9	1,9	0,9	2,4	1,7	2,0
1991	2,1	1,1	2,6	2,3	3,0	2,1	1,2	2,5	1,7	2,0
1992	2,1	1,3	2,6	2,5	3,0	2,0	1,1	2,4	1,7	2,1
1993	2,0	1,2	2,5	2,5	3,1	2,0	1,3	2,5	1,7	2,2
1994	2,1	1,4	2,7	2,5	:	1,8	1,3	2,5	:	2,2

Tableau 15 – Proportion de naissances hors mariage, 1960-1994
(pour 100 naissances vivantes).

	EUR 15	B	DK	D	GR	E	F	IRL	I¹	L	NL
1960	5,1	2,1	7,8	7,6	1,2	2,3	6,1	1,6	2,4	3,2	1,4
1965	5,0	2,4	9,5	5,8	1,1	1,7	5,9	2,2	2,0	3,7	1,8
1970	5,6	2,8	11,0	7,2	1,1	1,4	6,9	2,7	2,2	4,0	2,1
1975	6,8	3,1	21,7	8,5	1,3	2,0	8,5	3,7	2,6	4,2	2,1
1980	9,6	4,1	33,2	11,9	1,5	3,9	11,4	5,0	4,3	6,0	4,1
1985	14,9	7,1	43,0	16,2	1,8	8,0	19,6	8,5	5,4	8,7	8,3
1989	18,9	11,3	46,1	15,5	2,1	9,4	28,2	12,8	6,1	11,8	10,7
1990	19,6	11,6	46,4	15,3	2,2	9,6	30,1	14,6	6,5	12,8	11,4
1991	20,5	12,6	46,5	15,1	2,4	10,0	31,8	16,6	6,7	12,2	12,0
1992	21,1 P *	13,6 P	46,4	14,9	2,6	10,5	33,2	18,2	6,7	12,7	12,4
1993	:	:	46,8	14,8	2,8	10,8	34,9	19,5	7,4	12,9	13,1
1994	:	:	46,9	15,4	2,9	:	:	19,7	:	12,7	14,3

1 Les données se réfèrent à la population de fait

	A	P	FIN	S	UK	IS	FL	N	EEE	CH
1960	13,0	9,5	4,0	11,3	5,2	25,3	3,7	3,7	5,1	3,8
1965	11,2	7,8	4,6	13,8	7,3	26,9	4,6	4,6	5,0	3,9
1970	12,8	7,3	5,8	18,6	8,0	29,9	4,5	6,9	5,6	3,8
1975	13,5	7,2	10,1	32,8	9,0	33,0	3,6	10,3	6,8	3,7
1980	17,8	9,2	13,1	39,7	11,5	39,7	5,3	14,5	9,7	4,7
1985	22,4	12,3	16,4	46,4	18,9	48,0	5,4	25,8	15,1	5,6
1989	22,6	14,5	22,9	51,8	26,6	52,9	7,5	36,4	19,2	5,9
1990	23,6	14,7	25,2	47,0	27,9	55,2	6,9	38,6	19,9	6,1
1991	24,8	15,6	27,4	48,2	29,8	56,4	7,7	40,9	20,9	6,5
1992	25,2	16,1	28,9	49,5	30,8	57,3	14,7	42,9	21,4 P	6,2
1993	26,3	17,0	30,3	50,4	31,8	58,3	7,7	44,4	22,1 *	6,3
1994	26,8	17,8	31,3	51,6	32,0	59,6	8,4	45,9	:	6,4

INTÉGRATION DES JEUNES
D'ORIGINE ÉTRANGÈRE

Michèle TRIBALAT
*Directrice de recherche à l'*INED

Introduction

Si l'on parle beaucoup des « jeunes issus de l'immigration », terme barbare qui désigne plus simplement des personnes nées en France de parents immigrés, l'information statistique permettant de les connaître est rarissime. Les seules données quantitatives disponibles sont celles collectées dans l'enquête « Mobilité géographique et insertion sociale » conduite par l'INED, en 1992, avec le concours de l'INSEE, auprès de 13 000 personnes et comprenant, entre autres, un échantillon représentatif de près de 2 000 jeunes âgés de 20-29 ans d'origine algérienne, espagnole ou portugaise [1].

L'information statistique sur le phénomène migratoire était, jusque-là, obtenue par défaut : aucune collecte à visée statistique ne concernait spécifiquement la question des conditions de vie et du processus d'assimilation et d'intégration

---

1. Cette enquête comprenait, en outre, un échantillon représentatif de populations immigrées (personnes venues en France comme étrangères, quelle que soit leur nationalité actuelle) et un échantillon représentatif de la population française, afin de mener les comparaisons adéquates.

sociale des populations immigrées ou d'ascendance immigrée. L'information statistique provenait donc d'informations glanées à partir d'opérations de collectes généralistes, dans lesquelles la nationalité était trop souvent la seule variable ayant quelque rapport avec le phénomène migratoire. Quelquefois cela allait jusqu'au pays de naissance et exceptionnellement l'année et l'âge d'entrée en France. Mais rien, absolument rien, sur les personnes nées en France d'ascendance immigrée, presque toutes françaises dès la majorité[1].

La première innovation apportée par l'enquête MGIS est donc de transformer en objet principal d'observation des populations traitées de manière secondaire. La seconde a été d'adapter la méthodologie aux questions posées, contre l'idéologie dominante qui ne concevait d'autre distinction possible que celle de la nationalité.

La connaissance des populations d'ascendance immigrée est de la plus haute importance pour apprécier le processus d'assimilation et d'intégration sociale et les obstacles qu'il rencontre. Ces jeunes ont été complètement élevés et socialisés en France. L'actualité les porte bien souvent sur la scène médiatique à travers les débats sur l'immigration, la délinquance, les banlieues, l'école ou l'islam. Ils apparaissent ainsi trop souvent comme des populations à problèmes, sans qu'on sache toujours relativiser l'importance de ces questions d'actualité par une représentation plus générale et plus juste que celle forgée à travers les faits divers.

L'enquête MGIS est apparue comme l'outil d'observation qui avait permis de « remettre les pendules à l'heure ». L'accueil fait par la presse a d'ailleurs poussé jusqu'à la caricature cet aspect des choses, en en faisant l'instrument de contestation des perceptions communes. Pourtant, s'il faut savoir donner une information rigoureuse de dimension nationale qui permette de relativiser les savoirs particuliers de chacun, il faut aussi veiller à diversifier les niveaux d'information et permettre, ainsi, à l'opinion publique d'accéder à une plus grande com-

---

1. Et se déclarant généralement françaises de naissance. Cf. M. Tribalat, *Cent ans d'immigration. Étrangers d'hier, Français d'aujourd'hui*, INED/PUF, 1991.

plexité de la représentation du réel qui aide chacun à situer sa perception dans un ensemble hiérarchisé. S'il faut diversifier les niveaux d'observation (national et local), il faut éviter qu'un niveau ne vienne recouvrir l'autre, au gré de l'actualité, et qu'ils ne soient opposés comme versions concurrentes de description du réel.

Cet objectif devient un véritable impératif lorsque l'observation nationale fait la moyenne de situations locales très contrastées. Avant de jeter l'anathème sur les perceptions communes, il faut s'assurer, par la construction d'un dispositif d'observation intégrant différents niveaux de réalité, que l'on ne se trompe pas dans l'analyse de la situation. Il n'y a, en effet, rien de pire pour engendrer les frustrations qu'une négation du vécu des gens.

On trouvera dans ce qui va suivre quelques éléments de compréhension de la situation nationale globale, mais aussi de certaines situations extrêmes [1].

I

Éléments de connaissance de la situation française globale

Pour mieux comprendre la situation des jeunes d'origine étrangère, il est important de donner quelques caractéristiques spécifiques de ces jeunes.

---

1. Tirant les enseignements d'une enquête locale réalisée récemment, étude préliminaire à l'élaboration d'un vrai dispositif d'observation quantitative locale. Il faudra bien garder en mémoire, pour interpréter sans trop d'erreurs ce qui va suivre, que l'enquête nationale MGIS a été réalisée en 1992, et a une représentation statistique, alors que l'enquête locale, réalisée cinq ans plus tard, combine des informations quantitatives moins élaborées et des informations qualitatives sans représentativité aucune, mais permettant de comprendre plus finement l'évolution des pratiques éducatives, dans un contexte particulièrement défavorable. Les objectifs sont, dans chacun des cas, très différents. L'enquête nationale est une enquête rétrospective, c'est-à-dire qu'elle recueille l'histoire complète des individus et place au cœur de l'analyse le « temps long »,

Les jeunes d'origine étrangère ont été élevés dans des familles plus nombreuses que la moyenne française avec, à l'extrême, ceux d'origine algérienne qui ont vécu dans des familles comprenant en moyenne près de huit enfants. Les parents des jeunes d'origine étrangère[1] ont un faible bagage scolaire. Plus de la moitié des hommes et des femmes entrés en France en provenance d'Algérie avant 1974 ne sont jamais allés à l'école. Chez les migrants adultes de la même période originaires d'Espagne et du Portugal, la scolarité, surtout chez ces derniers, a été extrêmement courte. Rares sont les jeunes qui ont eux-mêmes des parents entrés enfants et donc en partie scolarisés en France, sauf pour le courant espagnol à la fois ancien et caractérisé par un regroupement familial précoce. On estime à 40 % la proportion de jeunes d'origine espagnole dont les parents sont arrivés en France alors qu'ils étaient eux-mêmes encore des enfants. *Les jeunes d'origine espagnole ont donc, en quelque sorte, une demi-génération d'avance.* 80 % des jeunes d'origine étrangère sont enfants d'ouvrier[2], contre 40 % chez les jeunes Français « de souche »[3]. Le père des jeunes d'origine algérienne est plus souvent ouvrier non qualifié et les professions supérieures sont quasiment absentes des catégories socioprofessionnelles des pères.

Les jeunes d'origine étrangère entièrement éduqués et scolarisés en France doivent néanmoins composer avec un autre univers culturel, dont la langue est un des vecteurs essentiels. Ils sont souvent amenés à user des deux langues dans la famille, et de manière inégale, suivant qu'ils parlent à leurs parents ou à leurs frères et sœurs. Près de la moitié d'entre eux alternent français et langue d'origine pour converser avec les parents.

---

et, d'une certaine manière, un temps écoulé. Mais, elle ne peut renseigner sur les phénomènes significatifs en développement. L'enquête locale a eu tendance, au contraire, à privilégier les phénomènes en émergence porteurs de sens pour l'avenir.

1. Pour des facilités d'écriture, nous appellerons d'origine étrangère les trois groupes de jeunes en observation dans l'enquête MGIS. Ils sont en fait d'origine espagnole, algérienne ou portugaise.

2. L'origine sociale est déterminée à partir de la catégorie socioprofessionnelle du père de l'enquête, lorsque ce dernier avait 15 ans.

3. Français nés en France de deux parents nés en France.

Environ 40 % des jeunes d'origine algérienne ne parlent que le français, contre respectivement 30 % et 26 % pour ceux d'origine portugaise ou espagnole. Avec leurs frères et sœurs, presque tous parlent français, surtout les jeunes d'origine algérienne et toujours moins de 10 % n'usent que de la langue d'origine. Compte tenu de l'illettrisme des parents, la maîtrise, notamment à l'écrit, de la langue d'origine est exceptionnelle chez les jeunes d'origine algérienne [1].

Les enfants d'immigrés vivent assez souvent en milieu urbain et dans l'habitat collectif social. Ce n'est cependant plus tout à fait vrai des jeunes d'origine espagnole. En 1992, ils étaient dans une proportion voisine à celle des Français « de souche » dans ce type d'habitat (à peine plus de 20 %). Au contraire, un peu plus d'un jeune d'origine algérienne sur deux habitait dans une HLM. Ils vivent également moins souvent en zone à faible peuplement immigré (34 % seulement contre environ la moitié des jeunes d'origine espagnole ou portugaise [2]). Les lieux de forte immigration sont aussi ceux marqués par une industrie en déclin et donc un tissu économique fragile et peu créateur d'emplois. C'est souvent dans ce contexte qu'ont grandi les enfants d'immigrés, et plus particulièrement ceux d'origine algérienne. Du fait de la taille élevée des familles dans lesquelles ils ont vécu, et donc de l'importance numérique de la jeunesse dans les communes où ils résident, ils doivent affronter une concurrence économique souvent plus vive que la moyenne des jeunes Français.

---

1. Patrick Simon, « Pratiques linguistiques et consommation médiatique », in *De l'immigration à l'assimilation, op. cit.*
2. D'après une appréciation personnelle de la concentration en peuplement immigré du quartier : « Dans le quartier où vous habitez, y a-t-il beaucoup d'immigrés, moyennement, peu ou pas du tout, ne sait pas ? » Les grilles d'appréciation varient bien sûr avec les individus. Il est probable que, pour les jeunes d'origine étrangère vivant dans les zones les plus concentrées, « beaucoup » correspond à un niveau moyen supérieur à celui d'autres jeunes vivant plutôt en zones non concentrées. La « norme » n'est vraisemblablement pas la même pour tous.

Pratiques matrimoniales et normes familiales

Les pratiques matrimoniales forment un élément déterminant de l'organisation des sociétés. On sait que l'emprise des familles sur les unions de leurs enfants reste grande au Maghreb. En France, le mariage arrangé et le mariage préférentiel entre cousins sont devenus beaucoup plus rares.

Cependant, les unions ne se font pas en dehors de toute pression. Les mises en couple apparaissent ainsi plus tardives chez les jeunes d'origine algérienne, alors qu'elles sont au contraire assez précoces chez les jeunes d'origine portugaise. À 25-29 ans, un peu plus de la moitié seulement des garçons et des filles d'origine algérienne connaissent une relation amoureuse (mariage, union libre ou petit ami), contre environ 80 % des jeunes d'origine portugaise, un peu moins chez les jeunes français « de souche ». À cet âge, presque tous les jeunes d'origine portugaise vivent en couple, contrairement aux jeunes d'origine algérienne, les garçons surtout, qui sont encore assez souvent dans une relation amoureuse moins instituée. Si ce retard dans leur vie amoureuse peut s'expliquer par une certaine pression familiale, il reflète aussi les tiraillements intérieurs auxquels les jeunes sont soumis en matière de choix du conjoint. En effet, contrairement aux préceptes de l'éducation traditionnelle au Maghreb, la mise en couple n'est pas la raison unique de la sortie des filles du domicile parental : 42 % des filles qui n'habitent plus chez leurs parents vivent sans compagnon, proportion identique à celle rencontrée chez les garçons. Pour les situer, on peut reprendre l'exemple des jeunes d'origine portugaise : 77 % des hommes et 85 % des femmes émancipés vivent en couple.

L'émancipation des jeunes d'origine algérienne semble également tardive. En moyenne, en France, dans les générations 1963-1965, environ 90 % des jeunes hommes et jeunes femmes ont quitté le domicile des parents à 27 ans. C'est le cas d'un peu plus de 70 % des jeunes d'origine espagnole, mais de 44 % seulement des jeunes hommes et 62 % des jeunes femmes d'origine algérienne. L'origine sociale est un handicap, les familles n'ayant pas les moyens de laisser sortir les jeunes avant d'avoir trouvé un travail. C'est vrai des filles et des garçons, et de tous les jeunes d'origine étrangère. Ainsi, 13 % des jeunes Français et 22 % des jeunes Françaises ont quitté le foyer des parents avant de trouver un premier emploi stable, contre quelques % seulement chez les jeunes d'origine étrangère (1 % à 2 % chez les hommes et 3 % à 6 % chez les femmes). Relativement aux jeunes d'origine espagnole, les difficultés d'accès à un emploi stable rencontrées par les jeunes hommes d'origine algérienne les retiennent encore un peu plus longtemps chez leurs parents et handicape ainsi leur propre vie familiale.

Si les mariages sont encore rares parmi les jeunes d'origine algérienne, un jeune homme sur deux vivant en couple partage sa vie avec une Française « de souche », soit à peine moins que les jeunes d'origine portugaise (59 %). Les unions mixtes ne sont que d'un quart chez les jeunes femmes d'origine algérienne, soit près de deux fois moins fréquentes que chez les jeunes femmes d'origine portugaise (47 %). Les filles font donc l'objet d'une plus grande surveillance que les garçons dans les choix matrimoniaux, ce qui n'est guère surprenant dans des familles de culture musulmane. Les unions mixtes ne sont pourtant pas négligeables. Dans la relation amoureuse la moins institutionnalisée (sans cohabitation), les choix ne sont guère différents. Seules les jeunes femmes d'origine algérienne sont un peu plus nombreuses à avoir un petit ami français « de souche » (un tiers, degré de mixité maximum compatible avec la pression sociale ethnique et les contraintes de localisation).

La réputation des familles est une chose importante dans la tradition maghrébine et les filles en sont un peu la « vitrine ». La pression sociale autour des familles est donc d'autant plus forte que l'environnement est riche en populations originaires du Maghreb. Une indication est fournie par l'évolution de la proportion d'unions mixtes selon le degré de concentration en populations immigrées du quartier[1]. Même si les effectifs sont réduits, le résultat apparaît sans grande ambiguïté : la propor-

---

1. Par autoappréciation. La concentration est appréciée au moment de l'enquête.

tion d'unions mixtes chez les jeunes d'origine algérienne atteint 47 % en zone où les immigrés se font rares, 38 % là où la concentration est moyenne et 14 % seulement dans les zones très concentrées[1].

Les mariages, encore peu fréquents, restent fortement sous l'emprise des familles et la plupart des unions mixtes sont libres. De manière un peu paradoxale, la tolérance « d'un mauvais choix » par les familles serait plus grande en cas d'union libre qui évite la publicité d'un mariage désapprouvé[2].

L'alignement des normes en matière de taille de la famille est particulièrement spectaculaire chez les jeunes d'origine algérienne, même lorsqu'ils ont été élevés dans une famille très nombreuse : ils souhaitent avoir une famille de 2,7 enfants en moyenne, soit à peu près autant que les autres jeunes du même âge, alors qu'ils ont vécu dans des familles de près de 8 enfants. D'ailleurs, les débuts de constitution de famille[3] n'annoncent pas une fécondité très élevée, particulièrement chez les jeunes femmes d'origine algérienne dont le retard à la mise en couple se répercute sur leur début de vie féconde. Les pratiques contraceptives semblent plus modulées par l'avancement des jeunes femmes dans leur vie amoureuse (moins de partenaires, y compris occasionnels) que par des comportements spécifiques en ce domaine. Les jeunes femmes devraient donc, quelle que soit leur origine, recourir à la contraception sans entrave, pour atteindre le nombre d'enfants souhaité ou compatible avec leur mode de vie. En soi, cela représente, pour les jeunes d'origine algérienne, un ajustement radical aux normes occidentales. Il est vrai qu'en Algérie, la fécondité a elle-même beaucoup baissé, le recours aux contraceptifs progressé et les modèles familiaux évolué : en 1993, l'indicateur conjoncturel de fécondité n'était plus que de 4,0 enfants[4] (contre 4,4 en 1990 et 6,3 quelques

---

1. En moyenne, sexes réunis.
2. Abdelhafid Hammouche, *Mariages et immigration*, Lyon, PUL, 1994.
3. Taux de fécondité par âge cumulés en transversal.
4. D'après les chiffres du ministère de la Santé d'Algérie. Toujours d'après ce ministère, en 1995, 57 % des femmes mariées âgées de 20-29 ans utilisaient une méthode contraceptive. À la même date, la contraception est utilisée par la moitié de l'ensemble des femmes mariées en âge de procréer, contre 7 % en 1970.

années plus tôt[1]) et la taille de famille idéale des femmes âgées de moins de trente ans était un peu inférieure à quatre enfants en 1990.

Pratiques religieuses

Dans l'opinion publique, l'islam est source de tous les dangers et l'on transpose facilement la situation algérienne en France. Si une certaine réislamisation des jeunes est en cours, elle demande à être observée avec sérieux. L'enquête MGIS ne saurait rendre compte de l'émergence de phénomènes de ce type, sa vocation étant plutôt de donner des évolutions (passées) de long terme, d'une génération à la suivante. Elle indique notamment que les migrants algériens sont les moins pratiquants des musulmans de France.

La pratique religieuse est en général assez faible, surtout parmi les jeunes gens. Les sans religion et les non-pratiquants sont aussi nombreux parmi les jeunes d'origine algérienne (60 % à 70 % selon le sexe). Seules les filles de migrants portugais déclarent moins souvent que l'ensemble des jeunes femmes françaises ne pas pratiquer ou ne pas croire. Le petit noyau de croyants qui pratique régulièrement est le plus important parmi les jeunes d'origine algérienne et portugaise, avec un maximum de 18 % parmi les jeunes femmes d'origine algérienne. Alors que les migrants algériens venus en France à l'âge adulte étaient encore 29 % à pratiquer régulièrement, ce n'est plus le cas que de 15 % des jeunes d'ascendance algérienne.

Si le désintérêt face à la religion semble massif parmi les jeunes d'origine algérienne, il ne s'étend pas aux pratiques du ramadan et des interdits alimentaires qui restent très vivaces. Ce phénomène traduit donc plus une fidélité aux origines qu'un intérêt pour la religion[2], et un certain conformisme dans les

---

1. Youssef Courbage, « Avant la tourmente : la situation démographique en Algérie en 1992 », *Population et sociétés*, 307, novembre 1995, INED.
2. Y. Gonzalez-Quijano, « Les nouvelles générations issues de l'immigration maghrébine et la question de l'Islam », *Revue française de science politique*, 37(6), décembre 1987.

déclarations, les pratiques réelles étant difficilement accessibles[1].

La pression sociale ethnique est d'autant plus forte que la concentration ethnique est élevée. Elle joue sur l'observance des prescriptions de l'islam, notamment lorsque les jeunes ont quitté le foyer des parents. Leur émancipation s'accompagne d'une déségrégation puisque 45 % de ceux qui ont quitté leurs parents habitent dans un quartier comprenant peu ou pas du tout d'immigrés, contre un peu moins de 30 % des jeunes encore au foyer des parents. L'observance du jeûne et des interdits semble moins strict, en cas d'émancipation, au moins chez les jeunes qui résident alors en « quartier non immigré »[2]. En effet, les jeunes qui mènent leur vie en dehors des parents déclarent un moindre respect de ces prescriptions, surtout les hommes. Chez ces derniers, un peu moins de la moitié disent faire ramadan ou ne pas consommer de porc (contre un peu plus des deux tiers de ceux qui vivent encore au foyer des parents) et seulement 28 % déclarent ne pas boire d'alcool (contre 52 %). Chez les femmes, les différences sont moins marquées et la non-absorption d'alcool est encore déclarée par 41 % de celles qui ont quitté le foyer parental (contre 54 %). L'égalité globale de respect des prescriptions entre jeunes gens et jeunes femmes de 20-29 ans s'explique donc essentiellement par un effet de structure : les filles ont plus souvent quitté, à cet âge, leurs parents (38 % contre 23 %). Les filles sont donc, même émancipées, un peu plus soumises à la tradition.

Ainsi, sur des domaines aussi fondamentaux que ceux touchant à la constitution des familles et à la religion, les comportements des jeunes d'origine étrangère, et notamment d'origine algérienne, sont à certains égards, étonnement proches de ceux des autres jeunes de leur âge. Ces résultats demandent à être confirmés par un suivi après 30 ans pour voir comment vont

1. Jean-Noël Ferrié, « Remarques sur l'interdiction de la consommation du porc et de l'alcool », in J.-N. Ferrié, G. Boetsch, *Anthropologie de l'immigration*, les cahiers de l'IREMAM, n° 2, Aix-en-Provence, 1992.
2. Michèle Tribalat, « Immigration et voisinage. La préférence ethnique », *Urbanisme*, n° 284, Paris, 1995.

évoluer la mixité d'une part lorsque des mariages vont se faire et d'autre part l'attachement religieux dans la mesure où, en islam, on peut se permettre un certain nombre de turpitudes avant de se ranger. La faible pratique observée peut donc tenir en partie à leur âge, du fait qu'ils ne se sentent pas prêts à mener une vie rigoureusement pieuse.

En l'état, on peut néanmoins conclure à une adaptation importante aux « normes françaises » des comportements. Mais celle-ci s'accompagne cependant d'une situation sociale inquiétante.

Scolarité et insertion sur le marché du travail

Nés de parents pas ou peu scolarisés, appartenant aux catégories sociales les plus basses et ne parlant pas toujours, au moins de manière correcte, le français, les jeunes d'origine étrangère nés en France cumulent *a priori* de forts handicaps, surtout lorsqu'on sait le rôle joué par l'origine sociale et le niveau d'éducation de la mère dans les performances scolaires des jeunes Français[1].

Niveaux scolaires et diplômes

Compte tenu du recouvrement entre origine sociale et origine ethnique, il est préférable de s'intéresser directement aux performances des enfants d'ouvriers. Quels sont donc les niveaux de diplôme des jeunes adultes de père ouvrier ayant atteint un âge où l'on a terminé les études secondaires ?

Les hommes d'origine algérienne « décrochent » leur bac en moyenne comme les jeunes Français « de souche », mais connaissent la plus grande proportion de sans diplôme (25 % contre 11 % chez les Français « de souche »). Ce phénomène

1. Louis-André Vallet, Jean-Paul Caille, « Les carrières scolaires au collège des élèves étrangers ou issus de l'immigration », *Éducation et Formation*, 40, 1995 ; « Les élèves étrangers ou issus de l'immigration dans l'école et le collège français », *Les dossiers d'éducation et formation*, n° 67, avril 1996.

touche aussi les jeunes gens d'origine espagnole ou portugaise (un peu plus de 20 % restent sans diplôme). Chez les femmes, ce sont celles d'origine espagnole qui ont les diplômes les plus élevés. Celles d'origine portugaise ont un peu plus souvent un diplôme technique court, mais leurs performances sont peu éloignées de celles des jeunes Françaises « de souche ». Les jeunes filles d'origine algérienne connaissent la situation la plus difficile, avec 22 % de sans diplôme (contre 13 % à 14 % chez les autres) et pas plus de bachelières que chez leurs frères.

C'est donc parmi les jeunes d'origine algérienne que l'absence de formation risque de se faire le plus sentir. Cependant, environ 70 % ont soit un diplôme technique (CAP-BEP) soit un diplôme égal ou supérieur au bac. Par ailleurs, les garçons d'origine portugaise ou espagnole ne sont guère mieux lotis. Le handicap des enfants de migrants algériens est donc tout relatif, surtout si on l'apprécie par rapport au bagage scolaire peu consistant des parents : alors que les père et mère des jeunes Français « de souche » d'origine ouvrière ont tous été scolarisés, ce n'est pas le cas de la majorité de ceux des jeunes d'origine algérienne. On doit donc se garder de raisonnements « en continuum » sur des situations inédites.

Difficultés des jeunes d'origine algérienne
pour pénétrer le marché du travail

Les jeunes d'origine algérienne connaissent une plus forte précarité dans l'emploi et un taux de chômage élevé (40 % contre 11 % chez les hommes et 20 % chez les femmes français « de souche »).

Une étude attentive des débuts de vie active montre que les jeunes gens d'origine algérienne ont rencontré le plus de difficultés : un tiers seulement a trouvé un emploi stable, contre 57 % des jeunes d'origine espagnole, et près de 70 % des jeunes d'origine portugaise et de la moyenne des jeunes Français. Ils ont aussi expérimenté plus fréquemment un chômage durable au premier contact avec le monde du travail : 31 % n'ont pas réussi à trouver d'emploi sur une période ayant dépassé l'année, soit deux fois plus que la moyenne nationale, près de trois fois plus que les jeunes d'origine portugaise et une fois et demie le taux de chômage d'insertion des jeunes d'origine espagnole. Ils ont également connu un début de vie active plus mouvementé, avec la succession pendant plus d'un an d'emplois temporaires et de chômage. De niveau scolaire voisin, les jeunes d'origine portugaise paraissent relativement épargnés et connaissent des débuts d'activité assez proches de la moyenne nationale.

Les jeunes femmes d'origine algérienne ont accédé, en proportion égale à celles d'origine espagnole ou portugaise, à un premier emploi stable. Mais toutes présentent des difficultés plus grandes par rapport à la moyenne nationale, se traduisant par un chômage de longue durée plus élevé en début de vie active, et notablement plus pour les jeunes femmes d'origine algérienne, alors que les autres ont plutôt connu des périodes d'instabilité professionnelle : 34 % des jeunes femmes d'origine algérienne sont restées au chômage pendant au moins un an en début de vie active, contre environ 25 % pour celles d'origine espagnole et portugaise et 16 % seulement pour les jeunes Françaises « de souche »[1].

La prise en compte du niveau de diplôme tempère cette constatation. Lorsqu'ils sont relativement diplômés (bac ou plus), les débuts des jeunes d'origine algérienne ressemblent à ceux des autres jeunes d'origine étrangère : une petite moitié a trouvé rapidement un travail de longue durée, les autres se partageant entre ceux qui pénètrent le monde du travail mais avec une forte instabilité et ceux qui restent en dehors de manière durable. Ils sont tous, quelle que soit leur origine, fortement désavantagés par rapport à la moyenne nationale où le chômage d'insertion est faible (9 %). Massivement d'origine ouvrière, ces jeunes en voie d'ascension sociale ne peuvent compter sur les réseaux familiaux ou amicaux pour trouver un emploi, handicap considérable en situation de crise.

D'ailleurs, cette particularité ne jouant plus pour les sans diplôme ou les détenteurs d'un diplôme inférieur au bac (CAP et

---

1. Joëlle Gaymu, Alain Parant, « Les débuts dans la vie active des jeunes immigrés et des jeunes d'origine étrangère », *Espace Population et Sociétés*, 1996.

BEP le plus souvent), les profils en début de vie active des jeunes d'origine étrangère ressemblent à ceux de la moyenne nationale, avec cependant un peu plus d'instabilité que de chômage en l'absence de diplôme. Mais, font encore exception les jeunes d'origine algérienne. Même lorsqu'ils ont un CAP ou un BEP, ils trouvent très difficilement un travail stable à leurs débuts (39 % contre près de 60 % pour tous les autres) et près de 30 % restent durablement au chômage. En l'absence de diplôme, leur situation est encore plus difficile puisque 27 % seulement ont pu occuper directement un emploi durant plus d'un an (contre 52 % à 60 % suivant l'origine). Les jeunes gens d'origine espagnole ou portugaise s'en tirent mieux, même s'ils connaissent un taux de chômage supérieur à celui des Français « de souche ». Quant aux filles de ces deux origines, leur situation n'est pas pire que celles des jeunes femmes françaises « de souche » du même âge.

Ces débuts difficiles dans la vie active des jeunes d'origine algérienne se retrouvent ensuite sous forme d'une plus grande instabilité professionnelle et d'une expérimentation plus fréquente du chômage de longue durée. Quelques années après leur sortie de l'école, la situation s'est même, relativement, aggravée pour les plus diplômés (bac ou plus). Ceux d'origine algérienne n'ont pas réussi aussi bien que les autres à capitaliser leur formation et sont, après quelque temps, plus souvent au chômage[1] (32 % contre 15 % en moyenne en France et un peu moins de 20 % des jeunes d'origine espagnole et portugaise). Les jeunes d'origine espagnole et portugaise connaissent, au contraire, une situation plus enviable et proche de la moyenne nationale. Pour les moins diplômés (CAP ou BEP), le taux de chômage des jeunes est approximativement le même, un peu plus fort cependant chez ceux d'origine algérienne. La situation des sans diplôme est très mauvaise, mais l'est encore plus chez les jeunes d'origine étrangère, surtout ceux d'origine algérienne (un sur deux est au chômage, contre 24 % en moyenne en France et un tiers des jeunes d'origine espagnole

---

1. Il s'agit ici d'un état instantané, sans préjuger, cette fois, de la durée.

ou portugaise). Les niveaux scolaires sont alors assez bas puisque la moitié ont échoué dans le cycle court, les autres ayant rarement dépassé le premier cycle du collège.

Un fort désir de mobilité sociale des jeunes d'origine algérienne, difficile à satisfaire

Pour ceux qui travaillent, les plus diplômés des jeunes d'origine algérienne occupent aussi souvent que les jeunes d'origine espagnole une profession intermédiaire ou supérieure, en tout cas plus que ceux d'origine portugaise. Pour ces derniers, 20 % sont encore ouvriers et 48 % employés. Seuls les jeunes d'origine espagnole ont pu fuir les emplois ouvriers, tout en connaissant un chômage voisin.

Pour ceux qui disposent d'un CAP ou BEP, la répartition socioprofessionnelle est à peu près équivalente pour chaque origine ethnique : près de la moitié sont ouvriers, très souvent qualifiés. Là encore, la proportion d'ouvriers chez les jeunes d'origine portugaise est supérieure à ce qu'elle est chez ceux d'origine algérienne (54 % contre 44 %). En l'absence de diplôme, le clivage entre ces deux groupes est encore plus marqué : sur-représentation des ouvriers chez les jeunes d'origine portugaise (83 %) et sous-représentation chez ceux d'origine algérienne (58 %, contre trois quarts pour les autres).

Si globalement, les jeunes nés en France d'origine étrangère sont moins concentrés que leur père dans la classe ouvrière, cette émancipation est toute relative chez les jeunes d'origine portugaise où l'on compte encore deux tiers d'ouvriers. Ce n'est plus le cas que de 55 % et 58 % des jeunes d'origine algérienne ou espagnole, soit des proportions voisines de la moyenne nationale (57 %).

Alors que les jeunes d'origine portugaise entrent, grâce aux réseaux familiaux et communautaires sur le marché du travail, quitte à subir un déclassement, ceux d'origine algérienne, moins résignés peut-être à la reproduction sociale, se retrouvent plus souvent au chômage. L'absence de réseau sur lequel appuyer la mobilité sociale des plus diplômés a, pour eux, des conséquences plus dramatiques. Pour ces jeunes, dont certains sont cadets d'une grande famille, la majorité des pères, en moyenne assez âgés, sont retraités ou décédés et donc hors circuit professionnel, contrairement aux jeunes d'origine portugaise dont deux tiers des pères travaillaient encore à la date de l'enquête.

Le niveau scolaire acquis ne leur permet pas toujours de trouver une situation à la hauteur de leurs espérances. L'effet de leur impatience est probablement aggravé par l'image héritée des pères, entachée des stéréotypes liés à la colonisation, image insuffisamment mise à jour et finalement dévalorisante qui trouble alors plus les garçons que les filles.

Même si ces jeunes font l'objet d'un marquage plus grand du fait de leur concentration dans des lieux à problème, la gravité de la situation amène nécessairement à se poser le problème des pratiques discriminatoires qui prennent un relief tout particulier dans un contexte de rareté des emplois. Une hiérarchisation de la légitimité à être français peut alors conduire à définir des légitimités inégales à occuper des emplois en fonction de l'origine des Français. Cette tendance à déplacer la frontière entre étrangers et Français à l'intérieur des nationaux eux-mêmes peut aboutir au développement d'une préférence nationale au sens frontiste du terme : les emplois sont rares et on les donne d'abord aux siens. Compte tenu des amalgames généralement pratiqués, il est vraisemblable que les jeunes dont les parents ont migré d'un autre pays du Maghreb sont touchés par ces représentations dévalorisantes dont on voit poindre certains éléments avec le stéréotype du « jeune Maghrébin » si fréquent dans les médias.

Compte tenu de l'ampleur des difficultés rencontrées par les Français d'origine algérienne pour entrer et se stabiliser sur le marché du travail, on ne peut probablement pas y voir seulement l'effet de certaines situations locales particulièrement difficiles qui transparaîtraient dans la moyenne. Les stéréotypes de l'image du jeune Maghrébin ont une consistance nationale qui généralisent les pratiques discriminatoires, même si celles-ci peuvent avoir une intensité variable en fonction du contexte local.

Ainsi, il y aurait une sorte d'inversion logique dans l'interprétation courante des difficultés sociales de certaines populations d'origine étrangère. C'est au nom d'une différence culturelle que l'on se montre inquiet : on désespère de voir un jour s'intégrer les Français d'origine maghrébine au nom de leurs spécificités, alors même que ces spécificités s'estompent et qu'on observe globalement une certaine adaptation aux mœurs françaises. Le malheur social serait ainsi le produit d'une inadaptation fondamentale à la société française. Cette logique d'interprétation néglige toute réflexion sur le fonctionnement de la société française elle-même et les mécanismes de hiérarchisation des Français en fonction de l'origine qui s'y développent, remettant en cause le fondement même de cette société. Cette perception commune trouve, paradoxalement, un encouragement dans le positionnement d'une partie de l'élite française qui, au nom de l'égalité, refuse l'observation des différences, comme si l'égalité garantie par la Constitution préservait de toute dérive. Ce positionnement permet au contraire aux pratiques discriminatoires de prospérer dans la plus grande opacité.

Si cet état de choses devait perdurer, il serait de nature à remettre en cause les évolutions positives observées en matière d'assimilation culturelle. Sans réelle amélioration du marché du travail, il va donc falloir songer à introduire des mécanismes correcteurs aux processus d'ethnicisation des problèmes sociaux auxquels on assiste aujourd'hui. Pour prendre la mesure des dérives possibles, il est bon de se pencher sur des lieux particulièrement marqués par une fracture socioethnique, qui sont aussi des zones de déclin industriel et souvent de basculement de la composition ethnique du peuplement. À cet égard, les indicateurs de concentration ethnique[1] devraient

---

1. La concentration dans l'espace de vie immédiat n'intervient pas seule. Il faut pouvoir tenir compte de la concentration d'un environnement local plus global, dont une première approximation peut être la commune. En effet, ce ne sera probablement pas pareil de vivre dans un quartier à forte concentration en populations d'origine étrangère, dans une commune où l'implantation immigrée a été globalement faible que de résider dans un quartier à forte concentration mais dans une commune elle-même très concentrée en populations

faire l'objet d'une mesure attentive, ce qui n'est pas le cas actuellement, où les concentrations sont généralement observées en termes de nationalité.

II

Quelques indications sur les niveaux de concentration

Aux recensements, ne sont collectées que la nationalité et le pays de naissance des individus. Néanmoins, même en l'absence de données spécifiques sur l'origine ethnique, il est possible d'apprécier l'importance des populations d'origine étrangère en se référant au pays de naissance et à la nationalité des parents. Cela oblige à ne retenir que les âges où l'on a encore de grandes chances d'être enfant d'une famille. Nous l'avons fait pour la classe d'âges 0-25 ans au recensement de 1990. Nous nous intéressons donc exclusivement aux jeunes d'origine étrangère. Mais cette analyse nous paraît pertinente dans la mesure où ce sont eux qui vivent actuellement le plus durement l'exclusion et la relégation, et sont impliqués et désignés dans les problèmes de violences urbaines.

Si environ 17 % des jeunes sont d'origine étrangère, pour prendre la mesure des concentrations, il faut descendre à des niveaux géographiques plus fins. Un département arrive en tête, la Seine-Saint-Denis, avec 45 % de jeunes d'origine étrangère. Trois autres départements dépassent les 30 % : Paris, le Val-de-Marne et les Hauts-de-Seine. Au total, en région parisienne, un tiers des jeunes seraient d'origine étrangère. Quatre autres départements affichent des concentrations comprises entre 25 % et 30 % : Le Rhône, l'Isère, les Alpes-Maritimes et la Moselle. Ces concentrations sont encore plus marquées lors-

d'origine étrangère. Autrement dit, la concentration d'un quartier risque d'être différemment perçue selon que l'on vit à Rennes ou à La Courneuve en Seine-Saint-Denis.

qu'on descend au niveau des communes. Un certain nombre de communes de plus de 30 000 habitants connaissent des concentrations supérieures à 50 %. C'est le cas, par exemple, de Saint-Denis, Aubervilliers, Bobigny, La Courneuve, Montreuil, Aulnay-sous-Bois en Seine-Saint-Denis. C'est également le cas de Sarcelles et de Garges-Les-Gonnesses dans le Val-d'Oise, de Trappes et Mantes-la-Jolie dans les Yvelines, de Vaulx-en-Velin dans le Rhône, de Dreux en Eure-et-Loir, etc.

Dans ces communes, qui sont aussi fortement ouvrières, une segmentation du territoire aboutit à des super-concentrations dans certains quartiers. C'est sur ces lieux de forte segmentation ethnique des territoires qu'il faut se déplacer pour apprécier les risques de dérive, notamment en matière éducative.

III

Dérives éducatives en commune fortement concentrée en population d'origine maghrébine et souffrant d'une forte segmentation ethnique

Avant d'aborder la question de l'éducation dans les familles maghrébines, il faut préciser le décor. Nous nous situons dans une ville industrielle dont la composition ethnique est en train de basculer par la base de sa pyramide des âges, puisqu'on peut considérer qu'un peu plus de la moitié des moins de 30 ans sont aujourd'hui d'origine étrangère. Les immigrés qui s'y sont implantés dans les années soixante et soixante-dix étaient surtout originaires du Maghreb, et l'on peut estimer qu'un jeune de moins de 30 ans sur trois est d'origine maghrébine aujourd'hui. Comme d'autres communes en France ayant connu une évolution voisine, celle-ci présente :

- Une segmentation ethnique des territoires importante avec un centre-ville comprenant peu de jeunes d'origine étrangère et pratiquement aucun d'origine maghrébine et, à l'extrême, un quartier d'hyper-concentration où les populations d'origine maghrébine dominent.

- Une jeunesse démographique inhabituelle liée à l'installation massive de populations originaires de pays où les familles nombreuses étaient la norme. Du fait de la segmentation ethnique des territoires, la ville connaît alors des disparités démographiques énormes entre les quartiers.
- Un clivage social opposant un centre-ville nanti et des quartiers ouvriers où les qualifications sont peu attractives.

Dans ce type de commune, où la segmentation ethnique des territoires recouvre aussi une fracture sociale et générationnelle, les difficultés sont apparues dans les années quatre-vingt, avec :

- Une visibilité nouvelle de jeunes d'origine maghrébine, habillés au goût du jour – visibilité qui abaisse la distance symbolique qui sépare les Français du monde de l'immigration. La perte d'un certain exotisme rend ces « étrangers » étrangement semblables. Les Français découvrent ces jeunes lorsqu'ils atteignent l'adolescence et apparaissent dans l'espace public, notamment au centre ville.
- La crise, qui en a fait des concurrents potentiels, des rivaux dans la course à l'emploi.
- Le chômage, qui a fait sortir des pères de la sphère du travail à laquelle ils semblaient pourtant confinés, pour investir l'espace social.
- Une montée de la délinquance et des violences urbaines qui, dans certaines villes, prend des proportions vertigineuses. La concomitance entre ces violences et l'apparition des jeunes d'origine maghrébine dans l'espace public va faire de tout jeune d'origine maghrébine un délinquant potentiel.
- Une paupérisation des populations dont le niveau social est bas et les qualifications peu attractives.

- L'apparition, dans l'espace public, d'un islam autrefois cantonné dans l'espace privé, avec l'édification de mosquées et de lieux de prière.

L'indifférence relative vis-à-vis des populations d'origine maghrébine installées dans les quartiers périphériques a longtemps épargné ces populations d'un racisme de contact. C'est au cours des années quatre-vingt que s'est développé un racisme antiarabes, racisme de contact et de concurrence. Les jeunes adultes d'aujourd'hui n'ont généralement découvert ce racisme qu'à l'adolescence. On retiendra la belle expression d'un jeune qui déclare « être devenu beur en grandissant ». S'ils en ont souffert, leur identité ne s'est généralement pas construite autour du racisme. Mais, la lente dégradation et l'ethnicisation des problèmes sociaux a donné naissance à un racisme mimétique antifrançais, dont on peut craindre qu'il ne marque plus durablement les générations les plus jeunes.

Voilà, en quelques traits, l'évolution du contexte qu'ont connu les familles maghrébines concentrées dans des zones de déclin industriel. Elles ont importé un modèle éducatif qu'elles ont été tentées de reproduire à l'identique, compte tenu de la relégation dans laquelle elles ont généralement vécu. C'est un modèle qui a été contesté par l'école, la police, la justice et les enfants eux-mêmes. Bien sûr, les difficultés d'éducation ne concernent pas seulement les familles maghrébines. Mais, elles y prennent un tour particulier, du fait des problèmes d'adaptation du modèle éducatif dans une société où l'on est passé de l'autorité du père à celle partagée par les deux parents et où s'est imposée la notion d'intérêt de l'enfant, permettant l'intrusion dans la famille de spécialistes extérieurs[1].

---

1. R. Scandarino, « Quand on a besoin d'un chef de famille. La place du père dans les familles immigrées. Approche systématique », in *Dialogue*, Association française des centres de consultation conjugale, n° 125, 1994.

Modèle traditionnel[1]

Le modèle traditionnel est fondé sur la toute puissante autorité du père qui représente davantage un père groupal qu'un père individuel. Sa place est imprenable de son vivant. Il y va de son statut d'homme d'honneur. Il n'y a guère de place pour l'idée moderne d'intérêt de l'enfant, ni pour celle d'égalité entre les sexes. On ne raisonne pas en termes d'égalité, mais de spécificité et de complémentarité. Le contenu éducatif positif est faible et se manifeste surtout à travers des interdits derrière la formule : « C'est haram ! » Les coups sont là pour orienter l'enfant en cas de mauvaise conduite. Les câlins sont le domaine réservé de la mère et d'autres membres de la famille. Cette légitimité quasi immanente de l'autorité paternelle offre peu de ressources aux pères en cas de contestation. Elle est, elle s'impose à tous et n'a pas à expliquer. Au Maghreb, la famille élargie conforte, par l'approbation, la place du père et offre des substituts affectifs au manque d'effusion et de dialogue avec le père.

Ce modèle est très éloigné de celui qui prévaut aujourd'hui en France. Transplanté en situation d'immigration, il connaît des difficultés dont certaines sont aggravées par le contexte dans lequel vivent les familles. Le père occupe un statut social inférieur, le plus bas, celui de travailleur immigré, qui ne l'aide pas à légitimer sa toute-puissance. Son statut est intimement lié à sa fonction productive. Une perte d'emploi risque donc de le fragiliser encore plus, d'abord parce qu'il aura du mal à assu-

---

1. S'agissant du modèle éducatif traditionnel, on se reportera utilement à divers ouvrages :

E-R. Antoine, *Des vies, des familles. Les immigrés, la loi et la coutume*, Paris, Odile Jacob, 1997,

Madhieddin, « Les droits des parents sur les enfants, dans les législations du Maghreb », in *Enfance et violences*, J. Rubellin-Devichi, Paris, PUF, 1992,

F. Benslama et G. Grandguillaume, « Transformations de la figure du père et de la fonction paternelle », in *Le Père. Métaphore paternelle et fonctions du père : l'interdit, la filiation, la transmission*, Paris, Denoël, 1989.

mer cette perte ultime et à maintenir la bonne distance avec les enfants. Il souffre assez souvent d'un gros handicap : sa non-maîtrise du français, notamment à l'écrit. Ses enfants se trouvent rapidement mieux armés pour mener diverses démarches et aussi berner leur père. En outre, la faiblesse de son bagage scolaire, ou son absence totale, le prive des moyens qui lui permettraient d'adapter sa méthode éducative. Il a perdu l'appui de l'entourage, de la famille élargie, pour asseoir son autorité et servir de médiation. En cas de défaillance du père, l'éducation risque d'être dominée par la toute-puissance affective de la mère.

Si certaines familles d'origine française dans la détresse sont marquées par des carences éducatives dont les effets sur les enfants sont voisins de ceux observés chez ceux d'origine maghrébine, on aurait tort de confondre l'impuissance des pères maghrébins à exercer leur autorité du fait de l'inadaptation de leurs règles éducatives, avec l'abandon éducatif qui provient, dans certaines familles françaises, d'un handicap social « cuit et recuit » au fil des générations. Par ailleurs, du fait de la concentration plus fréquente des familles maghrébines dans des lieux de fort déclin industriel et de forte relégation sociale, leur tâche est devenue en moyenne beaucoup plus difficile.

Difficultés d'adaptation du modèle éducatif en France

Une présence paternelle trop abstraite

La primauté du père groupal sur le père individuel fait souvent jouer à l'aîné un rôle clef. C'est lui qui sera l'objet de l'essentiel des efforts. Dans une famille nombreuse, le père marque les limites à travers le fils aîné. S'il n'y arrive pas, il a beaucoup de mal à le faire avec les suivants et il peut être tenté par le découragement. Par ailleurs, des dégradations peuvent survenir à son insu : ayant fait ce qu'il faut pour que l'aîné « se tienne à carreau », le reste doit suivre. Les éducateurs parlent des dégradations qu'ils observent à l'intérieur des familles du fait du transfert de l'autorité de père en fils et de fils en frère. Les valeurs, transmises au départ, se perdent ou se pervertissent en route. L'absence de dialogue ne leur permet pas de détecter à temps les dérives chez leurs enfants. La complicité avec la fratrie, ou avec la mère qui essaie de mettre son enfant à l'abri des coups, laissent souvent le père ignorant de la situation réelle, jusqu'à ce qu'un événement grave survienne, alors qu'il est souvent trop tard. L'illettrisme des parents n'arrange pas les choses. Les courriers envoyés ne sont pas toujours lus, quand ils ne sont pas dérobés par les enfants eux-mêmes.

La reprise de la pratique religieuse a souvent rendu le père encore un peu plus absent de sa famille. Ce sont les petits derniers des familles nombreuses qui le vivent, et quelquefois en pâtissent. En effet, dans le développement de l'islam en France, une partie correspond à un véritable effet de génération : les hommes venus dans les années soixante se tournent vers la religion, notamment au moment de la retraite, pour se mettre en règle avec l'éternel, mais aussi pour supporter le dérèglement de leur vie lié à l'inactivité qui leur fait perdre leur unique statut, celui de travailleur immigré.

D'une manière générale, lorsque le mode d'autorité traditionnel a pu se maintenir auprès de certains jeunes, et notamment dans les générations les plus anciennes, les jeunes adultes qu'ils sont devenus déclarent avoir souffert de la distance du père et plus généralement d'un manque d'affection. L'affection de la mère est une affection inquiète et non rassurante. Ils ont généralement manqué d'adultes avec qui dialoguer autour d'eux.

Des conséquences de l'inadaptation à la conception moderne de la famille

Les contradictions entre le système d'éducation traditionnel maghrébin et les pratiques éducatives en France se sont accrues au fil du temps, du fait de l'évolution de l'exercice de l'autorité dans les familles en France[1]. Les pères venus dans les

---

1. J. Barou, « Autres cultures, autres représentations », in *L'École des parents*, nos 9-10, 1994.

années soixante ont eu le temps de subir cette évolution, leur famille étant généralement assez grande pour cela. Les aînés n'ont pas été élevés dans le même contexte que les petits derniers. Aujourd'hui, les méthodes éducatives brutales sont assimilées à de mauvais traitements et ne sont plus tolérées par l'environnement institutionnel.

Travailleurs sociaux, enseignants, policiers ont tous le même type d'anecdote à raconter. Lorsqu'ils en appellent au père lors d'un problème avec un enfant, celui-ci va appliquer la seule sanction qu'il connaît – une bonne volée – attitude immédiatement désavouée, devant l'enfant, par l'institution. Il n'est pas rare qu'au commissariat de police, on intervienne pour rappeler au père que c'est lui qui risque d'être gardé au poste pour mauvais traitements sur mineurs. La réaction du père est alors celle d'une incompréhension totale. Il est désavoué, déshonoré et risque d'abandonner toute velléité éducative, comme ce père qui dit au policier : « La prochaine fois que vous le prenez, ce n'est pas la peine de m'appeler, je ne viendrai pas le chercher. » L'abandon éducatif, souvent assimilé à une indifférence, reflète plutôt une manifestation de l'impuissance des pères.

Un directeur d'établissement primaire accueillant un public très défavorisé, dans un quartier de forte relégation, nous a déclaré que, de son point de vue, l'école avait une très grosse responsabilité. Elle a en effet tendance à mettre les pères dans une situation impossible, avec une double injonction : « Ils n'ont pas la solution éducative. La seule qu'ils connaissent, c'est celle qu'ils ont connu quand ils étaient mômes, la branlée une fois de temps en temps... Mais ici, quand le gosse arrive avec la marque du ceinturon, le directeur d'école qui est responsable... il prend son téléphone, il téléphone au médecin scolaire, il écrit à l'inspecteur... et ça, les gens ne peuvent pas comprendre parce que c'est la même personne, avec la même casquette qui argumente et qui dit : "Écoutez, réglez vos problèmes à la maison, gérez vous-même le problème de vos enfants. C'est pas à l'école de le faire" et qui dit de l'autre côté : "Je vous interdis de taper dessus". »

Une trop grande distance entre les parents
et les enfants en termes de projet

Les jeunes d'origine maghrébine connaissent une situation finalement beaucoup plus difficile que celle qu'ont eu à affronter leurs parents arrivés en période de plein emploi. L'angoisse qu'ils ressentent, ils ne peuvent la partager avec des parents qui sont sur d'autres rails, avec d'autres critères d'évaluation de leur vie, et qui, finalement, n'habitent pas mentalement le même pays. Beaucoup de parents ont, d'une certaine manière, réussi leur vie, leur projet migratoire, alors que les jeunes se voient « aller dans le mur ». Ce déphasage est source d'une grande violence interne chez les jeunes et disqualifie les parents aux yeux de leurs propres enfants. Certains jeunes le disent explicitement : « On est dans la rue, par la faute des parents qui étaient perturbés par l'argent, le retour... Voilà pourquoi les jeunes sont en échec... Ils étaient tournés plus vers le retour que vers l'éducation. »

Le problème des garçons tout-puissants

Lorsque le père ne tient pas sa place, soit parce qu'il est trop absent, soit parce qu'il a baissé les bras, les garçons sont tout-puissants dans la famille. Ils vivent en autonomie et ont un peu tous les droits : pas de corvées comme c'est le cas pour les filles, pas d'exigences. Dans certaines familles, le retrait du père s'est accompagné de la prise de pouvoir par les grands frères. Les garçons, qui vivent en autonomie dans leur famille, souffrent d'un défaut d'internalisation des normes et interdits qui les rend intenables à l'école.

Les transformations de l'environnement

L'environnement proche dans lequel évoluent les familles rend leurs méthodes éducatives peu efficaces. La brutalité perd de son efficacité dissuasive dans un environnement devenu très violent. La paupérisation, la perte d'espoir d'entrer sur le marché du travail pour de nombreux jeunes qui voient des aînés diplômés au RMI, la réussite économique de certains jeunes à travers l'exercice d'une activité déviante expliquent aussi l'attraction qu'exercent les modèles déviants.

Si le défaut d'internalisation des normes sociales tient à la perte d'autorité dans certaines familles, la tâche des familles est devenue très difficile dans les zones de forte relégation où s'est développée une activité mafieuse[1]. Or, comme au Maghreb, les familles expédient volontiers les enfants dehors, ne serait-ce que pour faire de la place. Dans les familles où l'on a baissé les bras, l'internalisation des normes se fait dans la rue. Les limites, les repères sont posés dehors. Les jeunes n'ont plus aucune notion de la responsabilité personnelle dans leur propre destin. Les normes qu'ils intègrent ne sont plus celles de la société globale, mais du milieu. Ces environnements sont propices à une forte baisse du statut de l'adulte. Ces jeunes s'approprient certains espaces, et même certaines structures, qui sont alors désertées par une bonne partie de la population. L'adulte pèse peu face aux lois de la rue et ses interventions sont menacées de représailles. Quelquefois, la déviance se « familialise », suite au découragement et aux difficultés financières. Certaines familles résistent, d'autres craquent devant la tentation et ferment les yeux sur les trafics de leurs propres enfants.

Ces phénomènes de déviance ne touchent pas seulement les familles maghrébines. Mais, pour elles, interviennent certains facteurs aggravants et cumulatifs qui s'expliquent par le déphasage de leur modèle éducatif qui les condamne souvent à l'impuissance, leur concentration dans des zones de déclin industriel, de relégation sociale et donc de développement d'activités délinquantes.

---

1. A. Hammouche, « Famille relationnelle en situation migratoire, autorité paternelle et puissance publique », in *Lien social et politiques*, n° 37, 1997.

Répercussions à l'école

Les problèmes éducatifs au sein des familles maghrébines affectent beaucoup la vie scolaire. Il faut cependant bien distinguer ce qui tient à l'incompréhension de ce qu'est l'école dans les familles et ce qui tient aux défauts d'internalisation normative aggravés par la dégradation de l'environnement.

Les familles maghrébines et l'école

De nombreux parents immigrés ne sont jamais allés à l'école, ce qui ne leur permet guère d'accompagner, concrètement, leurs enfants dans leur scolarité autrement que par des exhortations à travailler et à bien se conduire. Ils ont du mal à décoder la manière dont l'école fonctionne et à élaborer des stratégies.

Dans les familles immigrées aux parents analphabètes, on retrouve, mais avec une forte amplification, le désarroi des familles françaises socialement et culturellement les plus démunies, devant un système scolaire qui s'est complexifié et qui profite avant tout à l'élite capable de le décoder et d'élaborer des stratégies [1]. Beaucoup de parents analphabètes ont une conception un peu magique de l'école : il suffit que l'enfant y aille pour que les choses se fassent. Ils sont incapables de suivre les carnets de correspondance, dont les enfants ont bien souvent l'entière maîtrise. Ils n'ont généralement pas de démarche spontanée vers l'école et souffrent d'un sentiment d'infériorité. Ces parents ont du mal à concrétiser leur intérêt pour la scolarité de l'enfant.

---

1. Nous renvoyons ici au constat de François Dubet sur l'inadéquation de l'école actuelle au plus grand nombre, sur la nécessité de redéfinir les fonctions de l'école autrement que par la « défense de la grande culture », la défense de la laïcité se confondant trop souvent avec celle des conservatismes et des privilèges. Cf. notamment F. Dubet, « La laïcité dans les mutations de l'école », in *Une société fragmentée ? le multiculturalisme en débat*, M. Wieviorka (dir.), Paris, La Découverte, 1996.

Les pères ont tendance à déléguer leur autorité à l'école, comme l'explique un directeur : « Non, mais t'as qu'à taper dessus ! Tu tapes dessus ! Je te donne mon autorisation ! » La plupart des écoles se plaignent des modes d'exercice de l'autorité parentale. Il n'y aurait guère de milieu : la sévérité extrême ou le désintérêt. À l'école, on met en avant le rôle de la motivation familiale : « Quand les parents sont hors-jeu, les gamins sont hors-jeu. C'est du 100 %. » On se plaint aussi de la place prise par les grands frères dans la gestion des rapports avec l'école. Lorsque l'autorité a changé de niveau, dans la famille, on observe alors des garçons en autonomie, qui n'ont plus ni règles, ni horaires. Ces enfants tout-puissants ont tendance à contester le statut des adultes intervenant dans les établissements, avec, quelquefois, une hostilité aux contenus.

Du fait de la conception qu'ont ces familles de l'autorité en général et de l'autorité scolaire en particulier, ils n'ont pas tendance à négocier avec l'école, notamment au moment des orientations. Les parents ne semblent pas avoir de stratégie sophistiquée par rapport au bac. Dans la ville où l'enquête à été menée, beaucoup de jeunes d'origine maghrébine ayant poursuivi leurs études secondaires ont fait un bac STT (sciences techniques et tertiaires) qu'ils prolongent par un BTS action commerciale dans le même lycée. Pour certains, c'est par facilité et pour rester avec les copains, à tel point qu'on peut parler d'ethnicisation des filières.

Des effets de la dégradation des conditions de vie

Dans les écoles, on signale très souvent des défauts d'hygiène de vie qui reflètent une absence d'autorité parentale (c'est le cas des enfants qui regardent la télé tard le soir) et une pauvreté des moyens, avec des enfants fatigués parce qu'ils mangent mal ou pas assez. Ces défauts d'hygiène ne sont pas particuliers aux familles maghrébines, mais la localisation de ces dernières et leur niveau social moyen les y rendent plus sensibles. On se plaint également de la pression exercée par l'environnement, avec les plus grands pour qui ça s'est très mal passé à l'école et qui cherchent à entraîner les petits.

La dégradation de la situation sociale et économique des familles, dans un contexte économique global qui n'offre plus guère de perspectives d'ascension sociale, ni même d'intégration sociale tout court, a tendance à désenchanter les familles par rapport à l'école et à détériorer un peu plus le lien social. C'est particulièrement sensible dans les zones de forte relégation ethnique et sociale. Comme l'explique un directeur d'école : « Ici, il n'y a plus d'intégration par le travail. Il n'y a même plus d'intégration par le bistrot. Il n'y a rien, pas de milieu de vie. » L'absence de perspectives et l'état des lieux de vie conduisent à un certain fatalisme social qui touche aujourd'hui les plus jeunes. Le rêve professionnel des gamins, à l'école primaire, compte tenu de leur univers social, c'est d'être gardien d'immeuble et non médecin ou pilote de ligne. Les plus jeunes suivent alors la pente de grands frères qui cherchent à obtenir une position sur le quartier permettant les petits trafics. Les rêves des enfants s'adaptent donc, d'une certaine manière, à la triste réalité des quartiers, ce sont des rêves de promotion asociale, liés aux modèles de réussite financière qu'ils voient autour d'eux.

Problèmes particuliers liés à la segmentation ethnique et à l'ethnicisation de la vie locale

La segmentation ethnique n'a pas favorisé la remise en cause du modèle traditionnel d'éducation des familles maghrébines. Sa perpétuation est bien souvent considérée comme un élément clef de la réputation des familles, de leur honneur et le contrôle social a été d'autant plus fort que la concentration ethnique était élevée. Lorsque la famille a vécu hors de ces quartiers à forte concentration, les contacts avec les familles françaises voisines ont permis une évolution de la position du père dans la famille.

Le racisme antimaghrébin, qui a nourri un racisme antifrançais de réponse rend, pour les jeunes d'origine maghrébine, la transgression des lois plus facile. En zones de forte concentration, le racisme de contact, exacerbé par les basculements ethniques qui touchent les jeunes générations dans un contexte où la vie devient plus difficile, s'est doublé d'un racisme de concurrence qui se manifeste notamment dans la course à l'emploi. La société a tendance à réserver les emplois aux « vrais » Français. La faible pénétration des Français d'origine maghrébine dans les instances publiques contribue à faciliter ces conduites. C'est particulièrement vrai de la police, qui n'est pas exempte de comportements racistes. Il est donc encore plus difficile, pour les jeunes d'origine maghrébine, de respecter les règles d'un jeu dont ils se sentent exclus et de respecter une police qui fait figure d'ennemi. La « symétrisation » de l'hostilité renforce la pression sociale ethnique et le recul de l'autorité publique : celle-ci est souvent perçue comme fonctionnant au service des Français « de souche » et on peut être tenté de régler certaines affaires en dehors des circuits traditionnels, le seul fait de passer par les circuits d'un État de droit pouvant être compris comme une adhésion au camp ennemi.

L'exclusion et le racisme ont aussi contribué à revivifier une identité musulmane et un certain ancrage dans la tradition qui peuvent être alors survalorisés. La confrontation du modèle éducatif maghrébin à celui de la société française, si elle a frappé d'incapacité des pères, ne s'est pas accompagnée, dans les zones où la pression sociale est restée forte du fait des concentrations ethniques, de l'élévation attendue du statut des femmes. Les filles restent la vitrine de l'honneur des familles et si les pères se sont trouvés dépassés par leurs fils, ces derniers ont alors pris la relève. L'évolution du statut des femmes se trouve freinée, ces dernières étant soumises aux restrictions qu'exigent la préservation de l'honneur. Les nasses socioethniques que sont devenus certains quartiers sont même marquées par une certaine régression se traduisant par une plus grande séparation des sexes, notamment dans les lycées (où l'on évite le contact : les garçons ne font plus la bise aux filles), ou par la demande d'aménagements spécifiques lors de la rénovation d'immeubles (faire en sorte que les femmes puissent accéder à la cuisine sans être vues du salon), ou encore par une recrudescence du port du costume traditionnel, ou encore par l'abandon de mobilier occidental.

Il y a comme une réappropriation d'un modèle de vie concurrent au modèle occidental. Ce mouvement est favorisé par le développement d'un « islam de France » qui, derrière le masque d'un discours « républicainement correct », cherche à séduire les jeunes « casquettes-baskets ». L'éducation défaillante qu'ont connue certains jeunes les prédispose à une sortie de la déviance par le religieux. En effet, la religion apporte des règles, une hygiène de vie jusque-là inaccessibles[1]. Certains jeunes trouvent ainsi des limites à leur propres désirs, renoncent à un mode de vie occidental qui les soumet à la tentation de la consommation que seule la déviance permettrait de satisfaire. La religion seule leur permet d'accepter cette abstinence et de supporter situation économique précaire et réclusion sociale.

Conclusion

On parle beaucoup aujourd'hui de reconstruire le lien social, condition nécessaire à l'existence d'un contrôle social collectif. Or la restauration du contrôle social collectif passe, non par une substitution toujours plus grande de l'autorité publique aux figures traditionnelles de l'autorité, mais par la restauration de ces figures, notamment celle du père. On devrait donc s'interdire les actions qui déresponsabilisent toujours plus les familles. L'esprit de responsabilité ne s'acquiert pas sous la menace, ni en développant la passivité. Par exemple, si l'on obtient des familles, sous la contrainte, qu'elles ne laissent plus traîner leurs enfants dans la rue la nuit, cela ne les oblige guère à une véritable action éducative. Jusqu'où va-t-on s'immiscer dans la famille pour s'assurer qu'y subsistent quelques règles éducatives ? Faudra-t-il passer dans les familles tous les soirs pour mettre les enfants au lit à une heure convenable ? Comment un père qui ne décide plus de rien dans sa propre famille va-t-il pouvoir s'intéresser à une collectivité un peu plus

---

1. Comme le remarque Farhad Khosrokhavar, « L'islam des nouvelles générations », in *Hommes et Migrations*, n° 1211, février 1998.

large, réintégrer l'espace public et participer au contrôle social collectif ? Ce n'est pas en prenant les familles toujours plus en défaut qu'on raffermira leur position.

Par rapport aux évolutions observées, au niveau national, sur les décennies précédentes, on doit se demander dans quelle mesure les évolutions inquiétantes, caractéristiques de lieux de forte relégation marqués par une fracture socioethnique, contrarient l'évolution positive d'une assimilation culturelle globale. Même à supposer qu'un certain cynisme politique puisse conduire à abandonner ces lieux à leur triste sort, encore faudrait-il apprécier dans quelle mesure ces évolutions sont susceptibles de se globaliser. Autrement dit, leur existence, aux franges de la République, n'est-elle pas susceptible de remettre en question le fonctionnement global de cette dernière ? Le malheur social, l'exclusion, engendrent des mécanismes compensatoires. La religion en est un. Aujourd'hui, on voit, hélas, se dessiner, en France, la tentation de sous-traiter à un islam, dont on ne perçoit pas les aspects totalisant, une bonne partie du champ de l'action sociale, pour préserver la paix publique. Il faut y voir les prémisses d'un renoncement de la République à traiter la question sociale dans tous ces aspects (sans laisser dehors les nouveaux Français d'origine maghrébine) et à être présente sur l'ensemble du territoire français.

Annexe 3

COMPARER LES QUESTIONS FAMILIALES
EN EUROPE

Claude MARTIN
Chargé de recherche au CNRS, *Centre de recherches administratives et politiques (*IEP *de Rennes et université de Rennes 1).*

Dans les comparaisons européennes, la France est généralement considérée comme le pays qui a, le plus tôt et le plus nettement, fait de la famille une affaire d'État. Certains avancent même que la question familiale pourrait être aussi centrale pour la création de notre système de protection sociale, que l'a été la question de la pauvreté en Angleterre, ou la question ouvrière en Allemagne (Merrien, 1994). En effet, s'expriment en France, tout au long du XIXᵉ siècle, un certain nombre de controverses et de débats entre des doctrines politiques, que l'on peut qualifier rapidement d'« individualisme », de « familialisme » et de « natalisme », qui vont faire de la défense d'une certaine représentation de l'institution familiale et de l'enjeu démographique des questions politiques majeures (Commaille, Strobel et Villac, 1994). Ces débats déboucheront sur la formulation du Code de la famille de 1939, qui inaugure et institutionnalise l'existence d'une politique familiale explicite et globale, à la française, intégrée lors des ordonnances de 1945 dans le système de Sécurité sociale.

Cette originalité française explique peut-être que l'on ait souvent négligé en France de situer les politiques familiales dans le contexte européen. Le débat comparatiste sur les politiques sociales et familiales mobilise d'ailleurs nettement plus les experts britanniques ou scandinaves, voire même ceux d'Europe du Sud, que les français, qui semblent plus préoccupés de commenter l'inertie ou la complexité de notre système que de prendre en compte ce contexte européen.

Pourtant, les débats contemporains sur la transformation des systèmes nationaux de protection sociale, à l'échelle européenne ou des pays de l'OCDE, montrent l'importance des questions familiales. Celles-ci apparaissent dans le débat public sous la forme d'un certain nombre de thèmes, comme celui des solidarités, des responsabilités et/ou des obligations familiales. En fait, le rôle que joue la famille en matière de protection des individus vulnérables, qu'il s'agisse des enfants, des jeunes adultes, des personnes ayant des difficultés d'insertion ou de maintien sur le marché du travail, des personnes âgées, etc., apparaît de plus en plus central, dans le contexte de réduction des dépenses publiques et de renforcement des inégalités sociales. L'insertion dans des réseaux familiaux est effectivement une ressource pour nombre de dimensions de l'existence : l'accès au logement, au travail, à l'information, mais aussi en termes d'aide quotidienne, d'échanges monétaires, de biens et de services. Mais cette « contribution familiale » a aussi une autre caractéristique, moins souvent soulignée : le fait qu'elle ne compense pas les inégalités, mais a plutôt tendance à les renforcer (Martin, 1996b ; 1997).

Dans cette note, nous proposons de montrer que cette question de la contribution des familles à la protection des individus et des trajectoires sociales est structurante pour comprendre la façon dont s'orientent les politiques sociales et les politiques familiales européennes. Pour situer les politiques familiales françaises dans ce débat européen, nous aborderons successivement trois thèmes principaux :

1. Que faut-il comparer et comment comparer ?
2. Comment se positionne la France dans les comparaisons selon les angles d'attaque que l'on adopte ou les variables que l'on privilégie ?

3. Quelle question principale et quelles stratégies retenir pour penser l'avenir des politiques familiales ?

Atouts et apories de la comparaison

Que peut-on comparer ?

On aborde généralement la comparaison des politiques familiales en présentant l'évolution qu'ont connue les principaux indicateurs sociodémographiques sur la période contemporaine, descripteurs de la réalité familiale en Europe. Cet inventaire des tendances pose un certain nombre de problèmes. Quand certains insistent sur les convergences ou sur les similitudes, d'autres au contraire mettent en évidence les écarts, la permanence, voire l'irréductibilité des différences. Quand certains montrent que la famille a profondément changé, soit pour s'en inquiéter, soit pour s'en réjouir, d'autres estiment qu'elle continue de remplir des fonctions qui ont toujours finalement été les siennes, etc. (voir Commaille et Singly, 1997 ; Martin, 1996c). On le voit, les occasions de controverses sont nombreuses et les diagnostics doivent d'abord et avant tout être considérés comme l'expression de points de vue.

Dans leur ouvrage consacré à « la question familiale en Europe », François de Singly et Jacques Commaille (1997) proposent un certain nombre de règles pour construire la comparaison : premièrement, expliciter le modèle théorique sous-jacent et échapper ainsi à l'illusion de la description chiffrée ou à celle qui consiste à penser que la réalité émane magiquement des données accumulées. La deuxième règle a trait à la bonne distance d'observation. Tout dépend du fait que l'on observe les différences de près ou de loin. Ainsi, par exemple, pour tester l'existence d'un modèle familial européen ou d'une convergence européenne en matière familiale, ne vaudrait-il pas mieux comparer les pays de l'Union européenne avec des pays non européens, plus éloignés ? On peut aussi, d'une autre manière, se demander si l'échelle nationale est bien toujours pertinente pour rendre compte de ces transformations des comportements privés, les effets de moyenne masquant de très importantes variations régionales ou locales. Pourquoi alors ne pas mener des comparaisons européennes à des échelles régionales ? Troisième règle, évidente en apparence, procéder à des comparaisons significatives statistiquement et enfin, ne pas confondre différences observées et diversité des modèles.

L'exposé des tendances sociodémographiques pose encore d'autres types de problèmes en termes d'image du changement et de construction des problèmes publics. Ainsi, pour ne prendre qu'un exemple concernant la France, il est évident que l'image produite de la question familiale varie nettement selon que l'on privilégie l'un ou l'autre des énoncés suivants, qui sont tous deux rigoureusement justes pour décrire la situation française. On peut dire ainsi que près d'un mariage sur quatre débouche actuellement sur un divorce ; mais on peut dire aussi que près de huit enfants sur dix vivent avec leurs deux parents. La première affirmation nous donne une image que l'on peut juger inquiétante de la situation contemporaine des familles, quand la seconde peut sembler plus réconfortante, parce que plus stable. On pourrait prendre de nombreux autres exemples de ces problèmes de présentation des données sociodémographiques ou de choix d'indicateurs, comme le recours au seul indice conjoncturel de fécondité, ou au contraire à l'indice final pour rendre compte de la baisse de la natalité ou de sa relative stabilité ; l'un se situant au-dessous du seuil symbolique des 2,1, supposé garantir l'accroissement de la population, quand l'autre se situe à ce niveau justement (voir Le Bras, 1991). Selon l'indicateur que l'on va choisir, on donne de l'eau au moulin aux propos alarmistes qui défendent des thèses natalistes, ou, au contraire, on leur coupe l'herbe sous le pied et l'on peut soutenir que la France est dans le peloton de tête en Europe, le deuxième en termes de descendance finale pour les femmes de la génération née en 1960 (voir tableau).

Nonobstant ces difficultés et précautions et cette question de l'usage des catégories et des indicateurs, un certain nombre de tendances sont généralement dégagées, qui semblent affecter à des rythmes différents l'ensemble des pays de l'Union européenne : tendance au déclin de la fécondité (amorcée en Europe du Nord, avant de gagner rapidement l'Europe de l'Ouest et de s'étendre en Europe du Sud de façon plus intense, alors que la fécondité reprenait en Scandinavie) ; montée des divorces ; montée des naissances hors du mariage ; gain d'espérance de vie ; augmentation du travail salarié des femmes[1], pour l'essentiel).

	Mariage	Divorce	Naissance hors du mariage	Fécondité (1994)
Modèle anglo-scandinave				
Danemark	.61	2.5	46.4	1.81 (1.88)
Finlande	.51	2.5	28.9	1.85 (1.94)
Suède	.50	2.6	49.5	1.88 (2.04
UK	.58 (1991)	4.3	30.8	1.74 (1.94)
Modèle méditerranéen + Irlande				
Irlande	.67 (1991)	–	18.0	1.86 (2.38)
Grèce	.59	0.6	2.6	1.35 (1.92)
Italie	.66 (1990)	0.4	6.7	1.21 (1.62)
Portugal	.87	1.3	16.1	1.44 (1.83)
Espagne	.66 (1991)	0.7	10.0 (1991)	1.17 (1.69)
Modèle Europe de l'Ouest				
Autriche	.58	2.1	25.2	1.44 (1.68)
Belgique	.65	2.2	12.6 (1991)	1.57 (1.84)
France	.53	1.9 (1991)	33.2	1.66 (2.08)
Allemagne Féd.	.64	1.9	11.6	1.24 (1.63)
Luxembourg	.67	1.9	12.7	1.72 (1.71)
Pays-Bas	.63	2.0	12.4	1.57 (1.82)

Données du Conseil de l'Europe 1992. Mariage : taux des premiers mariages des femmes âgées de moins de 50 ans ; divorce : nombre de divorce pour 1 000 habitants ; naissances hors du mariage : taux pour 100 naissances.

Données Observatoire démographique européen. Fécondité : indice conjoncturel de fécondité en 1994. On indique entre parenthèses la descendance finale pour la génération de femme née en 1960.

---

1. On estime que la moitié des femmes avec des enfants de moins de 10 ans occupent un emploi en Europe (voir Saraceno, 1996).

On peut dès lors tenter de regrouper les pays par grandes catégories, comme le proposent Millar et Warman (1996) et suggérer l'existence de modèles familiaux au sein de l'Europe, continuant de présenter certaines spécificités. À la lecture du tableau précédent, on perçoit cependant la fragilité de tels classements.

Les sens de la comparaison : comment interpréter ?

Mais le sens des transformations de la famille continue d'échapper à ces indicateurs, qui ne nous disent rien de ce qui produit le changement. Il faut alors se tourner plutôt vers les modèles théoriques. Là encore, on peut rencontrer des oppositions ou des paradoxes : entre ceux qui privilégient les permanences dissimulées sous les discours de changements, comme la lecture que nous propose Jean-Claude Kaufmann (1992) du rôle que jouent les habitudes et la quotidienneté, les gestes répétés et incarnés, qui participent d'une certaine immuabilité de l'univers conjugal et privé et de la division du travail domestique entre les genres ; ceux qui, au contraire, soulignent les changements en analysant le processus de désinstitutionnalisation de la famille, que ce soit au plan des pratiques sociales ou à celui du droit, avec le recul de la fonction symbolique qu'il jouait pour donner sens aux pratiques (Roussel, 1989 ; Théry, 1993). On peut encore se tourner vers des analyses comme celle de François de Singly (1996) qui conceptualise le changement sous l'angle de ce qu'il appelle l'apparition d'une « famille individualiste et relationnelle », centrée sur la production des identités, la révélation de soi et de l'autre, que ce soit dans les relations conjugales ou parentales.

On peut également se référer aux auteurs qui ne conçoivent les changements de la sphère privée qu'à l'aune des bouleversements que connaissent les sociétés développées et post-industrielles. L'analyse ne porte plus tant sur les interactions dans la famille, mais plutôt sur les liens qu'entretiennent famille et société. C'est le cas, par exemple, des travaux de Anthony Giddens (1992) pour l'Angleterre ou de Ulrich Beck (1992) en Allemagne. L'un et l'autre insistent sur le processus de modernisation qui nous fait sortir de la société industrielle et qui pour une large part prend appui sur une transformation de la famille, de l'intimité et des rapports entre les sexes. Les bouleversements qui affectent la famille ne sont alors que le résultat de ces mutations plus globales. Pour Beck, la société industrielle avait réservé en quelque sorte les principes de la modernité (liberté individuelle et égalité) à un seul genre, en s'appuyant sur le présupposé de la division des rôles des sexes caractéristique de la famille nucléaire, conservant en un sens une composante préindustrielle ou même féodale. À l'homme, le rôle de travailleur (à temps plein) et de pourvoyeur de revenu ; à la femme, la charge du travail domestique gratuit et le rôle d'éducatrice (Beck, 1992). Par la prise de conscience (la « réflexivité ») des citoyens liée à cette modernisation, nombre des catégories structurantes de la société industrielle ont perdu de leur pertinence et de leur légitimité : famille nucléaire fondée sur l'inégalité des genres, classes sociales, les trois principales étapes du cycle de vie, etc. Cette « modernisation réflexive » aurait suscité chez les nouvelles générations de femmes une attente d'égalisation des conditions masculines et féminines qui répercute au cœur du conjugal et de la vie privée une contradiction intrinsèque à la société industrielle.

Ces lectures et interprétations du changement ou des permanences rapidement esquissées ici nous montrent essentiellement l'importance des problématiques ou des angles d'attaque adoptés. Aucune des données sociodémographiques recensées sur les différents pays d'Europe ne nous permet à elle seule de comprendre le moteur du changement, ni celui des pratiques, ni surtout celui des politiques adoptées pour orienter ces pratiques. Elles permettent tout au plus de faire des hypothèses.

Les difficultés de donner sens à la comparaison s'accroissent encore quand il s'agit de comparer non plus les pratiques mais les politiques familiales. La première d'entre elles renvoie à la définition même des politiques familiales et de leurs frontières avec d'autres secteurs de l'action publique. Si les pouvoirs publics français affichent clairement l'existence d'un tel secteur, ce n'est pas le cas dans un pays comme l'Angleterre où l'on considère qu'il n'y a pas à proprement parler de politique familiale, mais plutôt un ensemble de politiques sociales à effets familiaux. Et même lorsqu'elles sont apparemment explicites, les frontières de la politique familiale sont terriblement floues si l'on admet, comme le propose Jeanne Fagnani, que « par politique familiale, on peut entendre toutes les mesures inscrites dans un cadre législatif, prises par les pouvoirs publics (à quelque niveau que ce soit, national, régional ou local) et affectant – directement ou indirectement – le mode de vie, le niveau de vie et, de façon plus générale, le "bien-être" des familles » (Fagnani, 1993, p. 87).

Cette difficulté de définition a été largement révélée et commentée par nombre de spécialistes de la comparaison internationale (cf. par exemple, Dumon, 1987 ; Barbier, 1989, 1990 et 1991 ; Fagnani, 1993 ; Pitrou, 1994 ; Commaille, 1995 ; Commaille et Singly, 1997a ; Schultheis, 1996). De ce fait, les travaux comparatifs s'apparentent souvent, soit à un inventaire des obstacles qui s'érigent sur le chemin des comparatistes, soit à un long listing des dimensions et secteurs d'action publique qui doivent être pris en compte pour entrer dans la comparaison[1].

Pour comparer les politiques familiales, il faut donc bien saisir les angles d'attaque privilégiés, qui peuvent donner lieu à un positionnement différent des pays les uns par rapport aux autres. Mais notre but n'étant pas le relativisme théorique ou une plaidoirie sur la complexité, nous voudrions dire aussi nos hypothèses. Notre hypothèse est qu'il ne faut pas chercher dans les changements de pratiques familiales le principal moteur de l'évolution des politiques familiales. L'idée que les politiques familiales sont élaborées d'abord en fonction des besoins nous semble, dans une large mesure, une illusion. Elles relèvent beaucoup plus de choix réalisés dans des cadres institutionnels, de compromis entre des logiques institutionnelles et des grou-

---

1. Les productions de l'Observatoire européen des politiques familiales témoignent parfaitement de cette difficulté en listant l'ensemble des mesures touchant les familles qui ont été prises, année après année. On est là en amont de la comparaison. Pour une analyse critique des conditions de la comparaison on se reportera à Schultheis (1989) et Commaille et Singly (1997b).

pes d'intérêts (Jenson et Philipps, 1995). La manière dont ces groupes et un certain nombre d'experts et de spécialistes construisent les problèmes publics et hiérarchisent ces problèmes nous semble beaucoup plus déterminante que l'hypothétique poursuite de besoins ressentis par la population et auxquels les politiques chercheraient assez mécaniquement à répondre (voir Martin et Hassenteufel, 1997).

Sur le « comment comparer ? », il nous semble donc primordial de repérer la diversité des angles d'attaque ou des problématiques, et leurs conséquences en termes de résultats de la comparaison, mais aussi de privilégier la genèse des politiques dans ce domaine en termes de compromis institutionnalisés (voir Singly, 1994-95 ; Lefaucheur et Martin, 1995 ; Martin, 1997c).

Les leçons de la comparaison : théories, classements et typologies

Selon les modèles d'analyse et les variables que l'on privilégie, selon la définition et le champ que l'on donne aux politiques familiales, on peut déboucher sur des classements, des typologies et des positionnements différents de la France par rapport aux autres pays européens (voir Martin, 1998b).

Si l'on compare les systèmes nationaux de protection sociale sans tenir compte des enjeux familiaux : les « régimes d'État providence »

Deux questions essentielles sont le plus souvent posées pour aboutir à des typologies des systèmes de protection sociale : *combien* chaque pays dépense-t-il en pourcentage du PIB pour la protection sociale, voire pour chaque branche ou risque ; et de quelle manière finance-t-il ces dépenses (par la contribution obligatoire et/ou par l'impôt et dans quelles proportions) *(comment)* ? De cette façon, on peut grossièrement déboucher sur quatre types de pays : des pays d'orientation beveridgienne[1], plus ou moins généreux (à haut niveau de dépenses comme les pays scandinaves et à bas niveau de dépenses comme le Royaume-Uni ou l'Irlande) ; des pays appliquant plutôt les principes bismarckiens[2] de l'assurance obligatoire, là encore plus ou moins généreux (à haut niveau de dépenses comme les Pays-Bas, la France ou l'Allemagne, ou à bas niveau de dépenses comme les pays du Sud de l'Europe) (Bonoli, 1997).

Parmi ces travaux comparatifs, l'ouvrage de G. Esping-Andersen : *The Three Worlds of Welfare Capitalism* (1990) représente une des références majeures de ces dernières années. Partant d'une approche génétique de la construction du rôle social de l'État dans différentes configurations nationales, il propose de repérer différents régimes d'État providence, en fonction de trois variables qui donnent lieu à une échelle de performance comparée sur : la qualité des droits sociaux (universalistes, minimalistes/ assistanciels, assurantiels) ; les effets de la redistribution en termes de stratification sociale, et enfin, la manière dont État/marché et famille interagissent. Mais le cœur de l'analyse réside dans l'évaluation de la dé-marchandisation (*decommodification*) de la force de travail, c'est-à-dire la plus ou moins importante marge de liberté que détiennent les acteurs sociaux, selon les systèmes, par rapport à la nécessité de vendre leur force de travail sur le marché de la production capitaliste pour atteindre des conditions de vie acceptables. Il propose de distinguer trois régimes d'État providence : le régime social-démocrate/ universaliste, correspondant aux pays d'Europe du Nord (surtout à la Suède) ; le régime conservateur-catholique/ corporatiste, qui correspond à la fois à l'Allemagne,

1. En référence au modèle de Sécurité sociale proposé par Beveridge dans son rapport remis en 1942 à Winston Churchill.
2. En référence aux lois d'assurance sociale adoptées sous Bismarck en Allemagne entre 1883 et 1889.

l'Autriche, la Belgique, l'Italie et la France ; et le régime libéral/résiduel, qui correspond aux États-Unis, au Canada, à l'Australie et, depuis les « années Thatcher », au Royaume-Uni[1]. Si cette classification affine sensiblement la polarisation habituelle entre modèles bismarckien et beveridgien, et redouble la typologie de Titmuss (1974), il est évident qu'elle manque encore de nuances et qu'elle fait finalement peu de cas de la « question familiale ». En effet, de ce point de vue le rapprochement de l'Allemagne et de la France n'est manifestement pas satisfaisant (voir Schultheis, 1996). D'autres auteurs suggèrent d'ajouter un type correspondant aux pays d'Europe du Sud (Leibfried, 1993 ; Castles, 1995 ; Ferrera, 1996).

Si l'on compare en fonction des effets différentiels selon le genre : les *gendered regims*

Les études féministes proposent un autre angle de comparaison : celui des effets différentiels de chaque système national de protection sociale selon le « genre », ce qui permet d'introduire la question de l'organisation de la vie privée et des enjeux liés au travail de reproduction. Se démarquant des travaux féministes des années soixante et soixante-dix, qui soulignaient simplement que le développement de l'État providence n'était en quelque sorte que le transfert, des hommes vers l'État, du rapport de domination, de répression et de contrôle social s'exerçant sur les femmes (étatisation du patriarcat), ou de ceux qui ont tenté de recenser les différences de traitement des hommes et des femmes par le droit civil, social et fiscal, cette nouvelle génération de travaux « féministes » s'est concentrée sur la question du travail non rémunéré, le plus souvent assumé

---

1. L'analyse de la situation britannique depuis l'arrivée du *New Labour* est plus complexe et donne lieu à de vives controverses actuellement (voir N. Burgi-Golub, 1998 et un récent numéro de *Political Quaterly*, 1997, consacré entièrement au *New Labour*).

par des femmes dans les ménages, reconnaissant parfois que l'État providence pouvait être émancipateur pour les femmes *(women friendly Welfare State)*, en leur permettant d'accéder à une pleine et entière citoyenneté politique et sociale (voir en particulier Lewis, 1992 et 1997 ; Taylor-Gooby, 1991 ; Daly, 1994 ; Sainsbury, 1994 et 1996 ; Scheiwe, 1994 ; Jenson, 1997).

Quand la typologie d'Esping-Andersen privilégie la question de la capacité des différents dispositifs de protection sociale d'émanciper le travailleur (en fait plutôt un homme travaillant à plein temps) de sa dépendance au marché du travail, ces auteurs insistent plutôt sur les liens entre État providence, travail rémunéré et non rémunéré et privilégient la division des rôles des sexes et un autre mode de stratification : celui du genre, qui s'ajoute aux inégalités de classes prises en compte par Esping-Andersen. Plus que de la famille à proprement parler, il est question ici de la contribution féminine au *Welfare* et à la protection, sous la forme du travail gratuit. Dans cette perspective, les différents régimes d'État providence sont lus comme offrant aux femmes plus ou moins de possibilités d'autonomisation par rapport au lien conjugal, mais aussi plus ou moins de protection contre les risques d'appauvrissement liés à cette autonomisation (voir Lefaucheur, 1992 ; Martin, 1997b).

Jane Lewis (1992) propose ainsi une nouvelle typologie. Elle distingue :

• Des pays comme l'Irlande ou le Royaume-Uni, voire l'Allemagne, où domine très nettement le modèle de Monsieur Gagnepain *(Male breadwinner model)*, dans lequel les droits sociaux des femmes sont presque exclusivement des droits dérivés (de ceux du mari), ou des prestations de « deuxième classe » (l'assistance par rapport aux prestations d'assurance dites de « première classe »), la position de l'État consistant bien souvent à ne pas faciliter (voire à lutter contre) la présence des femmes sur le marché du travail et à renforcer les principes d'obligation au sein des ménages.

- Des pays, comme la France ou la Belgique, qui en se préoccupant plus de l'enfant dans leur dispositif de protection sociale, et en reconnaissant les femmes à la fois comme des parents (épouses et mères) et des travailleuses, ont développé un *parental model*.
- Et enfin, des pays comme la Suède qui, en reconnaissant une égalité formelle des hommes et des femmes comme citoyens à part entière, ont promu un modèle de « ménages à deux revenus » *(two breadwinner model)*, supposant la socialisation et la professionnalisation des tâches de soins à la petite enfance.

Si l'on compare en fonction des obligations familiales : des droits individuels aux obligations familiales

Une autre perspective peut être encore adoptée pour comparer les politiques sociales et familiales en Europe. Il s'agit d'analyser la répartition des responsabilités entre État et familles, au travers des obligations familiales, que ce soit entre parents et enfants, entre conjoints ou entre générations (grands-parents, parents, enfants). Jane Millar et Andrea Warman ont adopté cet angle dans une comparaison européenne récente (1996).

Elles proposent de distinguer trois types de pays :

- Des pays, comme les pays scandinaves, où ces obligations sont minimales et où les prestations qui sont versées sont adressées à l'individu. Ainsi, par exemple, les enfants ont des droits propres et l'aide aux personnes âgées n'est pas considérée comme relevant *a priori* de la famille. L'aide que les membres d'une famille s'apportent est une affaire de choix et non de devoirs, ce qui ne signifie pas que les individus ne s'entraident pas.
- Des pays comme la Belgique, l'Allemagne, l'Autriche, les Pays-Bas, la France, le Luxembourg, l'Irlande ou le Royaume-Uni, où les obligations sont formulées à

l'échelle de la famille nucléaire (parfois simplement des parents vers les enfants, d'autres fois, comme en France, par exemple, dans les deux sens intergénérationnels). Il faut cependant encore nuancer cette catégorie selon que l'on a affaire à des pays qui privilégient une forte division des rôles des sexes (modèle de M. Gagnepain), comme l'Autriche, l'Allemagne, les Pays-Bas, le Royaume-Uni ou l'Irlande, et qui considèrent donc que la prise en charge des enfants incombe principalement aux mères, ou à des pays comme la Belgique ou la France où l'État assume une part de responsabilité dans cette prise en charge par le développement de services (non parfois sans une arrière pensée nataliste).

- Enfin, les pays d'Europe du Sud, où les obligations s'appliquent au niveau de la famille élargie. Celle-ci est une source de protection et l'État s'attend à ce que ces obligations fonctionnent. En fait, d'ailleurs, pour ce qui concerne les enfants et les personnes âgées, il s'agit d'une protection essentiellement féminine. On trouve donc très peu de services, sauf pour les « sans famille ».

Si l'on compare en fonction de la répartition des tâches de soins et de prise en charge des enfants et des personnes âgées : les *caring regims*

Pour d'autres auteurs, la question centrale n'est pas nécessairement de parvenir à opposer des systèmes nationaux de protection sociale en fonction d'une échelle de performance donnée (capacité à remplacer le salaire en cas de non-travail ou à favoriser par l'accès des femmes au marché du travail l'ouverture de droits sociaux qui leur soient propres), mais de suivre leurs transformations actuelles et de leur donner un sens. Une des questions qui émergent pour produire cette analyse des transitions des régimes de protection sociale concerne la répartition des tâches de *caring*, c'est-à-dire la prise en charge des enfants, mais aussi des personnes âgées dépendantes. Le cœur de l'interrogation n'est plus tant celui du travail non rémunéré et de ses liens avec travail rémunéré et protection sociale, mais cette question du *caring* à proprement parler. Jane Jenson propose ainsi d'élaborer des *caring regims* (Jenson, 1997, voir aussi Jenson et Sineau, 1998).

> Le partage et le paiement du travail de reproduction et de *caring* permet de comparer sur d'autres bases les régimes de protection sociale et de saisir leurs transformations. En effet, ce travail peut être rémunéré ou non. *Caring* n'est donc pas équivalent à travail non rémunéré. De même, un haut niveau de participation des femmes au marché du travail (comme en Suède, par exemple), peut correspondre à des situations de haute participation parentale aux tâches de *caring* (c'est l'exemple suédois avec le recours à des congés parentaux proches du niveau de remplacement du revenu). Par ailleurs, la socialisation des tâches de *caring* et même leur professionnalisation n'ont pas nécessairement des effets positifs pour les femmes, lorsque cette socialisation correspond au développement d'emplois très précaires, à la fois mal rémunérés et mal protégés. Prendre soin peut donc être considéré selon les pays comme un travail professionnel et donner lieu à un emploi, comme un quasi-travail (avec des quasi-emplois précaires et dévalorisés), ou comme un non-travail (invisible et gratuit). On peut encore envisager de le reconnaître comme un travail qui justifie une compensation en cas d'arrêt de son emploi.
> Plusieurs modalités de socialisation du *care* sont donc possibles et peuvent même être combinées selon les configurations nationales, et même selon les types de problèmes sociaux identifiés : on peut envisager des allocations pour les *carers* (ou des congés rémunérés, ou des allégements fiscaux) ; on peut rémunérer le *carer* et reconnaître que ces tâches (le plus souvent féminines) méritent salaire (au risque de reconnaître en même temps que ces tâches incombent aux femmes) ; on peut envisager des allocations pour les personnes qui reçoivent des soins et de l'aide pour qu'elles s'achètent du service (dans leur propre

famille éventuellement, ou sur le marché), et on peut encore développer des services publics aux personnes. Ces différentes modalités ont des effets contrastés sur la construction des droits sociaux et, notamment, en termes de genre. Pour construire ces *caring regims* et penser les changements en cours, Jane Jenson propose de poser trois questions simples. Premièrement, « qui prend soin (*care*) ? » : la collectivité ou la famille (avec ou sans le support de la collectivité), et, dans la famille, les deux parents ou la mère seulement ? Deuxièmement, « qui paye ? » : la famille, l'État, l'employeur ? Et enfin, de quelle manière et où le *care* est-il rendu ? Par un service public, sur le marché, par une association ? En répondant à ces questions, Jane Jenson considère que l'on parviendra à une véritable alternative en matière de comparaison des systèmes de protection sociale et dans la façon de penser les changements en cours.

Quelle question privilégier pour l'avenir ?

L'analyse des transitions et changements que connaissent les systèmes de protection sociale pose de façon centrale la question des frontières entre responsabilités publiques et privées dans le domaine de la protection des personnes. C'est tout l'équilibre entre l'État, le marché et la famille qui est en cause, et l'avenir semble conditionné par cette capacité de rééquilibrage.

Cette question centrale est construite comme problème sur la base des arguments suivants : d'une part, les nations seraient soumises à la nécessité de maîtriser leurs dépenses publiques, du fait des enjeux de la concurrence internationale et de la mondialisation des échanges économiques, laissant de moins en moins de marge de manœuvre pour définir des politiques, qui sont par principe coûteuses. De l'autre, elles subiraient une transformation rapide des comportements familiaux, avec baisse de la fécondité, vieillissement de la population, bouleversement des étapes du cycle de vie, fragilisation des liens familiaux, voire des obligations et solidarités dont ils étaient le vecteur. Ces éléments représentent dès lors des enjeux primordiaux et des arguments dans la discussion sur l'avenir des systèmes de protection sociale. Interminable jeunesse et interminable vieillesse se combineraient alors aux effets dévastateurs du chômage et de la non-insertion sur le marché du travail pour remettre en cause les mécanismes sur lesquels était fondé l'équilibre philosophique et financier des systèmes de protection sociale. La difficulté réside dans la formulation de politiques qui tiennent compte de ces mutations et qui parviennent à être assez lisibles pour être légitimes à des échelles privées et publiques.

Deux courants de pensée nous semblent actuellement s'opposer sur cette « question familiale », ainsi formulée. Le premier considère que les bouleversements démographiques et familiaux sont pour une large part le résultat du développement de l'État providence lui-même qui, en se substituant à l'institution familiale, l'aurait vidé de ses fonctions, débouchant sur un individualisme sauvage et dévastateur, mais aussi une déresponsabilisation et une dépendance des citoyens à l'État (Murray, 1984 ; Mead, 1986). Le développement des politiques sociales aurait provoqué aussi un effondrement des solidarités familiales et du sentiment d'obligation mutuelle dans la parenté et les communautés. La solution consiste dès lors à faire basculer la tendance dans l'autre sens en revenant aux valeurs initiales *(back to basics)* et en restaurant les obligations et responsabilités à l'intérieur des réseaux primaires de la parenté. La stratégie consiste donc à renvoyer vers les responsabilités privées et à ne rien prévoir comme solution de rechange. Une variante stratégique, moins radicale, consiste à faire respecter les obligations familiales et une autre à développer des mesures de *workfare*.

Le second considère, au contraire, que le développement de l'État providence et des services aux familles n'ont fait que compléter et rééquilibrer les fonctions remplies très inégalement par les groupes primaires, sans jamais les remplacer (Evers et Wintersberger, 1988 ; Lesemann et Martin, 1993). En somme, les solidarités familiales continueraient d'assurer leur rôle en complémentarité avec les systèmes de protection collective ; l'enjeu étant plutôt aujourd'hui de soutenir les aidants de proximité pour les aider à assumer leurs responsabilités que de les renvoyer à leurs obligations. Cette complémentarité est, dans cette perspective, tout à fait essentielle à préserver pour éviter la régression sociale, l'épuisement des solidarités privées ou l'effritement des liens sociaux. Deux scénarios sont cependant encore possibles, selon que l'on privilégie le développement de services professionnalisés ou, au contraire, que l'on cherche à soutenir monétairement les membres de la famille qui éprouvent le besoin d'aide.

Face à cette controverse, comment se situent le débat français et les mesures adoptées dans le domaine de la famille ? Le premier constat peut sembler paradoxal. D'un côté, la politique familiale française est fréquemment critiquée pour sa complexité et sa faible lisibilité. Il semble que nous ayons affaire à un maillage extrêmement complexe et souvent incohérent de dispositions, apparues à des périodes historiques différentes, soutenues par des acteurs collectifs différents, et pour poursuivre des objectifs différents (Le Bras, Schweber, Szreter, 1996) : des politiques familiales sédimentées, en somme. Mais, ce défaut n'en est peut-être pas nécessairement un si l'on veut bien reconnaître que ce faisant, les mesures touchent des publics et des familles dont les aspirations et les logiques diffèrent. En effet, que vaut-il mieux, adopter des mesures dont l'objectif est clair, unique et cohérent (comme durant les années Thatcher en matière de familles monoparentales), ou reconnaître que toutes les situations familiales visées ne sont pas identiques et que cette diversité de modes de vie est légitime (Martin, 1997c) [1] ?

Deuxième constat, la France semble engagée depuis quelques années dans une série de dispositions, dont le référentiel est sans doute moins celui de soutenir les familles pour assumer leurs responsabilités, que de créer des emplois (avec ou

---

1. On pourrait prendre l'exemple de la loi famille de 1994 qui a tenté ce compromis en ouvrant en même temps l'APE dès le deuxième enfant et en développant le nombre d'assistantes maternelles, évitant ainsi de s'engager dans le seul projet de l'allocation de libre choix.

sans qualification). Cette tendance est lisible aussi bien dans des mesures comme l'AGED et l'AFEAMA en matière de garde de la petite enfance (Jenson, Sineau, 1998) que dans la politique en matière de prise en charge des personnes âgées dépendantes, où, après de multiples hésitations, on a fini par adopter le principe d'une allocation pour permettre aux personnes âgées dépendantes démunies de recruter des intervenants qualifiés ou non pour les soutenir à domicile, voire même de recruter une fille au chômage (Martin, 1998a). La perspective est manifestement très différente de celle qui consistait, d'une part à développer des services collectifs et, d'autre part, à promouvoir la professionnalisation et la qualification des intervenants à domicile. De là à évoquer une tendance à la marchandisation des services aux familles, il n'y a qu'un pas (Martin, Math, Renaudat, à paraître).

Troisième tendance, le fait d'orienter les politiques familiales dans une logique sociale. Bien sûr, l'introduction d'allocations soumises à condition de ressources ne date pas d'aujourd'hui. L'allocation logement instituée en 1948 était déjà dans ce cas et, d'ailleurs, les préfigurations des allocations aux familles au XIXᵉ siècle étaient d'abord réservées aux familles ouvrières. Cette tendance s'est cependant nettement accentuée au fil des années jusqu'à faire que la majorité des montants distribués par les CAF soit soumise à conditions de ressources dès le milieu des années quatre-vingt. On peut toutefois se demander si l'imposition de cette logique de redistribution verticale ne vient pas aujourd'hui essentiellement d'un souci de maîtrise des dépenses, voire de la difficulté à formuler des projets de politique familiale, qui nécessiterait de réfléchir à ce qu'est la famille dans la société.

Quatrième tendance, le rôle accru du local. Il semble que les collectivités territoriales jouent un rôle de plus en plus important à la fois dans la construction des problèmes publics, dans la mise en œuvre des dispositifs et même dans leur évaluation. Toutefois, la dimension discrétionnaire est beaucoup plus importante. Cette construction territoriale des politiques pose aussi de sérieux problèmes d'équité dans nombre de pays européens, y compris en France, comme on peut le voir pour les personnes âgées dépendantes (Martin, 1998a ; Hassenteufel et Martin, 1998). Mais cette échelle permet aussi souvent de rendre moins visible là où l'on coupe, qui sont les perdants d'une réforme, voire d'éviter les mobilisations en morcelant les oppositions ou en faisant taire les revendications par des pratiques clientélistes.

Si la politique familiale française demeure l'une des plus importantes à l'échelle européenne en termes de finances mobilisées, de services fournis, de populations touchées (Bradshaw *et al.*, 1996 ; Saraceno, 1996), il n'en demeure pas moins que l'on semble connaître un tournant qui pose un défi majeur : sortir d'une vision passéiste et souvent traditionnelle de la politique de la famille, accrochée à l'image de Vichy, sans tomber dans une incapacité de penser la famille dans ses rapports à la société, et parvenir à définir une logique d'action publique qui ne se résume pas à renvoyer vers le privé ce que les pouvoirs publics ont de plus en plus de difficultés à financer et à assurer.

Bibliographie

BARBIER J.-C. (1989), « La protection sociale de la famille dans les pays de la communauté », *Revue française des affaires sociales*, n° hors série, novembre, pp. 67-80.

BARBIER J.-C. (1990), « Pour bien comparer les politiques familiales en Europe. Quelques problèmes de méthode », *Revue française des affaires sociales*, n° 3, pp. 153-171.

BARBIER J.-C. (1991), « L'Europe des familles : politiques familiales ou politiques sociales ? », *Informations sociales*, décembre, pp. 72-80.

BECK U. (1992), *The Risk Society. Towards a New Modernity*, Londres, Sage.

BONOLI G. (1997), « Classifying Welfare States : a Two-dimension approach », *Journal of Social Policy*, 26-3, pp. 351-372.

BRADSHAW J., KENNEDY S., KILKEY M., HUTTON S., CORDEN A., EARDLEY T., HOLMES H., NEALE J. (1996), *The Employment of Lone Parents : a Comparative Analysis in 20 Countries*,

Commission of the European Communities, University of York.

BURGI-GOLUB N. (1998), « Quelle politique sociale ? », *Politique, La revue*, n° 7, janvier-mars, pp. 51-54.

CASTLES F.G. (1995), « Welfare State Development in Southern Europe », *West European Politics*, vol. 18, n° 2, avril, pp. 291-313.

COMMAILLE J. (1995), « Les États européens et la famille », *Sciences humaines*, n° hors-série, décembre-janvier, pp. 41-44.

COMMAILLE J., SINGLY F. DE (éds) (1997), *La Question familiale en Europe*, Paris, L'Harmattan.

COMMAILLE J., STROBEL P., VILLAC M. (1994), « Enjeux et perspectives de la politique familiale française », in *La Famille à l'orée du XXIe siècle*, Ministère des Affaires sociales, de la Santé et de la Ville, tome 2, pp. 93-145.

DALY M. (1994), « Comparing Welfare States : Towards a Gender Friendly Approach », in D. Sainsbury (éd.), *Gendering Welfare States*, Sage Publications, pp. 101-117.

DUMON W. (1987), « La politique familiale en Europe occidentale, une réflexion sociologique », *L'Année sociologique*, pp. 290-308.

DUNCAN S. (1995), « Theorizing European Gender Systems », *Journal of European Social Policy*, 5 (4), pp. 263-284.

ESPING-ANDERSEN G. (1990), *The Three Worlds of Welfare Capitalism*, Cambridge, Polity Press.

ESPING-ANDERSENS G. (éd.) (1996), *Welfare States in Transition. National Adaptations in Global economies*, Sage.

EVERS A., WINTERSBERGER H. (éds) (1988), *Shifts in the Welfare Mix. Their Impact on Work, Social Services and Welfare Policies*, Vienne, Avebury.

FAGNANI J. (1993), « Bref aperçu sur les systèmes de protection sociale de la famille en Europe. Enjeux, contraintes et nouveaux arbitrages », *Solidarité santé – Études statistiques*, n° 4, pp. 87-97.

FERRERA M. (1996), « The Southern Model of Welfare in Social Europe », *Journal of European Social Policy*, 6 (1), pp. 17-37.

GIDDENS A. (1992), *The Transformation of Intimacy. Sexuality,*

Love and Eroticism in Modern Societies, Cambridge, Polity Press.

HASSENTEUFEL P., MARTIN C. (1998), « Santé, dépendance. Le rôle des associations », *Esprit*, mars-avril, pp. 189-205.

JENSON J. (1997), « Who Cares ? Gender and Welfare Regims », *Social politics, International studies in Gender, State and Society*, vol. 4, n° 2, summer, pp. 182-187.

JENSON J. et PHILIPS S.D. (1995), « Redesigning the citizen regim », Contribution au colloque de Montréal, « Intégration continentale, recomposition territoriale et protection sociale », GRETSE, Université de Montréal et UQAM et IRIS-TS, Université de Paris-Dauphine.

JENSON J. et SINEAU M. (éds) (1998), *Qui doit garder le jeune enfant ? Mode d'accueil et travail des mères dans l'Europe en crise*, Paris, LGDJ.

JOBERT B. (1998), « Approche de la régulation politique », in F. Lordon (éd.), *La régulation des politiques économiques*, Paris, La Découverte.

JOBERT B., MULLER P. (1987), *L'État en action. Politiques publiques et corporatismes*, Paris, PUF.

JOËL M.-E. et MARTIN C. (1997), « La part des arbitrages économiques et familiaux dans l'organisation du soutien à domicile des personnes âgées dépendantes », *Revue française des affaires sociales*, n° 3.

KAUFMANN J.-C. (1992), *La Trame conjugale. Analyse du couple par son linge*, Paris, Nathan.

LE BRAS H. (1991), *Marianne et les lapins. L'obsession démographique*, Paris, Olivier Orban.

LE BRAS H., SCHWEBER L., SZRETER S.R. (1996), *Les Principes des politiques familiales européennes : outil d'analyse et de comparaison*, Rapport de recherche pour la CNAF.

LEFAUCHEUR N. (1992), « Maternité, famille, État », in F. Thébaud (éd.), *Histoire des femmes. Le XXᵉ siècle*, Paris, Plon, pp. 411-430.

LEFAUCHEUR N. et MARTIN C. (éds) (1995), *Qui doit nourrir l'enfant dont le père est absent ? Recherche sur les fondements des politiques familiales européennes (Angleterre, France, Italie,*

Portugal), Rapport pour la Caisse nationale des allocations familiales, 223 pages.

LEIBFRIED S. (1993), « Towards a European Welfare State ? », in C. Jones (éd.), *New Perspectives on the Welfare State in Europe*, Routledge, pp. 133-156.

LESEMANN F. et MARTIN C. (éds) (1993), *Les Personnes âgées. Dépendance, soins et solidarités familiales. Comparaison internationale*, Paris, Les études de la Documentation française.

LEWIS J. (1992), « Gender and the Development of Welfare Regimes », *Journal of European Social Policy*, 2 (3), pp. 159-173.

LEWIS J. (1995), « Égalité, différence et rapports sociaux de sexes dans les États providence du xxe siècle », in Ephesia (éd.), *La Place des femmes*, Paris, La Découverte, collection « Recherches », pp. 407-422.

LEWIS J. (1997), « Gender and Welfare Regims : Further Thoughts », *Social politics, International studies in Gender, State and Society*, vol. 4, no 2, summer, pp. 160-177.

MARTIN C. (1994), « Entre État et famille-providence », in J.-L. Laville (éd.), *L'économie solidaire. Une perspective internationale*, Paris, Desclée de Brouwer, collection « Sociologie économique », pp. 223-251.

MARTIN C. (1995), « Vieillissement, dépendance et solidarités en Europe. Redécouverte des solidarités informelles et enjeux normatifs », in C. Attias-Donfut (éd.), *Les Solidarités entre générations. Vieillesse, familles, État*, Paris, Nathan, pp. 223-244.

MARTIN C. (1996a), « Le renouveau de la question familiale. Protection privée, protection publique », in D. Le Gall et C. Martin (éds), *Familles et politiques sociales*, Paris, L'Harmattan, coll. « Logiques sociales », pp. 247-272.

MARTIN C. (1996b), « Solidarités familiales : débat scientifique, enjeu politique », in J.-C. Kaufmann (éd.), *Faire ou faire-faire. Familles et services*, Presses universitaires de Rennes, pp. 55-73.

MARTIN C. (1996c), « Social Welfare and the Family in Southern Europe », *South European Society and Politics*, vol. 1, no 3, pp. 23-41.

MARTIN C. (1997a), « Les familles et la demande de service. Enjeux de protection sociale, enjeux d'emploi », in G. de Ridder (éd.), *Les Nouvelles Frontières de l'intervention sociale*, Paris, L'Harmattan, pp. 47-75.

MARTIN C. (1997b), *L'Après-divorce. Lien familial et vulnérabilité*, Rennes, Presses universitaires de Rennes et Québec, Presses de l'université Laval.

MARTIN C. (1997c), « L'action publique en direction des ménages monoparentaux. Une comparaison France-Royaume-Uni », *Recherches et prévisions*, n° 47, mars, pp. 25-50.

MARTIN C. (1998a), « L'expérimentation territoriale de la prestation dépendance : fenêtre d'opportunité ou rendez-vous manqué ? », *Politiques et management public*, n° 3.

MARTIN C. (1998b), « Le domestique dans les modèles d'État providence », in J. Commaille et B. Jobert, *Métamorphose de la régulation politique*, Paris, LGDJ.

MARTIN C., Hassenteufel P. (sous la direction de) (1997), *La représentation des intérêts familiaux en Europe : Allemagne, Belgique, Grande-Bretagne, France, Portugal*, Rapport pour la DG5 Commission européenne, 162 pages.

MARTIN C., MATH A., RENAUDAT E. (à paraître), « Caring for Very Young Children and Dependent Elderly People in France : towards a Commodification of Social Care », in J. Lewis (éd.), *Gender, Social Care and Welfare State Restructuring in Europe*, Aldershot (UK) ; Brookfield (USA), Ashgate Publishers.

MEAD L. (1986), *Beyond Entitlement. The Social Obligations of Citizenship*, New York, Free Press.

MERRIEN F.-X. (éd.) (1994), *Face à la pauvreté*, Paris, Éditions de l'Atelier.

MERRIEN F.-X. (1997), *L'État providence*, Paris, PUF, « Que-sais-je ? ».

MILLAR J., WARMAN A. (1996), *Family Obligations in Europe*, Family Policy Studies Center et Joseph Rowntree Foundation.

MURRAY C. (1984), *Losing Ground. American Social Policy, 1950-1980*, New York, Basic Books.

PITROU A. (1994) : *Les Politiques familiales. Approches sociologiques*, Paris, Syros.

Political Quaterly (1997), vol. 68, n° 4, octobre-décembre.

ROUSSEL L. (1989), *La Famille incertaine*, Paris, Odile Jacob.

SAINSBURY D. (éd.) (1994), *Gendering Welfare States*, Sage Publications.

SAINSBURY D. (1996), *Gender Equality and Welfare States*, Cambridge university press.

SARACENO C. (1996), *Évolution de la famille, politiques familiales et restructuration de la protection sociale*, Note remise à l'OCDE dans le cadre de la réflexion intitulée « Horizon 2000/Les nouvelles priorités pour la politique sociale », Ronéo, 32 pages.

SCHEIWE K. (1994), « Labour Market, Welfare State and Family Institutions : the Links to Mothers' Poverty Risks », *Journal of European Social Policy*, 4 (3).

SCHULTHEIS F. (1989), « Comme par raison – comparaison n'est pas toujours raison. Pour une critique sociologique de l'usage social de la comparaison interculturelle », *Droit et société*, n°s 11-12, pp. 219-244.

SCHULTHEIS F. (1996), « La famille, une catégorie du droit social ? Une comparaison franco-allemande », in MIRE (éd.), *Comparer les systèmes de protection sociale en Europe*, vol. 2, Rencontres de Berlin, Ministère du Travail et des Affaires sociales, pp. 203-234.

SINGLY F. DE (1988), « L'amour, un bien privé, un mal public ? », *Revue française des affaires sociales*, n° 2, avril-juin, pp. 129-142.

SINGLY F. DE (1994-95), « L'État garant de la famille contemporaine », *Commentaire*, vol. 17, n° 68, pp. 897-903.

SINGLY F. DE (1996), *Le Soi, le couple et la famille*, Paris, Nathan.

SINGLY F. DE, COMMAILLE J. (1997), « Les règles de la méthode comparative dans le domaine de la famille. Le sens d'une comparaison », in Commaille J., Singly F. de, *La Question familiale en Europe*, Paris, L'Harmattan, pp. 7-30.

TAYLOR-GOOBY P. (1991), « Welfare State Regimes and Welfare

Citizenship », *Journal of European Social Policy*, 1 (2), pp. 93-105.

THÉRY I. (1993), *Le Démariage. Justice et vie privée*, Paris, Odile Jacob et coll. « Opus », 1996.

TITMUSS R. M. (1974), *Social Policy*, Londres, Allen & Unwin.

Annexe 4

L'INDIVIDUALISATION DES DROITS SOCIAUX

Anne-Marie BROCAS
Chef de service, Adjoint au directeur de la Sécurité sociale

Lors de sa création, le système de Sécurité sociale français se référait au modèle familial traditionnel selon lequel l'homme, chef de famille, était supposé subvenir aux besoins de sa femme et de ses enfants. La femme inactive, considérée à charge, ne bénéficiait en propre d'aucun droit social, mais seulement de droits dérivés de ceux acquis par son mari dans les régimes professionnels de Sécurité sociale (droit à une couverture maladie, droit à une pension de réversion). La dépendance des femmes se trouvait ainsi consacrée.

Le développement de l'activité féminine, l'évolution des structures familiales, ainsi que les aspirations nouvelles des femmes ont, dès le milieu des années soixante-dix, conduit à critiquer ce modèle. *Il paraissait souhaitable d'adopter un système dotant les individus de droits personnels qui ne puissent être affectés par les aléas de la vie familiale.* Mais donner des droits propres à des femmes souvent inactives était difficile sans remettre en cause la structuration professionnelle des régimes de Sécurité sociale. Deux voies s'ouvraient :

- La première était d'assimiler à une activité professionnelle l'activité domestique des femmes ou du moins leur contribution à l'éducation des enfants. C'était rendre publique la rétribution d'activités qui jusque-là relevait d'arrangements privés, internes aux familles. La difficulté était de fixer les conditions de cette rétribution : son tarif devait-il correspondre au salaire de la femme de ménage ou à celui auquel aurait pu prétendre la femme sur le marché du travail compte tenu de sa qualification ? Sa durée devait-elle correspondre au temps de l'éducation des enfants ou être poursuivie aussi longtemps que durait l'inactivité ? Comment assurer son financement ?

• La deuxième voie consistait à améliorer les droits retirés par les femmes de leur activité professionnelle. Considérée comme activité d'appoint ou appendice de leur activité domestique, celle-ci était souvent mal reconnue par les régimes de Sécurité sociale. Dans certains pays (Allemagne de l'Ouest, Royaume-Uni ou États-Unis), les droits de la femme mariée dérivés de ceux du conjoint pouvaient même prévaloir sur ceux qu'elle tirait d'une activité professionnelle. La faculté lui était laissée de ne pas cotiser sur ses revenus professionnels ou bien le montant des droits acquis à ce titre pouvait être diminué du seul fait qu'elle fut mariée. En France, la question se posait de doter ou non d'une couverture sociale autonome les conjointes des non-salariés collaborant au fonctionnement de l'entreprise familiale, ainsi que de renforcer les droits des femmes contraintes de travailler à temps partiel ou dans des emplois précaires.

Plus radicalement, des féministes prônaient la suppression des régimes professionnels de Sécurité sociale et la mise en place de dispositifs à caractère universel ouvrant des droits individuels, égaux pour toutes les personnes résidant sur le territoire. La question demeurait bien sûr du niveau auquel établir ces droits, à un niveau comparable à celui précédemment assuré par les régimes professionnels de Sécurité sociale ou à un niveau minimal laissant place à des compléments servis par des régimes professionnels privés.

Le projet d'individualisation des droits sociaux avait deux ambitions, l'autonomie des individus et leur égalité :

- L'autonomie, en compensant les effets de la répartition des rôles au sein du couple par l'octroi de droits propres aux femmes, actives ou inactives.
- L'égalité, en rendant indépendant des caractéristiques familiales le montant des droits accordés à chacun.

Il se proposait, mais n'est-ce pas utopique, de rendre les droits accordés par les systèmes de Sécurité sociale indépendants de l'évolution des formes de la vie privée et des arbitrages opérés au sein des couples.

L'individualisation des droits sociaux doit être examinée à la lumière du contexte actuel :

- Bien que les hommes participent plus qu'autrefois aux activités domestiques et à l'éducation des jeunes enfants, la différenciation des rôles entre hommes et femmes demeure grande et semble de surcroît correspondre à une aspiration des jeunes générations. Les avantages sociaux attachés à ces activités sont presque exclusivement utilisés par les femmes. Elles les mettent en balance avec les bénéfices tirés d'une activité professionnelle même lorsqu'elles disposent de revenus satisfaisants, *a fortiori* lorsqu'elles occupent un emploi peu gratifiant.
- L'activité professionnelle des femmes s'est cependant généralisée. Elles acquièrent ainsi, à titre personnel, des droits sociaux sans commune mesure avec ceux que détenaient leurs mères, quoique encore sensiblement inférieurs à ceux des hommes, compte tenu des emplois qu'elles occupent et des caractéristiques de leurs carrières.
- La vie en couple reste le modèle dominant, mais ses formes se sont considérablement diversifiées, notamment avec le développement du concubinage. La composition des ménages est plus difficile à cerner et l'instabilité des unions expose un nombre croissant d'hommes et de femmes souvent chargés d'enfants au risque d'isolement.

Au vu de ce constat, l'individualisation des droits sociaux pose trois questions :

(I) Peut-on concilier le développement des droits sociaux rétribuant l'exercice de responsabilités familiales et une bonne insertion professionnelle des femmes ?

(II) L'amélioration des droits sociaux que les femmes tirent de leur activité professionnelle justifie-t-elle la suppression des droits dérivés ?

(III) Peut-on mettre en œuvre une politique sociale répondant aux besoins des isolés en ignorant les caractéristiques familiales des ménages ?

I

Peut-on concilier le développement des droits sociaux rétribuant l'exercice de responsabilités familiales et une bonne insertion professionnelle des femmes ?

La dissymétrie du partage des responsabilités familiales entre les hommes et les femmes rend incertains les progrès à attendre pour les femmes du développement des droits attachés à l'exercice de ces responsabilités.

L'allocation parentale d'éducation (APE) instituée en 1985 en est l'illustration. Bénéficiant au parent resté au foyer pour s'occuper d'enfants en bas-âge, elle s'articule pour les salariés avec le dispositif de congé parental prévu par le droit du travail. Modifiée à plusieurs reprises, elle est désormais ouverte dès le deuxième enfant, jusqu'au troisième anniversaire de celui-ci. Le parent qui bénéficie de la prestation doit remplir des conditions d'activité professionnelle préalable extrêmement légères. Le montant de la prestation, 3 000 francs/mois au 01.01.98, est indépendant des revenus antérieurs du bénéficiaire. Depuis 1994, il est possible de cumuler une APE partielle avec le revenu d'une activité professionnelle à temps partiel. Les titulaires de l'allocation parentale d'éducation bénéficient en outre des prestations en nature de l'assurance maladie pendant toute la durée de service de l'allocation. Lorsque les ressources du foyer sont inférieures à un certain montant, les caisses d'allocations familiales cotisent à l'assurance vieillesse pour le parent titulaire de l'allocation, sur une base égale au SMIC et pour une durée correspondant à la durée de service de l'allocation.

À partir du milieu des années quatre-vingt-dix, l'APE a connu un succès considérable. Le nombre de ses bénéficiaires a augmenté rapidement au titre notamment du deuxième enfant. Les femmes qui demandent le bénéfice de l'allocation sont principalement des inactives et des chômeuses. Les enquêtes montrent par ailleurs que lorsqu'elles travaillent, les femmes ont des difficultés à retrouver à l'issue du congé parental d'éducation leur emploi dans des conditions équivalentes. Il est logique que le montant très modeste de l'allocation ainsi que les droits à la retraite qui en découlent ne soient attractifs que pour des femmes inactives, au chômage ou titulaires de faibles revenus d'activité. Le dispositif fait office de substitut à des prestations de chômage ou à des revenus d'activité dont l'insuffisance est aggravée par les frais de garde d'enfants induits par l'activité professionnelle de la mère. Dans un contexte de difficultés économiques et de chômage, il favorise l'exclusion du marché du travail des femmes les moins qualifiées, renforçant encore la précarité des ménages modestes.

Pour favoriser la conciliation de l'activité professionnelle et de la vie familiale une approche totalement différente devrait être retenue, organisée selon deux axes :

- L'aménagement de l'organisation du travail et de sa durée devrait bénéficier également aux hommes et aux femmes pour préserver l'acquis essentiel que constitue pour les femmes une insertion professionnelle normale. Celle-ci leur assure des droits propres dans les régimes de Sécurité sociale. Le congé parental et l'allocation parentale d'éducation devraient dans cette optique évoluer pour devenir l'expression du droit des deux parents qui travaillent à être présents auprès de leurs enfants

pendant la période d'éducation. Il conviendrait en conséquence que les conditions d'activité préalable nécessaires
pour bénéficier de l'allocation soient plus contraignantes,
que la durée maximale de service de l'allocation soit
abrégée (tout en permettant son fractionnement jusqu'au
début de l'adolescence des enfants) et que des incitations
fortes soient mises en place en faveur du congé à temps
partiel. Pour que le dispositif soit attractif non seulement
pour les femmes de toutes les catégories sociales mais
aussi pour les hommes, il serait nécessaire que le montant de l'allocation et des droits à retraite associés soient
considérablement augmentés (en étant fixés, par exemple, en pourcentage du revenu d'activité antérieur).

- Deuxième axe, les dispositifs de garde d'enfants également accessibles à tous les milieux sociaux et financés
de façon aussi équitable que possible devraient être développés. C'est la condition nécessaire à une liberté effective de choix des parents, entre l'exercice d'une activité
professionnelle et son interruption pour s'occuper des
enfants (à noter que le développement de tels services
crée des emplois pour les femmes).

La rétribution des femmes « au foyer » sous la forme d'un
« salaire maternel » ne peut servir de base à l'établissement de
droits sociaux propres aux femmes comparables à ceux des
hommes. Au mieux garantit-elle un revenu et des droits calculés
sur la base du SMIC. Elle incite alors les moins qualifiées à quitter le marché du travail, les renvoyant au-delà de la brève
période d'éducation des enfants, à une dépendance totale vis-à-
vis de leurs maris. C'est pourquoi des droits ne devraient être
accordés aux parents restant à domicile que pour compenser
des interruptions brèves d'activité, compatibles avec la poursuite d'un projet professionnel, dans des conditions aussi peu
discriminantes que possible entre les hommes et les femmes.
On jugera peut-être la proposition inadaptée aux aspirations
de certaines femmes qui, particulièrement dans des milieux
modestes, préféreraient rester chez elles. Faire droit à ce vœu,
ce serait accepter le renforcement d'un dualisme qui oppose à

des ménages aisés cumulant des revenus confortables et une grande autonomie des femmes, des ménages plus modestes pour lesquels la dépendance de la femme constitue un facteur supplémentaire de vulnérabilité économique.

II

L'amélioration des droits sociaux que les femmes tirent de leur activité professionnelle justifie-t-elle la suppression des droits dérivés ?

Les progrès de l'activité professionnelle des femmes et corrélativement des droits qu'elles tirent de cette activité conduisent logiquement à proposer la suppression progressive des droits dérivés. Pour analyser cette proposition, il faut distinguer :

- Les prestations en nature de l'assurance maladie dont l'objet est de satisfaire un besoin individuel dont les caractéristiques sont d'ordre strictement personnel.
- Les prestations en espèces dont l'objet est de garantir un revenu et qui ne peuvent se concevoir qu'en référence à un modèle d'organisation sociale. On se limitera, dans cette note, à l'examen des prestations d'assurance vieillesse.

1) L'assurance maladie

Dès lors que le droit à la santé est reconnu comme un droit fondamental de la personne, lier son exercice à des conditions d'activité professionnelle ou d'appartenance familiale provoque des effets d'exclusion indésirables. C'est à quoi aboutit un système d'assurance maladie financé par des cotisations assises sur les revenus d'activité professionnelle et qui, par construction, ne reconnaît de droits directs qu'aux cotisants.

Alors que primitivement, les régimes de Sécurité sociale français ne couvraient au titre de la maladie que les travailleurs et les personnes à leur charge au sens du modèle familial traditionnel (conjoint inactif et enfants), les critères d'accès à ces régimes ont été progressivement étendus afin d'améliorer le taux de couverture sociale de la population :

- La notion d'activité professionnelle est devenue de plus en plus large : 60 h/mois d'activité professionnelle suffisent, actuellement, pour une affiliation au régime général de Sécurité sociale.
- La notion d'ayant droit d'un assuré social a évolué. Elle couvre le concubin inactif et, depuis 1993, toute personne à la charge totale et permanente de l'assuré.
- Diverses extensions ont été prévues pour conserver une couverture sociale à des personnes qui cessent de remplir les critères professionnels ou familiaux requis : chômeurs aussi longtemps qu'ils pointent à l'ANPE, veuves ou divorcées ayant élevé au moins trois enfants, etc.

En outre, depuis 1978, un « dispositif balai » ouvre aux personnes qui n'ont pas de titre à être couvertes par un régime de Sécurité sociale la faculté d'adhérer volontairement. Elles accèdent ainsi à une couverture égale à celle offerte par le régime général. Si leurs ressources sont trop faibles, leurs cotisations peuvent être prises en charge par l'aide sociale.

Aujourd'hui, les critères professionnels et familiaux servent pour l'essentiel à déterminer les institutions qui doivent verser les prestations. De fait, si une personne réside dans des conditions régulières sur le territoire français, elle a, d'une façon ou d'une autre, droit à une couverture au titre de la maladie. Cependant, pour peu que cette personne connaisse des modifications de sa situation professionnelle ou familiale, cas de plus en plus fréquent avec l'instabilité croissante tant du monde du travail que des structures familiales, la détermination du régime compétent présente des difficultés qui peuvent devenir des facteurs d'exclusion pour les populations les plus précaires. Ces difficultés, ces risques d'exclusion justifient la mise en place d'une couverture maladie universelle, c'est-à-dire la reconnaissance directe du droit à une couverture maladie de base pour toute personne résidant sur le territoire et, de ce seul fait, sans passer par l'intermédiaire de statuts professionnels ou familiaux. Ce droit ne serait alors plus affecté que par la sortie du territoire (et éventuellement le décès). S'agissant de prestations, d'ores et déjà accordées en pratique à la quasi-totalité de la population, la réforme n'entraîne pas de modification significative du niveau des droits distribués.

La mise en place de la couverture maladie universelle peut s'accompagner d'une totale individualisation conduisant à la disparition de la notion d'ayant droit, chaque individu ayant à titre personnel un droit ouvert à une couverture maladie de base. Cette individualisation est logique s'agissant de la prise en charge d'une consommation strictement individuelle. Elle ne pose aucun problème de principe, surtout depuis que les régimes d'assurance maladie sont financés par la CSG, prélèvement assis sur l'ensemble des revenus. Les questions que suscite sa mise en œuvre dans le cadre d'une gestion toujours confiée aux régimes professionnels sont d'ordre pratique (définition de règles de rattachement des inactifs à ces régimes pour l'exercice de leur droit).

2) L'assurance vieillesse

Les prestations en espèces assurant un revenu au moment de la retraite sont calculées dans les régimes professionnels en fonction des gains antérieurs des intéressés. La progression du taux d'activité féminine permet à la quasi-totalité des femmes nées après 1950 de disposer de droits individuels au sein de ces régimes. Toutefois, l'âge de la retraite venu, ces droits seront sensiblement inférieurs à ceux des hommes, compte tenu des caractéristiques des carrières féminines. La question qui se pose pour l'avenir est donc de savoir comment améliorer ces droits. Cette amélioration demande une redistribution entre pensionnés dont l'ampleur est nécessairement limitée du fait que rien ne justifie que les retraités soient soumis à des principes plus égalitaires que les personnes en âge de travailler.

a) L'amélioration des droits personnels des femmes dans les régimes de retraite

La plupart des régimes professionnels de base intègrent quelques éléments correcteurs « non contributifs » qui majorent les pensions les plus faibles et compensent certains aléas de carrières. Ces éléments bénéficient prioritairement aux femmes. Dans les régimes de retraite des salariés du secteur privé, ce sont :

- Les règles des vingt-cinq meilleures années et du minimum contributif appliquées à l'ensemble des salariés ayant de faibles salaires ou des carrières accidentées.
- Les validations de durée d'assurance liées aux charges d'éducation des enfants : majoration de deux ans par enfant (réservée aux femmes, indépendamment de toute interruption effective de l'activité au moment de l'éducation des enfants) et assurance vieillesse des parents au foyer financée par les caisses d'allocations familiales (ouverte aux pères et aux mères bénéficiaires de certaines prestations familiales, notamment de l'allocation parentale d'éducation, qui interrompent effectivement leur activité pour s'occuper d'enfants en bas âge).

Les avantages ainsi accordés aux femmes sont considérables. Ils expliquent une part importante de la montée en charge de leurs droits au début du siècle prochain. On peut estimer que pour les femmes des générations nées après 1955, ils constitueront près de 20 % des pensions servies par le régime général. Si l'on entend préserver les droits des femmes, c'est donc avec prudence qu'il faut envisager les évolutions visant à rendre les régimes de retraite plus contributifs. Une rationalisation de ces avantages serait toutefois souhaitable pour mieux les accorder aux principes retenus pour la rétribution de l'exercice de responsabilités familiales et pour les adapter aux besoins des futures générations. Les majorations de durée d'assurance seraient ainsi à réserver aux personnes, hommes ou femmes, interrompant effectivement leur activité pour élever leurs enfants. Elles devraient être étendues aux régimes complémentaires de retraite afin de rendre le dispositif attractif pour les femmes quel que soit leur niveau de salaire, aussi bien que pour les hommes.

Les résultats en termes d'égalisation des droits accordés aux hommes et aux femmes seraient-ils meilleurs si l'on remplaçait les pensions professionnelles corrigées par les divers mécanismes qui viennent d'être décrits par des pensions universelles forfaitaires ? Il est permis d'en douter. Si l'on en juge par les exemples étrangers, un tel système ne garantirait que le minimum vital laissant le soin d'assurer le reste à des régimes professionnels strictement contributifs. La voie retenue par les régimes français qui intègrent dans des prestations qualifiées de professionnelles et contributives l'essentiel des avantages donnés aux femmes opère une redistribution peu visible et donc plus acceptable. Elle a surtout pour vertu de mettre l'accent sur le lien fondamental établi entre les droits et l'activité professionnelle, les avantages familiaux n'étant qu'accessoires.

b) L'avenir des pensions de réversion
dans une perspective d'égalité hommes-femmes

Dans les régimes de retraite de type professionnel, au décès de l'assuré le conjoint survivant reçoit sous certaines conditions, variables selon les régimes, la réversion d'une fraction de la pension dont bénéficiait ou dont aurait pu bénéficier l'assuré. Compte tenu des espérances de vie, ce dispositif concerne essentiellement les femmes. Dans le modèle familial traditionnel, il fournit l'unique revenu garanti à la femme au décès de son conjoint et trouve sa justification dans la contribution indirecte que cette dernière, restant au foyer, a apporté à la carrière de son mari.

Si des avantages familiaux financés par la collectivité compensent l'impact sur les retraites des femmes des interruptions d'activité liées à l'éducation des enfants, et si l'on considère qu'en dehors de ces interruptions leurs droits doivent être calculés en fonction de leur activité, alors les pensions de réversion perdent leur raison d'être. Dans un tel schéma, il appartient au couple dans lequel la femme a choisi ou accepté de rester inactive de s'assurer à titre volontaire contre les risques inhérents à cette inactivité et de supporter la charge des cotisations correspondantes. Ce n'est que parce que les avantages familiaux institués dans le courant des années soixante-dix ne produiront leur plein effet qu'au début du siècle prochain que le maintien de la réversion se justifie dans une telle optique.

Les pensions de réversion apportent cependant par ailleurs aux femmes une compensation d'inégalités de revenus entre hommes et femmes qui peuvent demeurer importantes. D'une certaine façon, elles prolongent au-delà du décès du conjoint les effets de la mutualisation de ressources opérée au sein du couple de son vivant. Vouloir les remplacer par des droits individuels si l'égalité dans le domaine professionnel n'est pas réalisée risque, au nom de l'autonomie, de dégrader significativement la situation des femmes.

III

Peut-on mettre en œuvre une politique sociale ajustée aux besoins des isolés en ignorant les caractéristiques familiales des ménages ?

Le souci d'instaurer une autonomie au sein des couples conduit à préconiser la totale individualisation des prestations sociales et à supprimer les droits dérivés dès lors que les droits retirés par les femmes de l'exercice d'une activité professionnelle seraient comparables à ceux des hommes. Cette individualisation pose toutefois des problèmes dans le traitement respectif des isolés et des couples. Ces problèmes sont souvent oubliés dans le débat qui traite des droits propres des femmes. Ils suscitent des interrogations vis-à-vis d'un projet d'individualisation qui rend nécessairement les droits sociaux indépendants des caractéristiques familiales.

Les études relatives aux budgets des ménages mettent en évidence les économies d'échelle que produit la vie en couple grâce à la mise en commun de certaines charges fixes et notamment des charges relatives au logement. On estime qu'en moyenne il suffit à un couple de disposer d'un revenu 1,5 fois supérieur au revenu d'une personne seule pour avoir un niveau de vie comparable.

Cette réalité ne peut être ignorée des systèmes de Sécurité sociale toutes les fois qu'ils visent à assurer une garantie de revenu.

Prenons pour exemple deux femmes qui disposent d'un revenu de 500 francs. L'une vit en couple et son conjoint dispose d'un revenu de 1 000 francs. L'autre vit seule. Le revenu par unité de consommation de chacun des membres du couple peut-être évalué à 1 500 francs/1,5 soit 1 000 francs. Le revenu de la femme isolée est de 500 francs. Imaginons que l'on mette en place un minimum garanti financé par la Sécurité sociale sachant que le seuil de pauvreté est de 1 000 francs par unité de consommation pour la population considérée. Si l'on retient une approche « familialiste », le couple ayant un revenu par unité de consommation égal au seuil de pauvreté ne justifie d'aucune prestation, alors que la femme seule doit recevoir 500 francs lui permettant d'atteindre ce seuil. Si l'on retient une approche « individualiste », les deux femmes ont leur revenu majoré. À budget donné (si par exemple on n'a au total que 500 francs à distribuer), on donnera 250 francs à chacune. La femme seule ne parviendra pas en ce cas au seuil de pauvreté. Si l'on veut qu'elle l'atteigne, il faudra majorer le budget distribué.

Dans un système strictement individualisé, se pose également le problème des personnes qui connaissent l'isolement après une période plus ou moins longue de vie en couple, à la suite d'une séparation, d'un divorce ou d'un décès. Doit-on leur reconnaître un droit, et pour combien de temps, au niveau de vie que leur assurait la mise en commun des ressources du couple et que des droits dérivés auraient pu leur garantir ? Prenons l'exemple de la femme qui dispose d'un revenu de 750 francs tandis que son conjoint dispose de 750 francs. Au décès de son conjoint, une pension de réversion calculée au taux de 66 % avec un plafond de cumul entre droits propres et droits dérivés de 66 % permet de maintenir son niveau de vie, soit 1 000 francs/unité de consommation. En l'absence de réversion, elle connaît une chute de niveau de vie passant de 1 000 francs à 750 francs.

Pour traiter ces problèmes deux approches sont possibles, et le cas échéant, complémentaires :

- La première relève de la fiscalité. Elle consiste à maintenir un système de prestations totalement individualisées et à taxer différemment couples et isolés pour rétablir entre eux une parité de niveau de vie. Ceci justifie par exemple l'octroi aux isolés de parts ou de fractions de part supplémentaires dans le calcul de l'impôt sur le revenu. En toute rigueur, si l'on raisonnait en termes de capacité contributive réelle, un couple devrait avoir 1,5 part et non une part pour le calcul de l'impôt, dès lors qu'une seule part est accordée à l'isolé.
- La deuxième relève du système des prestations lui-même. Elle consiste à minorer les droits attribués aux couples ou, à budget donné, à majorer les droits des isolés. C'est ainsi qu'actuellement le RMI est modulé en fonction de la composition du ménage (le premier adulte valant 1 et le deuxième 0,5). C'est ainsi que sous conditions de ressources, les personnes chargées d'enfants bénéficient de l'allocation de parent isolé. Pour traiter la situation particulière des personnes qui connaissent l'isolement après un période de vie en couple, un souci d'égalité de traitement avec les célibataires conduit à proscrire toute espèce de prestation de long terme. Néanmoins, on peut envisager de leur octroyer une aide temporaire compensant les coûts d'ajustement de leurs frais fixes (nécessité

de changer de logement, etc.). C'est ainsi que s'interprètent les réformes récentes intervenues dans quelques pays, en particulier en Australie et dans certains pays scandinaves, qui remplacent les traditionnelles pensions de réversion par des pensions temporaires de veuvage. Dans le même temps, certains de ces pays mettent en place des prestations spécifiques sous condition de ressources pour les isolés, quelle que soit la cause de l'isolement. La mutualisation des ressources au sein du couple devient ainsi une affaire strictement privée sans prolongement dans le système de protection sociale.

Établir un traitement différencié des couples et des isolés demande cependant que l'on ait une connaissance précise de la situation des personnes que l'on vise. La diversité des formes prises par la vie en couple et l'instabilité des unions posent à cet égard des problèmes difficiles. Pour traiter de la même façon toutes les personnes se trouvant dans des situations de fait identiques, il convient d'assimiler conjoints et concubins, ce qui conduit à mettre en place un contrôle de la vie privée qui peut s'avérer extrêmement inquisitorial. Ce n'est pas un hasard si cette approche s'est pour le moment cantonnée au secteur des prestations servies aux populations les plus défavorisées. Hors ce secteur, ce sont les situations juridiquement identifiées qui sont traitées : le couple s'il est marié, l'isolé s'il est veuf ou veuve ou divorcé. Cela conduit à penser que si l'on voulait nuancer un système de prestations individualisées en prenant en compte d'une manière ou d'une autre l'isolement, il faudrait qu'existe un « statut du concubinage ». On objectera bien sûr que ce statut, s'il ne conduit qu'à payer plus d'impôts ou à percevoir moins de prestations, suscitera peu de vocations. On voit ici que le système de protection sociale ne peut à lui seul permettre le traitement équitable de toutes les situations. Ce dernier ne peut résulter que d'un équilibre, sans cesse menacé par les mutations de la société, entre les droits reconnus dans les différentes sphères, civile, sociale et fiscale. Ainsi, en s'en tenant aux sphères sociale et fiscale, pourrait-on trouver aujourd'hui un tel équilibre en combinant par exemple :

- La prise en compte de l'isolement dans le système fiscal par l'octroi d'avantages particuliers (identiques quelle que soit l'origine de l'isolement) et dans le système social, pour les personnes les plus démunies, par la modulation des prestations soumises à conditions de ressources (ce qui est déjà fait avec la modulation des minimums sociaux).
- Pour le reste, des prestations en espèces, individualisées et directement liées aux revenus d'activité (corrigées le cas échéant pour tenir compte des périodes d'éducation des enfants), complétées par la reconnaissance aux personnes qui vivent en couple d'un droit à des prestations temporaires particulières lorsqu'elles se retrouvent seules en raison d'une séparation, d'un divorce ou d'un décès.

L'approche de l'égalité des droits sociaux entre hommes et femmes privilégiée dans cette note est fondée sur l'insertion professionnelle des femmes. L'évolution du travail en France aboutit à la constitution de droits individuels pour les hommes et pour les femmes dont le montant devrait progressivement se rapprocher. Il faut veiller à ce que les avantages accordés pour l'exercice de responsabilités familiales ne contrarient pas ce mouvement général par des effets de désincitation à travailler.

Dans le raisonnement, le travail apparaît comme une valeur centrale. Si, comme certains le prédisent, cette valeur était appelée à disparaître, l'analyse présentée devrait être revue. Mais il serait souhaitable qu'en la matière ce soient les hommes qui donnent l'exemple.

Annexe 5

LACUNES, CONTRADICTIONS ET INCOHÉRENCES DES MESURES DE « CONCILIATION » TRAVAIL/FAMILLE : BREF BILAN CRITIQUE[1]

Jeanne FAGNANI
Sociologue, Directrice de recherche au CNRS

Au sein de l'Union européenne, la France figure dans le groupe de pays où les femmes sont à la fois les plus fécondes et les plus présentes sur le marché du travail. À l'instar des pays scandinaves, le taux d'activité professionnelle des mères ayant de jeunes enfants y est particulièrement élevé. Sans omettre l'importance d'autres facteurs (historiques, économiques et culturels) et sans surestimer le rôle de la politique familiale menée en France depuis la fin des années soixante-dix, il est certain que celle-ci a joué un rôle déterminant dans les processus d'insertion et de maintien des femmes sur le marché du travail. Cela semble conforté par le fait que dans les pays où les mesures en faveur de ce qu'il est convenu d'appeler la conciliation travail/famille sont les moins développées, on observe à la fois la fécondité la plus basse et les plus faibles niveaux de participa-

1. J'ai bénéficié des remarques et critiques de C. Afsa, responsable du Bureau des prévisions à la CNAF, et d'A. Math, conseiller au Bureau de la recherche. Qu'ils en soient vivement remerciés.

tion des mères à la vie économique (Allemagne, Espagne et Italie).

Alors qu'en Allemagne, par exemple, la politique familiale entérine et renforce l'antagonisme maternité/travail professionnel, en France, la politique familiale a progressivement intégré le « modèle de la mère qui travaille », en mettant en place tout un arsenal de prestations et services permettant aux parents – mais plus particulièrement aux mères, compte tenu de la perpétuation de la division sexuelle du travail au sein de la famille – de cumuler leurs obligations professionnelles et éducatives.

Mais si les acquis dans ce domaine paraissent incontestables, il nous paraît plus approprié, dans le cadre des réflexions actuelles sur la politique familiale, de nous focaliser sur les lacunes, incohérences ou contradictions des mesures mises en application depuis la loi Famille de 1994.

I

L'accès aux divers modes de garde : le renforcement des inégalités sociales

Force est de constater qu'en dépit de la rhétorique officielle sur la nécessité de « diversifier les modes de garde » pour faciliter le « libre choix des familles », les inégalités sociales dans le domaine de l'accueil et de la garde des jeunes enfants se sont accentuées. En fait, au nom de la lutte contre le chômage et pour créer des emplois, les décideurs ont surtout privilégié le développement des modes de garde individuels auxquels – pour des raisons pas seulement financières – seules les familles des couches moyennes et aisées pouvaient avoir accès, et ceci au détriment des besoins des familles les plus défavorisées.

Le manque de places en crèches collectives défavorise les familles les plus pauvres

L'entrée massive des mères sur le marché du travail a conféré une importance cruciale à la question des modes de garde et de l'accueil des enfants d'âge préscolaire. Or les lacunes dans ce domaine peuvent réduire la marge de manœuvre des mères dans la sphère professionnelle. Le type de mode de garde peut aussi influencer les stratégies qu'elles élaborent pour articuler emploi et famille.

Il est largement admis, en particulier depuis le rapport Bouyala-Roussille (Math, Renaudat, 1997), que les crèches collectives ont à la fois une fonction éducative et sociale. L'existence de barèmes permet aux familles les plus modestes d'accéder à un mode de garde dont les effets bénéfiques sur le développement psychomoteur de l'enfant sont souvent cités en exemple à l'étranger. L'encadrement par un *personnel qualifié* et des professionnels de la petite enfance constitue, en outre, un avantage reconnu par rapport aux autres modes de garde « individuels » (assistantes maternelles ou employées à domicile). Or seulement 9 % des enfants de moins de trois ans sont accueillis dans des crèches collectives ou familiales. L'insuffisance de l'offre, dans ce domaine, s'accompagne de fortes disparités spatiales : 40 % des places en crèches sont localisés dans Paris et sa Petite Couronne. D'après les estimations de la CNAF, 50 % des enfants de moins de trois ans sont gardés au domicile par la mère, active ou non, et 370 000 enfants de cet âge sont gardés hors domicile de façon informelle (membre de la famille ou nourrice non déclarée, en général).

Les efforts financiers consacrés par la CNAF au développement et au fonctionnement des crèches (par l'intermédiaire des contrats-enfance) restent modestes au regard des sommes croissantes allouées, depuis 1994, à l'Allocation parentale d'éducation (APE), à l'Aide à la famille pour l'emploi d'une assistante maternelle agréée (AFEAMA) et à l'Allocation de garde d'enfant à domicile (AGED). De plus, les collectivités locales semblent de plus en plus réticentes à l'égard d'équipements réputés coûteux et de plus en plus concurrencés – du moins jusqu'à une date récente – par les autres modes de garde (assistante maternelle ou employée à domicile).

Or il convient de souligner que les lacunes dans ce domaine sont avant tout préjudiciables aux femmes les plus défavorisées : contrairement aux femmes plus privilégiées et/ou mieux rémunérées, elles peuvent difficilement recourir aux autres modes de garde. L'assistante maternelle agréée, en dépit de l'AFEAMA, reste souvent trop chère (d'autant plus que, si les familles sont non imposables, elles ne peuvent bénéficier de la réduction d'impôt de 3 750 francs par an) surtout si la mère travaille à temps partiel. Le coût d'une garde d'enfant à domicile est prohibitif même si elles ne paient pas de cotisations sociales grâce à l'AGED. Les enquêtes du CREDOC montrent que les femmes des milieux modestes recourent fréquemment aux nourrices non déclarées et sollicitent, lorsqu'elles le peuvent, les membres de leur famille. En l'absence de ces solutions alternatives, elles sont obligées ou incitées à cesser d'exercer une activité professionnelle et à réclamer, si elles y ont droit, l'APE. C. Afsa (1996) a ainsi montré qu'une femme habitant en milieu rural ou dans une ville de moins de 100 000 habitants est davantage incitée à cesser son activité professionnelle pour bénéficier de l'APE qu'une femme résidant dans une grande agglomération (où le niveau de l'offre de garde des enfants est beaucoup plus élevé), toutes choses égales par ailleurs. En effet, dans les zones rurales et les petites villes où les crèches et les assistantes maternelles sont rares, la femme n'a souvent d'autre choix que de garder elle-même son enfant.

Certes, l'école maternelle permet de combler, en partie, les lacunes dans ce domaine : les enfants peuvent y être admis dès l'âge de deux ans et 35 % des enfants de cet âge y sont déjà inscrits (Math, Renaudat, 1997). En tout état de cause, il n'est pas certain que l'accueil de tous les enfants de moins de trois ans dans ce type de structure soit un objectif souhaitable. En outre, la garde après l'école ou le mercredi reste un problème difficile à résoudre pour les parents qui ne peuvent rémunérer une personne pour prendre soin de l'enfant.

Crèches et écoles : une rigidité des horaires qui ne convient pas aux parents soumis à la flexibilité des horaires de travail

Dans un contexte de dérégulation croissante du marché de l'emploi et d'assouplissement de la législation encadrant les horaires de travail, la flexibilité sous toutes ses formes s'est considérablement développée. De plus en plus de salariés, en particulier dans le secteur des services et de la grande distribution, sont soumis à une intensification du travail et/ou à des exigences croissantes de la part de leur employeur en ce qui concerne l'aménagement des horaires. Or les horaires atypiques ou irréguliers, le travail le samedi et le dimanche, même dans le cadre d'un emploi à temps partiel, compliquent les modalités de gestion de la garde des enfants (Descolonges, Fagnani, 1998). Ce problème revêt d'autant plus d'acuité que les assistantes maternelles, soucieuses de préserver leur propre vie familiale, sont souvent réticentes à garder les enfants tard le soir ou le samedi. D'autre part, les familles qui ont des ressources financières limitées peuvent difficilement adopter le mode de garde à domicile et disposent donc, une fois de plus, d'une marge de manœuvre et d'un choix beaucoup plus restreints dans le domaine de la garde des enfants que les familles plus aisées.

A *contrario*, les familles plus privilégiées ont largement bénéficié des mesures adoptées dans le cadre de la loi Famille de 1994 et, incontestablement, dans le domaine de la garde des jeunes enfants, leur champ des possibles s'est élargi : l'augmentation du montant de l'AFEAMA, de l'AGED et des déductions fiscales accordées au titre des emplois « familiaux » ont notablement diminué leurs frais de garde. La forte croissance du nombre des bénéficiaires de ces deux prestations, depuis 1994, témoigne d'ailleurs de l'impact de ces mesures sur les comportements des ménages.

II

Assistantes maternelles et gardes d'enfant à domicile : des emplois, certes, mais des emplois précaires et mal rémunérés

Fin 1997, près de 80 000 familles percevaient l'AGED. Il a été démontré que la majorité des familles bénéficiaires ont des revenus élevés ; toutefois, même dans le « riche » département des Yvelines (Fagnani, 1997), la proportion des couples ayant des revenus relativement modestes (moins de 21 000 F) n'est pas négligeable. Les récentes modifications de l'AGED risquent donc de les pénaliser, la majorité d'entre eux n'employant que quelques heures par semaine une garde à domicile. Une baisse du *plafond de remboursement* des cotisations sociales, sans modification de leur taux de remboursement, les aurait épargnés et seulement pénalisé les familles plus aisées qui emploient beaucoup plus fréquemment une garde à plein temps.

L'AGED revêt un caractère anti-redistributif[1] indiscutable ; elle répond toutefois à de véritables besoins : la garde d'enfant à domicile offre incontestablement une solution bien adaptée aux parents fortement investis dans leur vie professionnelle et confrontés à des horaires tardifs, contraignants et irréguliers. La crèche ou l'assistante maternelle, dont les coûts pour ces familles sont pourtant moins élevés dans la plupart des cas (Yakubovitch, 1996), ne peuvent rivaliser avec ce mode de garde du point de vue de la flexibilité et de la souplesse des horaires et de l'exécution des tâches domestiques.

---

1. Du fait du cumul de la prise en charge des cotisations sociales par l'AGED et de la réduction d'impôt consentie au titre des emplois familiaux, la collectivité pouvait prendre en charge, jusqu'en 1997, jusqu'à 70 % du coût total de l'emploi, dont 50 % du salaire net.

Néanmoins, un paradoxe pour le moins surprenant mérite d'être souligné : pour les gardes à domicile, recrutées grâce à un dispositif visant à aider des parents « à concilier leur vie familiale et leur vie professionnelle », les horaires de travail sont fréquemment incompatibles avec leurs propres et éventuelles obligations familiales (Fagnani, Rassat, 1997). Ceci est pour le moins contradictoire si l'on se réfère aux fondements (affichés) qui ont présidé à l'instauration de mesures comme l'AGED.

En fait, pour offrir à certaines catégories de familles un des moyens de s'adapter aux mutations actuelles du monde du travail, la politique familiale a créé des dispositifs qui génèrent des emplois aux horaires flexibles mais préjudiciables à la vie familiale des personnes concernées (employées dans le cadre de l'AGED et les assistantes maternelles qui acceptent de garder les enfants en dehors des heures « normales »).

La revalorisation de l'AGED et de l'AFEAMA, en 1994, a incontestablement eu pour résultat de créer des emplois et de blanchir du « travail au noir », auparavant fréquent dans ce secteur. Toutefois, les efforts financiers consacrés par la collectivité en faveur de ces modes de garde (environ 10 milliards de francs pour la Sécurité sociale et de l'ordre de 3 milliards pour l'État en 1997) justifient un examen critique de ces types d'emploi :

- Le niveau de rémunération des personnes employées dans le cadre de ces dispositifs est faible. L'étude de L. Causse, C. Fournier, C. Labruyère (1997) l'avait déjà montré en ce qui concerne l'ensemble des employés de maison. Seulement 13 % d'entre eux ont un salaire net supérieur à 40 francs de l'heure. Parmi les employés travaillant dans les familles bénéficiaires de l'AGED et vivant dans les Yvelines, cette proportion est équivalente (Fagnani, Rassat, 1997). En outre, l'ancienneté joue un rôle négligeable sur le niveau de rémunération car celle qui est légalement prise en compte correspond à l'ancienneté chez un même employeur.
- Alors que ces modes de garde représentent des coûts élevés pour la collectivité, le souci de lutter contre le chô-

mage et de légaliser le « travail au noir » a relégué au second plan la question (pourtant cruciale pour leur valorisation) de la *professionnalisation de ces emplois* (et, par ricochet, de leur rémunération). Les associations de service à la personne et les syndicats militent, certes, en faveur de cette professionnalisation. Force, pourtant, est de constater que leurs revendications n'ont été que partiellement satisfaites : l'octroi de l'AGED, par exemple, n'est assorti d'aucune exigence de qualification des personnes recrutées. En ce qui concerne les assistantes maternelles, il est reconnu que l'agrément leur est facilement accordé si leur logement est conforme aux normes requises. Les formations[1] qui leur sont proposées sont très ponctuelles, suivies en cours d'emploi, non sanctionnées par un diplôme et n'ont pas valeur de sélection (Bosse-Platière, Delthier, 1995). L'encadrement quotidien de beaucoup d'enfants d'âge préscolaire reste donc hautement problématique.

- Ces emplois précaires et mal rémunérés contribuent à cantonner les femmes dans des secteurs exclusivement féminins et dévalorisés. Au regard de l'objectif de la lutte contre les discriminations sexuelles sur le marché du travail, ces dispositifs s'avèrent aussi pour le moins incohérents. Aucun programme n'a été mis en place pour encourager la mixité de ce type d'emploi (y compris dans le secteur des crèches), contrairement aux expériences menées dans les pays scandinaves : en France, la garde et les soins aux enfants restent exclusivement une « histoire de femmes » (Bloch, Buisson, 1998).

Enfin, paradoxalement – du moins eu égard à l'un des objectifs officiellement poursuivis qui est de veiller au « bien-être » des enfants – si la politique familiale a mis en place des dispositifs qui permettent parfois aux deux parents de s'investir dans leur vie professionnelle, elle a rendu possible ou renforcé

---

1. Depuis 1992, la formation obligatoire est de soixante heures sur cinq ans, dont vingt sur deux ans.

une situation préjudiciable aux intérêts de l'enfant (du moins si l'on admet le postulat selon lequel le jeune enfant, pour s'épanouir, a besoin d'une présence minimum de son père *et* de sa mère) : l'absence prolongée des deux parents durant la journée, conjuguée avec des retours au domicile tardifs (Fagnani, 1997). En conclure qu'il serait judicieux d'encourager les mères (ou les pères !) à rester « au foyer » serait une erreur (cf. plus loin). Outre que cela irait à l'encontre des réalités sociologiques actuelles et des aspirations des jeunes générations, la politique familiale doit veiller à maintenir un équilibre entre les droits, les intérêts et les besoins de chacun des membres de la famille – y compris le droit des pères à s'occuper de leurs enfants.

Toujours au nom de la lutte contre le chômage, mais en jouant cette fois sur un autre registre, les décideurs ont renforcé, en 1994, les dispositifs du congé parental et de l'allocation parentale d'éducation. Quels en sont les risques et les effets pervers ?

III

Allocation parentale d'éducation (APE) et congé parental : des risques professionnels dans un contexte de chômage

Pour que l'APE permette à des femmes de se consacrer entièrement (ou à temps partiel) à l'éducation de leurs enfants en toute quiétude, encore faut-il au minimum, premièrement, qu'elles aient occupé, avant la naissance, un emploi stable et, deuxièmement, qu'elles bénéficient de la garantie de retour à l'emploi grâce au congé parental d'éducation. Cependant, nombre de bénéficiaires – dont le nombre n'a cessé de croître depuis 1994 pour atteindre plus de 500 000 fin 1997 – ne correspondent pas à ce profil : comme l'a montré l'étude de C. Afsa (1996), un grand nombre d'entre elles était inscrites au chôma-

ge[1] avant de demander l'APE, période durant laquelle leurs
droits aux allocations de chômage sont suspendus.

Un des avantages de l'APE est qu'elle permet à des femmes
faiblement rémunérées[2] d'opter pour un arrêt momentané de
leur activité professionnelle, à la suite d'une naissance, sans
subir de préjudices financiers (du moins à court terme). Cette
période est d'ailleurs souvent vécue comme une période de « ré-
pit » par celles qui occupent un emploi leur procurant peu de
satisfactions. Dans cette perspective, il convient alors d'attirer
l'attention sur l'inégalité sociale qu'engendre ce dispositif : l'instauration d'une des conditions d'éligibilité (deux ans d'activité
durant les cinq ans qui précèdent la naissance) a pour résultat
d'exclure du champ de la prestation des femmes appartenant
avant tout à des milieux défavorisés socialement (Afsa, 1996 ;
Fagnani, 1996a).

Dans un contexte de chômage et de précarité croissante
de l'emploi féminin, on peut craindre que les bénéficiaires qui
avaient des statuts précaires ou étaient inscrites au chômage,
aient des difficultés, à l'issue de cette période, à retrouver un
emploi (ou du moins un emploi qui leur convienne) après une
si longue interruption (trois ans). À plus long terme, ceci peut
se traduire par une baisse du niveau de vie des familles concernées et, par ricochet, par des coûts financiers élevés pour la
collectivité, en termes de prestations sous condition de ressources, d'allocations de chômage ou de minima sociaux... Une
recherche auprès de femmes ayant bénéficié de l'APE et vivant
dans les Yvelines (Fagnani, 1996b) a déjà montré les difficultés
de réinsertion professionnelle de beaucoup de mères travaillant
auparavant dans le secteur privé ou inscrites au chômage avant

---

1. On estime à 60 % la proportion de mères qui, après avoir donné naissance
à leur deuxième enfant, se sont retirées du marché du travail et qui seraient
probablement restées actives (ayant un emploi ou inscrites au chômage) si l'APE
n'avait pas existé (Afsa, 1996). Parmi celles qui perçoivent l'APE à taux plein, un
tiers déclarent avoir perçu une indemnité de chômage l'année précédant l'arrêt
de leur activité.
2. Elles sont nombreuses : alors que les femmes représentent 46 % des salariés,
79 % de ceux qui ont un bas salaire (égal ou inférieur aux deux tiers du salaire
médian) sont des femmes (Concialdi, Ponthieux, 1997).

de recevoir l'APE. Une longue interruption professionnelle peut aussi hypothéquer les chances de promotion des femmes très qualifiées.

Enfin, même si le congé parental garantit le retour à l'emploi (mais pas forcément le même poste, ni dans le même établissement), les employeurs – en particulier les PME du secteur privé – ne respectent pas toujours la législation en vigueur. Néanmoins, si l'objectif était d'inciter des femmes à ne pas reprendre leur activité professionnelle à la suite d'un congé de maternité ou à cesser de rechercher un emploi, force est de constater que celui-ci a été en grande partie atteint : le taux d'activité professionnelle des mères ayant deux enfants dont le benjamin est âgé de moins de trois ans est passé de 69 % en 1994 à 53 % en 1997.

Au regard de l'objectif (en fait, totalement négligé dans le cadre de cette prestation) visant à promouvoir l'égalité des chances entre les sexes sur le marché du travail, force est de constater de multiples effets pervers :

- *Le renforcement de l'asymétrie des trajectoires professionnelles au sein du couple*
  Le fait que ce soit toujours la mère qui recourt au congé parental et/ou à l'APE contribue à instaurer ou à renforcer l'asymétrie des trajectoires professionnelles au sein des couples.
- *Le retour à la traditionnelle division du travail au sein du couple*
  Durant la période de l'APE, on assiste à un retour en force du partage inégalitaire des tâches éducatives et domestiques au sein de la famille. En effet, lorsque la femme cesse d'exercer une activité professionnelle, les rapports de force au sein du couple se modifient. Tout se passe comme si la femme ne se sentait plus légitimée à revendiquer une répartition plus équilibrée des tâches domestiques.
- *L'éducation des jeunes enfants reste une « affaire de femmes »*
  La presque totalité des bénéficiaires (98 %) de l'APE et du

congé parental sont des femmes. En dépit de la neutralité apparente de ces dispositifs, le législateur ne s'est pas doté des moyens d'encourager les pères à participer plus activement à l'éducation du jeune enfant (contrairement à la Suède). Ce phénomène renforce donc les préjugés qui veulent que l'éducation des jeunes enfants est « par nature » dévolue aux mères.

- *Les risques de renforcement des discriminations sexuelles à l'embauche*
  On peut craindre le renforcement des processus de discrimination sexuelle à l'embauche, au détriment, en particulier, des jeunes femmes. Les employeurs (surtout dans les entreprises confrontées à des difficultés financières ou vulnérables économiquement) peuvent être réticents à recruter et/ou à confier à des femmes des postes de responsabilités, en anticipant sur les dispositifs offerts par le législateur (congé parental, APE, possibilité de recours au temps partiel...) et sur l'éventuel désinvestissement professionnel de celles-ci au profit de leur vie familiale. Par un effet rétroactif, les difficultés à obtenir un emploi stable ou à accéder à des professions plus qualifiées ou mieux rémunérées peuvent inciter des mères, soit à recourir au congé parental, soit à renoncer à la venue d'un enfant supplémentaire. On serait donc en présence d'un cercle vicieux particulièrement préjudiciable pour les femmes qui veulent ou ont des enfants.

Résultat d'un compromis entre les sensibilités des différents partenaires sociaux, cette prestation représente, en outre, une dépense considérable pour la branche Famille (18 milliards en 1997 alors que son déficit est de l'ordre de 13 milliards). En permettant à des femmes de surseoir à la recherche d'un emploi ou d'échapper, momentanément, à un travail salarié mal rémunéré, pénible ou peu valorisé socialement, le législateur n'a-t-il pas sous-estimé les dépenses générées par la baisse de « l'employabilité » des bénéficiaires à la sortie du dispositif ?

**L'emploi à temps partiel :
des inconvénients déjà largement dénoncés**

Dans le cadre de l'APE, il est possible de cumuler un emploi
à temps partiel (17 % des bénéficiaires en 1997) et le versement
à taux réduit de la prestation. Or les risques et effets pervers du
développement du travail à temps partiel, surtout dans la
mesure où il concerne avant tout les femmes, ont déjà été mis
en évidence (Maruani, 1996). Il est vrai, toutefois, que la réduction des horaires de travail peut alléger les contraintes auxquelles sont confrontées les mères (et parfois les pères), à
condition toutefois que ces horaires soient choisis et négociés
avec l'employeur. S'ils sont imposés et en totale discordance
avec ceux des enfants, l'emploi à temps partiel peut, au contraire, être source d'une plus grande complexité des modalités
de gestion de la vie quotidienne qu'un emploi à temps plein.

Conclusion

Si l'on veut vraiment faire en sorte que la parentalité et,
plus particulièrement, la maternité ne soient pas un handicap
dans le domaine professionnel ou même un obstacle à l'insertion sur le marché du travail et, inversement, que le fait d'exercer une activité professionnelle n'engendre pas des tensions au
sein de la famille et n'implique pas la réduction du nombre
d'enfants souhaités, une remise à plat des dispositifs actuels et
une clarification des enjeux s'imposent.

Dans cette perspective, la rhétorique sur le « libre choix des
familles » et la « diversification des modes de garde » ne saurait
masquer ce que nombre d'observateurs avisés (y compris les
associations familiales) dénoncent : la politique familiale est
de plus en plus « phagocytée » par les politiques de l'emploi.
L'emprise de ces politiques sur les mesures de conciliation
travail/famille s'est, en fait, traduite par une « instrumentalisa-

tion » de l'offre de travail des femmes et par une polarisation croissante – recoupant partiellement les clivages sociaux – entre les mères qui poursuivent une carrière et se maintiennent dans l'emploi après leur maternité et les autres qui se retirent, au moins momentanément, du marché du travail pour se consacrer totalement à leurs enfants.

Or, un des plus importants défis auxquels est confrontée la politique familiale est celui des modifications récentes du temps de travail : son encadrement réglementaire et conventionnel s'étant assoupli à la demande des employeurs, on assiste au développement du travail à temps partiel *imposé* et à la diffusion des horaires atypiques et flexibles, mutations qui aggravent les problèmes d'articulation d'une vie familiale et professionnelle, et en particulier, ceux liés à la gestion du mode de garde des enfants et/ou de la prise en charge – le plus souvent assurée par les femmes – des personnes âgées dépendantes.

Dans cette perspective, on ne peut occulter les questions suivantes : la politique familiale doit-elle entériner et accompagner ces mutations au risque de renforcer leur impact souvent préjudiciable au « bien-être » des familles ? Si non, comment élargir son champ d'intervention et par quels moyens inciter les entreprises, et le monde du travail dans son ensemble, à intégrer la dimension familiale de la vie des salariés, hommes ou femmes ?

Bibliographie

AFSA C., 1996, « L'activité féminine à l'épreuve de l'APE », *Recherches et Prévisions*, 43.

BLOCH F., BUISSON M., 1998, *La Garde des enfants, une histoire de femmes*, Paris, L'Harmattan.

BOSSE-PLATIÈRE S., DELTHIER A., 1995, *Accueillir le jeune enfant : quelle professionnalisation ?*, Erès, Centre national de la fonction publique territoriale.

CAUSSE L., FOURNIER C., LABRUYÈRE C., 1997, *Le Développe-*

ment des emplois familiaux. Effets sur les métiers de l'aide à domicile, CEREQ, Série Observatoire, 121.

CONCIALDI P., PONTHIEUX S., 1997, Les Bas Salaires en France, 1983-1997, DARES, Document d'Études, 15.

DESCOLONGES M., FAGNANI J., 1998, La Flexibilité dans l'emploi : un moyen de concilier sa vie professionnelle et sa vie familiale ou une nouvelle forme de précarité ? Le cas de la France, Bruxelles, Rapport de recherche pour la DGV de la Commission des communautés européennes.

FAGNANI J., 1996a, « L'allocation parentale d'éducation : contraintes et limites du choix d'une prestation », Lien social et Politiques, 36.

FAGNANI J., 1996b, « Retravailler après une longue interruption : le cas des mères ayant bénéficié de l'allocation parentale d'éducation », Revue française des affaires sociales, 3.

FAGNANI J., 1997, « L'allocation de garde d'enfant à domicile : profil des bénéficiaires et effet d'aubaine », Droit social, 11.

FAGNANI J., RASSAT E., 1997, « Garde d'enfant ou femme à tout faire ? Les employées des familles bénéficiaires de l'AGED », Recherches et Prévisions, 49.

MARUANI M., 1996, « L'emploi féminin à l'ombre du chômage », Actes de la recherche en sciences sociales, 115.

MATH A., RENAUDAT E., 1997, « Développer l'accueil des enfants ou créer de l'emploi ? », Recherches et Prévisions, 49.

YAKUBOVITCH Y., 1996, Le Coût de l'accueil des jeunes enfants pour les familles et les diverses collectivités publiques, Bureau des prévisions, CNAF.

LA QUESTION POLITIQUE
DES JEUNES ADULTES

François DE SINGLY
Professeur à la Sorbonne, Directeur du centre de recherches en sociologie de la famille

Deux écueils : la dépendance vis-à-vis de la famille, la dépendance vis-à-vis de l'État

La question des « jeunes adultes » a été posée, explicitement, dans le cadre des politiques familiales dans les années quatre-vingt-dix, tardivement donc. La loi sur la famille de juillet 1994 prévoit ainsi le prolongement du versement des allocations familiales aux enfants jusqu'à l'âge de 20 ans (et l'âge de 22 ans a même été programmé). La justification d'une telle prise de décision est simple, elle renvoie au prolongement des études (d'ailleurs, les allocations ne sont versées à 20 ans que si l'enfant est étudiant). Implicitement, cette décision revient à reconnaître aux enfants qui font des études supérieures un statut de dépendant. Ils sont à la charge de leurs parents.

Le travail parental ayant une durée plus longue, on demande à l'État de prolonger aussi sa définition de la jeunesse pour continuer à soutenir la famille. Sous quelle forme ? L'objet de cette note est de proposer une réflexion sur cette question.

Deux options principales peuvent être prises. Soit aider la famille, le parent ou les parents, les aidants afin de protéger la solidarité entre les générations, de ne faire rien qui puisse être perçu comme voulant la déstabiliser. Soit soutenir le jeune afin de l'aider à se défaire d'une relation de dépendance qui lui interdise de devenir adulte. La fonction de « protection rapprochée » (selon l'expression de Claude Martin, 1997) qu'assure la famille est ambiguë. Elle est positive en ce qu'elle témoigne de la force des liens familiaux, du maintien d'obligation normative au sein de la famille (A. Walker, 1993 ; C. Martin, 1995 ; J. Finch, J. Mason, 1993), par son efficacité reconnue par les jeunes eux-mêmes (y compris les plus pauvres ; Paugam, Zoyem, 1998). Elle est négative en ce qu'elle risque de contraindre le jeune adulte à se construire en accordant trop de place à la dimension de « fils de » ou « fille de ». Souvent énoncée, la crainte de l'intervention de l'État providence est celle d'habituer les gens à être assistés ; mais elle ne doit pas masquer un danger comparable : celui de la dépendance au sein des relations privées. Ce sont ces deux écueils que la politique familiale en direction des jeunes adultes et de leur famille doit éviter.

La définition du « jeune adulte »

Commençons par définir le groupe des « jeunes adultes ». On préfère ce terme à celui de « post-adolescents » qui présuppose trop qu'un jeune doit avoir franchi toutes les étapes (notamment la décohabitation de la maison familiale, la fin des études, l'entrée sur le marché du travail, l'entrée dans la vie de couple, le mariage, voire même le premier enfant) pour mériter en quelque sorte d'être adulte. Sinon, tant qu'il a encore du chemin à parcourir, il reste dans un âge qui ne fait que prolonger sa situation antérieure (d'où le préfixe de « post »). L'allongement de la scolarité a eu pour effet de retarder l'accès à l'indépendance économique (ce qui est une évidence qui ne pourrait être contestée puisqu'elle a aussi permis pour les jeunes femmes l'accès à l'indépendance économique). Mais tout ne se résume pas à cela. En raison de l'allongement de la scolarité, de la crise, mais aussi en raison de la critique des institutions et du moindre autoritarisme familial, un autre phénomène est apparu, celui la « désynchronisation » des étapes (selon Olivier Galland, 1997), ou peut-être plus précisément celui d'un « arasement des seuils » (selon Jean-Claude Kaufmann). Un couple se forme lentement, et non plus par un seuil (le mariage). Et son degré d'intégration – qui correspond à un certain travail effectué pour qu'il ne soit pas seulement la juxtaposition de deux individualités – ne correspond pas nécessairement à des étapes. « L'intégration domestique est un processus cumulatif et progressif » (J.-C. Kaufmann, 1993). Une évolution, en partie comparable, a eu lieu pour le travail. La frontière entre le non-travail et le travail n'existe plus puisqu'entre les deux sont nées des situations intermédiaires.

Ces situations intermédiaires existent aujourd'hui à tout âge, ainsi lorsque deux individus forment un nouveau couple, tout en conservant chacun un logement. Ils vivent séparés et en même temps peuvent se considérer comme un couple. Ce qui distingue le groupe des jeunes adultes, c'est le fait que très majoritairement (pas tous, bien évidemment, car des jeunes ne vivent en couple qu'après le mariage, des individus réussissent un concours d'entrée dans une grande école et sont rémunérés dès le départ), il se trouve dans une situation multipliant ces états mouvants. C'est l'état normal (au sens de norme sociale) des jeunes adultes de se trouver aujourd'hui dans un certain flou. Ce « flou » (associé à la désynchronisation des étapes) a des côtés positifs : notamment celui de rendre possible la vie de couple sans attendre le mariage ou le travail professionnel. Mais il comporte des risques, et ce sont eux qu'une politique doit prendre en compte pour en limiter l'ampleur. Pour le dire schématiquement, il y a deux risques. Pour tous les jeunes (ou presque), le risque est celui d'une longue période intermédiaire. Par définition, être jeune adulte doit avoir une fin, et une fin pas trop tardive. Le jeune adulte doit avoir une indépendance économique et un logement indépendant. Et c'est là que le second risque prolonge le premier. Certains jeunes, défavorisés, qui ont eu une scolarité difficile, pourraient ne jamais trouver ni de « vrai travail », ni de logement indépendant, et donc rester dans cet état intermédiaire indéfiniment, de telle sorte qu'ils soient conduits au désespoir.

Le logement

Le départ du logement est une étape importante du processus d'autonomisation des jeunes adultes de leur famille d'origine (E. Maunaye, 1997). Trois constats méritent d'être retenus :

- Premièrement, il ne faut pas confondre l'âge de départ de chez les parents et l'accès à un logement indépendant (et payé par le jeune lui-même). C'est ainsi que (pour la médiane) les jeunes hommes âgés entre 26 et 29 ans ont quitté leurs parents à 22 ans, et ont eu accès à un « logement indépendant » à 24,5 ans (pour les jeunes femmes, respectivement à 21 ans et 22,7 ans). Pour les hommes, emploi stable et accès au logement indépendant coïncident, alors que pour les femmes, l'emploi stable suit d'un an et demi l'accès à un tel logement (O. Galland).
- Deuxièmement, les jeunes adultes peuvent gagner leur vie sans pour autant quitter leurs parents. Ainsi, chez les jeunes de 19 à 29 ans, 28 % vivent chez leurs parents tout en ayant un revenu du travail et 12 % vivent chez leurs parents sans revenu de travail (N. Herpin, D. Verger, 1998). Indépendance de la résidence et indépendance économique sont en partie dissociées (dans les pays du Sud de l'Europe, cette dissociation est encore plus forte). 36 % des jeunes hommes quittent leurs parents avant d'avoir un emploi stable (de plus de six mois) contre 50 % qui inversent l'ordre. Pour les jeunes femmes, 54 % quittent le logement familial d'abord, et 34 % ont en premier un emploi stable (M. Bozon, C. Villeneuve-Gokalp, 1994).
- Troisièmement, il existe un rapport entre l'entente des jeunes adultes avec leurs parents et l'âge pour les quitter. Les jeunes hommes qui s'entendent mal avec leurs parents les quittent avant d'avoir un emploi stable (plus

de six mois) dans 51 % des cas, et les quittent après dans 38 % des cas. Pour les jeunes hommes qui s'entendent bien ou assez bien avec leurs parents, les pourcentages s'inversent : 53 % quittent la maison ou l'appartement familial après avoir un emploi, et 33 % avant d'avoir un emploi (M. Bozon, C. Villeneuve-Gokalp, 1994). Les jeunes qui s'entendent mal avec leurs parents prennent plus de risques, puisqu'ils sont aussi moins aidés pendant l'année du départ : parmi les jeunes hommes sans emploi stable, 54 % de ceux qui s'entendent mal et 69 % de ceux qui s'entendent bien reçoivent une aide financière de leurs parents. Parmi les jeunes femmes, les pourcentages correspondants sont 52 % et 74 % (M. Bozon, C. Villeneuve-Gokalp, 1994). Près de la moitié des jeunes qui n'occupent pas un emploi stable ne sont pas aidés financièrement par leurs parents l'année où ils les quittent. On devine les difficultés de certains de ces jeunes.

Pour l'élaboration des politiques de la famille et de la jeunesse, la question du logement pour les jeunes adultes doit retenir l'attention au moins sur les points suivants :

- Celui de la caution, très souvent demandée aux parents puisque les jeunes ne peuvent pas toujours attester de ressources suffisantes. Il faut donc repenser les cautions et les garanties pour faire en sorte que les parents puissent être remplacés par d'autres procédures.
- Celui des prestations spécifiques de logement. Elles devraient être, sans doute, réservées aux jeunes qui prennent leur autonomie fiscale. L'allocation logement occupe une place centrale puisque sur 100 jeunes de 20 ans « couverts », c'est-à-dire bénéficiaires d'une prestation relevant de la branche Famille, 4 % reçoivent des allocations familiales, 18 % des prestations pour jeunes enfants, 17 % des prestations comme celles de parent isolé, d'éducation spéciale, pour adulte handicapé... et 85 % une allocation logement (I. Amrouni, 1995 ; E. Rassat, 1995).

• Celui des difficultés des jeunes sans travail qui sont également en rupture avec leur famille, ou qui ne sont plus
acceptés dans leur famille. L'action des foyers de jeunes
travailleurs (FJT) et d'autres associations doit être soute-
nue pour que l'autonomisation résidentielle soit possible
même dans ces conditions peu favorables.

Une borne décisive du processus
d'autonomisation : 24-25 ans

Dans cette note, nous nous centrons principalement sur
une autre dimension du processus de transformation de la relation entre les parents (ou le parent) et le jeune adulte qui nous
semble plus importante encore : l'accès à l'autonomie financière du jeune et la possibilité de sortir de la tutelle parentale [1].
La fin du travail éducatif des parents peut être fixée par trois
bornes : la fin des études – qui constitue, pour bon nombre de
familles, le patrimoine qui fixe la valeur des enfants (F. de Singly, 1993), le premier emploi et le premier emploi stable (c'est-
à-dire, selon l'INSEE, un travail à durée indéterminée ou à son
compte) qui sert de révélateur de la position sociale de l'enfant
considéré, par rapport à la trajectoire de ses parents.
Les jeunes hommes âgés entre 26 et 29 ans en 1992, ont
franchi la première étape à 19 ans, la seconde à 19,9 et la troisième à 21,8 (valeurs médianes). Aujourd'hui, les hommes de
même caractéristique finissent leurs études à 20,8 ans, ont leur
premier emploi à 21,9 ans et leur premier emploi stable à
23,9 ans (INSEE, enquête « jeunes » et enquête « jeunes et carrière »). Le jeune homme était assuré d'un « vrai » travail à 22 ans
il y a quelques années, il l'est à 24 ans aujourd'hui. Les femmes
ont connu un mouvement de calendrier comparable. Pour les
femmes entre 26 et 29 ans, il y a six ans, la fin des études surve-
nait (toujours selon la médiane) à 19,4 ans, le premier emploi

---

1. Seront absentes plusieurs dimensions du passage à l'âge adulte, notamment
la dimension citoyenne. On se reportera aux travaux d'Anne Muxel (1996).

à 20,4 ans et le premier emploi stable à 22,2 ans. Pour les femmes de même caractéristique aujourd'hui, les trois événements ont lieu à 20,8 ans, à 22,1 ans et à 24,1 ans.

L'indépendance économique, consécutive à l'obtention d'un capital scolaire et d'un emploi stable, s'obtient, à la fin des années quatre-vingt-dix, à l'âge de 24 ans. Lorsqu'on prend un indicateur plus subjectif – la réponse à la question « à quel âge avez-vous accédé au premier emploi qui compte ? » – on trouve aussi cette borne : « Quelle que soit la catégorie socioprofessionnelle, et quel que soit le sexe, l'emploi qui compte s'acquiert, en règle générale, avant vingt-cinq ans » (C. Rougerie, J. Courtois, 1997).

La décision de la loi de 1994 est conforme à une optique de politique familiale « classique » : elle aide les parents à assurer jusqu'au bout leur travail. La loi change les bornes, respectant (en partie) le nouveau calendrier. C'est donc une perspective qui a sa cohérence, celle de concevoir l'enfant comme une « charge » dont une partie revient à l'État. Mais elle peut être critiquée pour trois raisons très différentes :

- Le maintien des liens de dépendance en aidant les parents des jeunes adultes, et non les jeunes adultes eux-mêmes.
- Le manque de prise en considération de la crise de l'emploi qui affecte plus durement les jeunes, et les jeunes ayant une faible qualification scolaire (C. Baudelot, 1988 ; G. Mauger, 1995).
- Les transformations profondes du marché du travail et de l'emploi, dans le cadre de la mondialisation, qui ont et auront des effets sur la définition du « vrai travail » (conçu jusqu'ici comme un travail stable).

Ces trois raisons doivent inciter à désenclaver les politiques familiales. Ces dernières doivent être articulées aux politiques sociales. Mais ce n'est pas suffisant, elles doivent aussi être articulées à une politique de la jeunesse qu'il est nécessaire de rendre plus explicite (alors que de grandes mesures sont masquées dans des chapitres des autres politiques et programmes, de l'Éducation nationale, de l'emploi, de prévention et de lutte contre les exclusions notamment [e.g. F. Labadie, C. de Linarès, 1995]).

Premier problème : la dépendance des jeunes adultes vis-à-vis de leur famille

Les familles, et plus précisément les parents, développent une intense solidarité avec leurs enfants (C. Attias-Donfut, 1995). Ils les aident à achever leurs études, à entamer les premières étapes difficiles de leur parcours professionnel, en amortissant les méfaits de la crise, en leur proposant un niveau de vie qui ne soit pas trop inférieur à celui qu'ils ont connu pendant leur enfance. Le fait que l'aide de l'État soit versée, dans le cadre des politiques familiales, aux parents (avec les allocations familiales, ou avec le maintien du quotient familial) signifie que le jeune adulte est considéré comme un « enfant ». Or les travaux sur les échanges entre les générations, dans le cadre d'une théorie du don, nous apprennent que le don a une contrepartie, le contre-don. En l'occurrence, l'enfant-adulte reçoit un cadeau qui n'est pas sans prix : il reste dépendant de ses parents qui disposent ainsi d'une ressource de pouvoir (J. Godbout, J. Charbonneau, 1996 ; J.-H. Déchaux, 1994). Cela ne signifie ni qu'il ne parvient pas à construire une certaine autonomie vis-à-vis de ses parents (même en restant sous leur toit), ni qu'il n'est pas possible de nouer de bonnes relations avec eux. Mais cela révèle que la gratuité n'existe jamais entièrement. Les contraintes de l'allongement de la jeunesse qui ont mené à un accroissement de la cohabitation intergénérationnelle n'ont pas eu pour effet de dégrader les relations familiales. Ainsi par exemple, parmi les étudiants, 83 % estiment que la cohabitation avec les parents ne pose de problème pour personne, parmi les non-étudiants, 69 % pensent de même (N. Herpin, D. Verger, 1997). Les arrangements sont tels que chacun se respecte, le plus fréquemment. Le développement de la négociation au sein de la famille, notamment depuis 1968, a permis de trouver des solutions qui ne fassent pas trop sentir aux jeunes leur situation de faible autonomie spatiale, surtout lorsque ces derniers sont étudiants, les études supérieures fournissant un statut légitime à l'inactivité professionnelle, du fait de l'accumulation des ressources scolaires pour l'avenir.

L'analyse des discours sur les solidarités à l'intérieur de la famille et sur les solidarités à l'intérieur de la nation pourrait démontrer que deux registres différents sont utilisés (M. Court, 1996), la lecture des articles, des rapports, des déclarations portant sur le RMI jeunes en témoigne :

- Dans un cas – celui de l'aide aux jeunes qui passe par la famille –, on loue la possibilité de renforcer les liens familiaux alors que l'aide directe aux jeunes adultes pourrait avoir pour effet de les distendre.
- Dans l'autre, on se désole de la création d'un lien potentiel entre l'État et le jeune qui pourrait devenir ainsi dépendant. L'enfant deviendrait en quelque sorte un enfant de l'État. Ce n'est pas un objectif souhaitable si on souhaite que l'enfant, à l'âge adulte, puisse accéder à l'autonomie financière. L'entrée dans une carrière d'assisté est une vraie menace, par rapport à cet objectif. Mais il ne faut pas alors, dans le cadre de la relation intergénérationnelle, penser que ce serait bien de maintenir les liens de dépendance économique entre les enfants et leurs parents.

Il faut s'interroger sur les manières d'aider les jeunes adultes à devenir adultes. C'est-à-dire le moins dépendants possible. Cela revient à remettre en question les allocations familiales versées aux parents de jeunes adultes. Ne faut-il pas envisager la passation de relais entre une politique classiquement familiale et une politique de la jeunesse ? Le versement des allocations familiales pour les « grands enfants » contribue, indirectement et involontairement, au maintien de la dépendance de ces jeunes adultes.

Deux possibilités s'ouvrent :

A) Le versement automatique du montant des allocations à l'enfant-adulte en direct, pour l'aider à devenir lui-même, notamment par la recherche d'un emploi, après avoir achevé ses études. Si ses parents l'aident, cette somme ferait partie de la négociation qui fixe le montant du soutien financier. Dans cette optique, il n'y a aucune raison pour que l'aide de l'État disparaisse dans le pot des parents. Le jeune adulte doit savoir qu'il reçoit, à titre transitoire, deux aides d'origine différente (une de ses parents éventuellement, une de l'État).

Conformément à la valorisation de l'autonomie du jeune adulte, la contrepartie de l'aide directe de l'État serait de demander, d'exiger la séparation des comptes des parents et du jeune adulte, notamment sur le plan fiscal. Le jeune devrait alors remplir une déclaration séparée et ses parents ne devrait plus bénéficier d'une demi-part fiscale supplémentaire. Ceux qui demandent une allocation d'études font cette proposition du choix entre le rattachement au foyer fiscal des parents et un « statut autonome », avec le versement de l'allocation.

Cette allocation directe ne serait plus « familiale ». Elle serait une « allocation de soutien au jeune adulte ». Elle pourrait être versée aux jeunes à partir de la fin des allocations familiales. Elle ne dépendrait plus du statut de la famille, ni financièrement (puisque le jeune se sépare du foyer fiscal de ses parents), ni du point de vue de la taille. Un enfant unique, ou un dernier d'une famille de plusieurs enfants aurait droit à cette allocation de soutien au jeune adulte. L'État verserait cette allocation dans le souci de montrer clairement qu'il est conscient de la spécificité des besoins de cet âge, et qu'il estime qu'il n'est pas sain que les jeunes adultes soient trop longtemps dépendants de leurs parents. Cette allocation de jeune adulte serait à inscrire dans la déclaration des jeunes concernés.

B) Le versement du montant de l'allocation pourrait se faire, au choix, soit directement à l'enfant adulte, soit à ses parents, selon la décision prise en commun (et dans le cas d'un désaccord, l'allocation serait versée à l'enfant). Cela laisse plus de souplesse, et correspond à la manière dont se nouent les relations entre les adultes et les jeunes dans la majorité des familles contemporaines. Le jeune adulte saurait qu'il reçoit une aide de l'État pour lui, tout en acceptant qu'elle soit versée à ses parents qui, par ailleurs, l'aident.

À l'âge considéré – celui de la fin des allocations familiales à 20 ans – le jeune et ses parents (ou son parent responsable) passeraient un accord explicite puisqu'ils devraient envoyer une déclaration commune, signée des deux parties, autorisant les parents à recevoir cette allocation. En cas de désaccord, l'allocation serait versée au jeune adulte. Ce qui marque bien le sens de l'aide de l'État, en priorité pour le jeune. C'est pourquoi il est nécessaire de modifier, là aussi, le nom de cette allocation en la nommant « allocation de soutien pour jeune adulte ».

L'élément qui change par rapport à l'option A) est la négociation, possible, entre les générations. Sinon, on resterait dans le même cas de figure : c'est une allocation destinée à tout jeune adulte, quelle que soit la situation démographique ou sociale de sa famille. L'allocation de jeune adulte ne serait directement versée au jeune qu'à la condition que ce dernier se sépare de ses parents fiscalement (et la contrepartie serait la perte de la demi-part fiscale pour ses parents). Elle serait versée aux parents, en cas d'accord entre les parents et le jeune adulte. Les parents conservant alors la demi-part fiscale (mais inscrivant dans leur déclaration le montant de cette allocation). C'est au sein des relations familiales qu'aurait lieu l'arbitrage, la négociation. L'État intervenant à titre de support extérieur, et sans intervenir, sauf en cas de conflit (à la différence de la solution B), plus interventionniste).

On aura compris que cette allocation de jeune adulte n'est pas le prolongement des allocations familiales. Plusieurs des règles de son attribution n'ont rien à voir avec les règles de l'attribution des allocations familiales, même si cela a à voir avec la famille. Sous sa forme directe, ou sous sa forme indirecte (en étant versée aux parents, mais sous ce nom), cette allocation de jeune adulte se justifie non seulement parce que l'enfant d'aujourd'hui est plus long à « fabriquer » que celui d'hier, qu'il est plus longtemps à charge de ses parents, mais aussi parce que cet « enfant » a le droit et le devoir d'apprendre à se séparer de ses parents, à être autonome. Les sociétés contemporaines soumettent les jeunes en quelque sorte à un *double bind* (une double contrainte contradictoire), en leur demandant d'être de plus en plus tôt autonomes. C'est ainsi qu'on leur a accordé le droit de vote à 18 ans, qu'ils ont accès à une vie sexuelle plus libre (avec l'accès à la contraception). Mais dans le même temps, on leur demande de poursuivre des études, et on leur propose des stages toujours plus longs, et des petits boulots pour avoir de « l'expérience », de telle sorte que l'entrée dans le « vrai » travail est retardé. Le jeune reçoit des messages contradictoires qui caractérisent sa situation. Un des intérêts de la création d'une allocation pour jeune adulte serait de souligner combien la société est sensible à cette tension qui caractérise l'ensemble des jeunes (étudiants ou non), et soutient sa résolution dans un contexte défavorable (avec l'augmentation de la précarité).

L'allocation de soutien au jeune adulte serait versée indépendamment de la situation familiale. En effet, cette allocation doit traduire un soutien à l'autonomisation, à l'individualisation. Elle exclut par principe une définition du jeune en référence à son père, à sa mère. Il doit pouvoir se définir autrement que comme « fils de » ou « fille de », ce qui n'exclut pas le maintien des liens. Il doit aussi pouvoir se définir autrement que par une place dans une fratrie (deuxième de quatre enfants, par exemple). Comme les allocations de recherche ne sont plus attribuées en référence, pour l'entrée en thèse, à l'origine sociale mais aux qualités intrinsèques du doctorant, l'allocation pour jeune adulte devrait être versée aux jeunes, à la condition qu'ils sortent du statut fiscal de « fils de » ou « fille de ». Tous les jeunes, même ceux qui sont engagés dans un travail stable, du fait d'un concours de fonctionnaire, ou d'un emploi à durée indéterminée, toucheraient cette allocation (pour ne pas augmenter les procédures de contrôle), mais celle-ci serait toujours inscrite dans une déclaration de revenus.

Deuxième problème : l'entrée difficile des jeunes adultes sur le marché du travail

L'allocation de soutien au jeune adulte est un signe de l'État pour marquer l'intérêt général à avoir des adultes qui soient autonomes. Elle ne couvre pas le coût de l'enfant (dans l'optique des politiques familiales classiques, tout comme l'allocation familiale). Elle ne correspond pas à une prise en charge par l'État du jeune, vu son montant. Elle n'est donc en rien un « RMI jeunes » déguisé. La question du « RMI jeunes » mérite d'être posée dans la mesure où la crise de l'emploi frappe surtout les extrêmes des classes d'âge, protégeant les classes du milieu (qui correspondent aux parents). Au passage, on remarque que les personnes âgées de 35 à 50 ans profitent des arrangements sur le marché du travail, bénéficiant de ressources qu'ils redistribuent ensuite aux jeunes générations. Il serait sans doute préférable que le circuit qui atteint les jeunes soit plus court, c'est-à-dire que les négociations entre les générations – au niveau de l'espace public – soient plus avantageuses pour ces jeunes. Sinon, on se trouve dans une situation dans laquelle les plus âgés amassent des ressources qu'ils doivent redistribuer, à un niveau privé, aux générations plus récentes. Cela augmente incontestablement les échanges entre les parents et les enfants et rassure sur la force des solidarités familiales. Mais cela présente néanmoins deux grands inconvénients. D'une part les jeunes, coupés, pour une raison ou une autre, de leur famille, sont alors dans une situation catastrophique, sans aucun soutien. D'autre part, les jeunes qui bénéficient de l'aide parentale sont, au contraire, maintenus dans une situation de dépendance personnelle, ce qui n'est pas le moyen idéal pour la construction d'une identité personnelle.

Le RMI n'est pas ouvert, on le sait, aux moins de 25 ans. Cela laisse, pour le moment, les allocations s'arrêtant au mieux à 20 ans, une période de cinq ans dont le sens social est ambigu. Trop vieux pour être considérés comme enfants à charge, trop jeunes pour avoir accès à certaines aides réservées aux adultes. Deux arguments pour refuser le RMI aux jeunes sont avancés :

- Le premier concerne la crainte de voir les liens intergénérationnels distendus. C'est le sens de certains énoncés du rapport Gisserot (1996) qui soulignaient qu'on ne devait ni favoriser la démission des familles, ni prendre le risque de briser la solidarité familiale. Le versement des allocations aux parents de jeunes adultes est perçu comme un élément qui renforce l'intégration familiale, puisque les parents sont aidés dans ce travail spécifique. « Aider les jeunes, c'est aider les familles. » Dans cette optique, verser une allocation de soutien au jeune adulte, et non pas à ses parents, n'est pas non plus un idéal (remarquons au passage que ce relais de la famille à l'enfant diminue la part des prestations directement familiales, et donc semble priver la famille – et ses représentants – d'une part de ses ressources).

  Il nous semble que cet argumentaire sous-estime certaines dimensions du fonctionnement familial, et certains dangers des relations familiales qui ne sont pas qu'échanges désintéressés. Les jeunes doivent manifester de la reconnaissance d'être secourus par leurs bons parents, et restent dans une relation de dépendance. Contrairement à la prise de position de B. Fragonard qui considère qu'il n'est « pas choquant de laisser le jeune dans la dépendance du groupe familial » (1994, cité par P. Strobel, 1996), on peut penser qu'il n'est pas sain, du point de vue de la logique de l'autonomisation individuelle dans les sociétés contemporaines de contraindre certains de ses membres à rester sous la coupe. C'est oublier que l'invention de l'État providence, par exemple avec le régime des retraites, a eu pour objectif de desserrer les contraintes entre les générations à titre privé, afin de rendre plus

libres les relations entre les parents des différentes générations. On ne comprend pas pourquoi les jeunes
seraient enchantés d'une situation refusée (ou mal vécue)
par les générations plus âgées.

Si aujourd'hui, dans bon nombre de familles, malgré le
fort soutien direct des parents en faveur de leur enfant,
tout se passe bien, c'est parce que les uns et les autres
ont su inventer des manières de faire qui rendent suppor-
table le maintien d'une relation de dépendance. On
observe ainsi que les étudiants, aidés par leur famille,
considèrent que l'aide aux études regarde toute la
famille, alors que leurs dépenses de sortie, de loisirs sont
personnelles. Il leur faut donc avoir au moins un petit
boulot afin de pouvoir payer par eux-mêmes ces dépenses. À cette condition, et à la condition que les parents
ne soulignent pas en permanence leur aide, la paix dans
la famille est garantie (V. Chichelli, 1996). Mais dans les
cas où le jeune n'est ni étudiant, ni travailleur, on comprend comment la situation est nettement moins facile,
puisque ce dernier n'a pas un statut légitime, qu'il ne
peut pas se construire, au moins pour une part, comme
un être autonome. Les tensions ont plus de chances de
naître, et les formes d'affirmation de soi, illégitimes
socialement, ont également plus de chances de se manifester.

- Le second argument concerne la crainte de voir les jeunes entrer directement dans une carrière d'assistance.
Les dangers de l'assistance, c'est-à-dire de la création
d'un lien de dépendance impersonnelle vis-à-vis de l'État,
sont réels. En effet, dépendance personnelle et dépendance impersonnelle se différencient, la seconde étant
nettement plus imperceptible que la première. Le contre-
don – c'est-à-dire le pouvoir qu'a le donneur sur le bénéficiaire – n'existe pas (ou peu) dans le cas d'un échange
entre l'État et un individu. La personne qui bénéficie d'un
don de l'État ne se sent pas redevable de la même façon
que la personne qui reçoit directement de quelqu'un un
don ou une offrande. Cette différence est positive, dans

bon nombre de cas, dans nos sociétés, comme on vient de le souligner avec l'invention de l'État providence qui a non seulement diminué l'incertitude des lendemains, mais aussi destabilisé les relations de dépendance personnelle. L'État providence peut cependant engendrer – outre les problèmes associés à son financement – des désavantages dans certaines situations. Ainsi, des jeunes adultes risquent de s'habituer à cette dépendance objective, impersonnelle, masquée, et ne pas vouloir créer leur propre autonomie financière. Le refus d'un RMI jeunes est cohérent avec une conception du monde social au sein duquel les individus doivent se construire une identité par un travail rémunéré.

Il faut noter que dans l'histoire de l'État providence, notamment en France, cette conception ne fut pas universelle puisqu'en 1945, dans le cadre des politiques familiales, fut créée une allocation de salaire unique qui rémunérait, de la part de l'État, les femmes au foyer. Dépendance vis-à-vis de l'État et dépendance vis-à-vis du mari se redoublaient. Cette situation correspondait le plus souvent à une carrière de femme au foyer – de nombreuses femmes s'arrêtaient de travailler au mariage, et ne reprenaient pas une activité rémunérée même après le départ du dernier enfant. Elle ne choquait pas la grande majorité des individus de l'époque. Au moins tant que l'allocation de salaire unique a duré, les femmes au foyer ont reçu, en contrepartie de leur travail de maintenance de la maison et du travail de soin de ses occupants, une allocation de la part de l'État. Si le RMI jeunes choque plus que l'allocation de salaire unique à l'époque, c'est, d'une part, parce que l'autonomie personnelle a augmenté à la bourse des valeurs, et d'autre part, parce que les jeunes ne fournissent pas un travail en retour (contrairement aux femmes au foyer). Il faut donc éviter de coder, trop hâtivement, « réactionnaires » les discours demandant une contrepartie au paiement d'une prestation comme le RMI. Cela repose sur un postulat qui n'est pas en soi « réactionnaire », celui du travail – rémunéré directement ou non – qui instaure l'autonomie personnelle.

Dans cette perspective – celle qui estime que le travail est créateur d'une part importante de la valeur de la personne, et de sa socialisation (D. Schnapper, 1996) –, la politique de l'emploi qui consiste à favoriser à tout prix (au sens strict, c'est-à-dire même si cette politique coûte cher) le travail chez les jeunes est meilleure qu'une autre politique qui ouvrirait aux jeunes le RMI. C'est le sens du programme « Trajectoires d'accès à l'emploi » (TRACE) qui a pour objectif d'accompagner vers l'emploi les jeunes qui en sont les plus éloignés, du plan « Emploi jeunes » et du programme « Nouveaux services, nouveaux emplois », et de les amener à « un emploi durable au terme d'un parcours adapté » (M. Aubry, 1998).

En parallèle à ces actions, et en attendant leurs effets, doit être refermée le mieux possible « la trappe de pauvreté » (P. Strobel, 1996) qui laisse entre les mailles des dispositifs de nombreux jeunes qui ne sont ni étudiants, ni chômeurs. En 1995, on estimait à 600 000 les jeunes définis par « une suite de ni » : ni indemnisés, ni au service militaire, ni étudiants, ni en stage, ni inscrits à l'ANPE, ni bénéficiaires de prestations famille-logement-précarité (P. Strobel, 1996). Et ces jeunes étaient, pour une part, aussi en rupture avec leur famille. Cet « entre-deux » réclame des dispositifs spécifiques. L'attention à l'enfant qui sous-tend, pour une large part, les politiques familiales, demande que, dans la mesure où les conditions de la fin de l'enfance et de l'adolescence se sont profondément transformées, ces politiques se centrent sur cette période : un « enfant », aussi bien au niveau de sa famille d'origine qu'au niveau de la société, doit être aidé jusqu'au bout, c'est-à-dire selon la définition sociale de l'autonomie aujourd'hui, jusqu'à ce qu'il ait un travail, à défaut d'avoir un « vrai travail ».

Les jeunes adultes et le nouveau monde

Jusqu'aux années quatre-vingt-dix, la société considérait qu'un « vrai travail », un emploi stable et continu, constituait toujours un objectif, non seulement souhaitable, mais aussi réaliste pour tous. Le seul problème était le retard initial. On commence aujourd'hui à douter de la pertinence d'une problématique qui ne pense qu'en termes de décalage de calendrier. Si certains jeunes ne connaissent jamais de « vrai travail », resteront-ils alors toujours « jeunes » ? Un tel raisonnement (selon lequel on aurait découvert la recette de l'éternelle jeunesse !) qui repousse l'accès à l'âge adulte à 30 ans peut-il continuer à être poursuivi ? (Service des affaires sociales, Commissariat général du plan, 1998).

On est en droit de se demander si la situation des jeunes ne trahit pas autre chose que le fait de différer l'entrée dans l'âge adulte (entendu au sens de véritablement actif), si elle ne traduit pas une transformation profonde, structurelle du salariat. La recherche par les employeurs « d'une flexibilité nouvelle pour accroître la capacité compétitive des organisations productives » s'inscrirait d'abord chez les plus jeunes, « les nouveaux arrivants » devant supporter « les effets de cet ajustement qu'il n'est pas possible d'imposer aux plus anciens » (M. Théry, 1998). La précarité de la situation des jeunes d'aujourd'hui (un sur cinq parmi les moins de 30 ans, et un sur vingt parmi les autres ont un emploi à durée limitée, rappelle Marie-Thérèse Join-Lambert) ne serait plus, dans cette perspective, qu'un mauvais moment à passer, les jeunes expérimenteraient les nouvelles formes de travail plus flexibles. Et il est probable que, pour certains au moins, cette expérimentation peut être durable (comme en Angleterre, selon Frank Coffield, 1991). Il ne s'agirait plus de l'invention d'une phase de transition, d'un intermède de la post-adolescence (compensée en partie par l'accès à certains biens spécifiques, marqueurs de la jeunesse). Il s'agirait de la manifestation d'un changement qui ne serait pas réservé, à terme, aux jeunes. Les entreprises ont intérêt à ne conserver qu'un noyau de travailleurs stables, appelant selon leurs besoins d'autres individus. Elles recourent de plus en plus aux emplois intérimaires (par exemple en France, en 1997, sur 189 000 emplois créés, 120 000 relèvent de cette catégorie selon l'Unedic).

Les jeunes adultes se trouvent donc aux avant-postes des nouvelles relations de travail. Ce n'est pas à la politique familiale de prendre en charge les problèmes engendrés par ces transformations. Cependant, malgré tout, elle doit démontrer qu'elle ne reste pas bloquée à la situation de référence, celle des années de sa création, années pendant lesquelles et la famille et le marché du travail fonctionnaient selon d'autres modèles. L'avenir de la famille, l'avenir de la jeunesse sont indiscutablement associés : impossible donc de discuter du premier sans prendre en compte prioritairement le deuxième.

Bibliographie

AMROUNI I., 1995, « 20 ans, un âge charnière », *Recherches et Prévisions*, n° 40, p. 17.

ATTIAS-DONFUT C. (dir.), 1995, *Les Solidarités entre générations*. Vieillesse, familles, État, Nathan, Paris.

AUBRY M., 1998, « Dispositifs pour les jeunes les plus éloignés de l'emploi », in *Programme d'action triennal de prévention et de lutte contre les exclusions*, 4 mars.

BAUDELOT C., 1988, « La jeunesse n'est plus ce qu'elle était. Les difficultés d'une description », *Revue économique*, vol. 39, 1, pp. 189-224.

BOZON M., VILLENEUVE-GOKALP C., 1994, « Les enjeux des relations entre générations à la fin de l'adolescence », *Population*, n° 6, pp. 1527-1556.

CAUSSAT L., 1995, « Les chemins vers l'indépendance financière », *Économie et Statistique*, n°s 283-284.

CHAMBAZ C., HERPIN N., 1995, « Débuts difficiles chez les jeunes : le poids du passé familial », *Économie et Statistique*, n°s 283-284, pp. 111-125.

CICCHELLI V., 1996, « Esquisse d'une typologie de la circulation des ressources familiales des étudiants », in J.-C.Eicher, L. Gruel, *Le Financement de la vie étudiante*, La Documentation française, Paris, pp. 131-154.

COFFIELD F., 1993, « Toujours stagiaire, jamais salarié ? Les transitions de longue durée au Royaume-Uni », in A. Cavalli,

O. Galland (éds), *L'Allongement de la jeunesse*, Actes Sud, Arles, pp. 71-94.

COURT M., « Grands enfants », *Informations sociales*, n° 54, pp. 101-109.

DÉCHAUX J.-H., 1994, « Les échanges dans la parenté accentuent-ils les inégalités ? », *Sociétés contemporaines*, pp. 75-90.

FRAGONARD B., 1994, « Entre famille et État », *Informations sociales*, n°s 35-36.

GALLAND O., 1995, « Une entrée de plus en plus tardive dans la vie adulte », *Économie et Statistique*, n°s 283-284, pp. 33-52.

GALLAND O., 1998, *Sociologie de la jeunesse. L'entrée dans la vie*, A. Colin, Paris.

GISSEROT H., 1996, *Rapport préparatoire pour la conférence de la famille*, Ministère du Travail et des Affaires sociales, Paris.

GODBOUT J., CHARBONNEAU J., 1996, *La Circulation du don dans la parenté*, INRS-Urbanisation, Montréal.

HERPIN N., VERGER D., 1998, « Les étudiants, les autres jeunes, leur famille et la pauvreté », *Économie et Statistique*, n°s 308-309-310, pp. 211-227.

JOIN-LAMBERT M.-T., 1998, *Rapport de mission sur les problèmes soulevés par les mouvements de chômeurs en France fin 1997-début 1998*, Rapport au Premier ministre.

KAUFMANN J.-C., 1993, *Sociologie du couple*, Presses universitaires de France, Paris.

LABADIE F., LINARÈS C. DE, 1995, « Financement de l'État et politiques de jeunesse », *Recherches et Prévisions*, n° 40, pp. 37-45.

MARTIN C., 1995, « *Solidarités familiales, débat scientifique, enjeu politique* », in J.-C. Kaufmann (éd.), *Faire ou faire-faire ? Familles et services*, Presses Universitaires de Rennes, Rennes, pp. 55-73.

MARTIN C., 1997, *L'Après-divorce. Lien familial et vulnérabilité*, Presses universitaires de Rennes, Rennes.

MAUGER G., 1995, « Jeunesse : l'âge des classements », *Recherches et Prévisions*, n° 40, pp. 19-36.

MAUNAYE E., 1997, *Le Départ des enfants de la maison*, Thèse de doctorat, faculté des sciences humaines et sociales de la Sorbonne, Université de Paris-V.

MUXEL A., 1996, *Les Jeunes et la Politique*, Hachette, Paris.

PAUGAM S., ZOYEM J.-P., 1998, « Le soutien financier de la famille : une forme essentielle de la solidarité », *Économie et Statistique*, nos 308-309-310, pp. 187-210.

RASSAT E., 1997, « Plus de 600 000 étudiants bénéficient d'une aide au logement », *Recherches et Prévisions*, no 40, pp. 57-64.

ROUGERIE C., COURTOIS J., 1997, « Une étape du passage à l'âge adulte : l'emploi qui compte », *Population*, no 6, pp. 1297-1328.

Service des affaires sociales, 1998, « Jeunes et politiques publiques », Note, *Commissariat général du plan*, 6 février.

SCHNAPPER D., 1997, *Contre la fin du travail*, Textuel, Paris.

SINGLY F. DE, 1993, *Sociologie de la famille contemporaine*, Nathan, Paris.

SINGLY F. DE, 1996, *Le Soi, le couple et la famille*, Nathan, Paris.

STROBEL P., 1996, « Les jeunes », compte-rendu de l'atelier « Jeunes », in J. Rubellin-Deviichi, J. Commaille, T. Fossier, P. Strobel, *La Famille aujourd'hui, Rapport du groupe I, Mission Gisserot*, Ministère du travail et des affaires sociales.

THÉRY M., 1998, « Nouvelles formes d'emploi. Flexibilité et sécurité », *Note*, Commissariat général du plan.

VACHON J., 1998, « Fallait-il créer un RMI jeunes ? », *Actualités sociales hebdomadaires*, 13 mars, no 2062.

WALKER A., 1993, « La relation entre la famille et l'État en ce qui concerne l'aide aux personnes âgées », in O. Kuty, M. Legrand (éds), *Politiques de santé et vieillissement*, AISLF, Universités de Liège et de Nancy II.

Annexe 7

DROIT DE LA SÉCURITÉ SOCIALE
ET DROIT CIVIL

Sylvie COHU
Chargée de mission à la Direction de la Sécurité sociale

(Ces propos n'engagent que leur auteur, et en aucune façon la Direction de la Sécurité sociale.)

Si le droit de la Sécurité sociale a pris en considération, à l'origine, la famille au sens du droit civil, où le père en tant que chef de famille est l'apporteur de ressources dans un contexte où l'affiliation à un régime de Sécurité sociale était lié à l'activité professionnelle, il a pris assez rapidement son autonomie par rapport à cette conception de la famille entendue comme un groupe de personnes reliées entre elles par des liens fondés sur le mariage et la filiation, pour s'adapter de plus en plus à la réalité et aux nouveaux modes de vie familiale.

Malgré quelques persistances de références au droit civil en matière de vieillesse et d'obligation alimentaire, le droit de la Sécurité sociale a dégagé une spécificité qui reconnaît une famille de fait centrée sur la notion de personne à charge et une famille monoparentale fondée sur la notion d'isolement. Comme le remarque Anne-Marie Gilles (in *Le Couple en droit social*, Éd. Économica), il ne vise pas comme le droit civil à organiser les rapports conjugaux, mais à assurer indépendamment de la structure familiale un revenu suffisant à chaque individu.

Contrairement à la reconnaissance de la qualité d'ayant droit pour l'attribution des prestations en nature des assurances maladies et maternité, à l'ouverture du capital décès, aux prestations familiales ou enfin la prise en compte de l'isolement pour le bénéfice de certaines allocations en faveur des familles monoparentales, l'attribution d'avantages vieillesse ou assimilés suppose l'existence de véritables liens de droit entre l'assuré et l'ayant droit.

I

Persistance de références au droit civil

1) Le maintien de la référence à l'institution du mariage

La pension de réversion, l'allocation de veuvage et les rentes d'accident du travail, la pension de conjoint survivant invalide sont subordonnées au mariage avec l'assuré antérieurement à la disparition de celui-ci.

Pour avoir droit à une pension de réversion, le survivant doit avoir au moins 55 ans et avoir été marié. Au-dessous de cet âge, il peut avoir vocation à l'assurance veuvage. La durée nécessaire de mariage est en principe de deux ans, mais cette condition est supprimée lorsqu'un enfant au moins est issu du mariage. Comme le relève Jean-Jacques Dupeyroux, l'idée générale reste que le survivant doit avoir été à la charge de l'assuré. Ses ressources personnelles doivent être inférieures à un plafond et elles sont appréciées à la date de la demande et, au cas où cette condition n'est pas remplie à cette date, à celle du décès.

La loi a assimilé le conjoint divorcé non remarié à un conjoint survivant. En cas de remariage de l'assuré, la pension de réversion à laquelle son décès ouvre droit est partagée entre le conjoint survivant et le ou les précédents conjoints divorcés non remariés, et au prorata de la durée respective de chaque mariage. En revanche, le concubin est exclu du bénéfice de cette prestation. Il conviendrait de s'interroger sur l'exclusion des concubins du bénéfice de cet avantage, alors qu'ils peuvent eux aussi se trouver sans ressources au décès de leur compagnon. La plus grande difficulté dans ce domaine réside dans l'établissement de la preuve du concubinage. Il faut cependant rappeler qu'un certain nombre de régimes complémentaires (une dizaine) relevant de l'ARRCO ont étendu le droit à la pension de réversion au membre survivant du couple non marié, sans que des difficultés de preuve ne se soient posées.

Il est vrai que la décision de la commission paritaire de l'ARRCO (01.12.97) vient de supprimer cet avantage aux concubins et que le débat actuel tourne plus autour de la possibilité de substituer des droits directs et personnels aux droits dérivés que de les étendre aux concubins.

De même, l'allocation de veuvage attribuée à la personne de moins de 55 ans, si elle assume la charge d'au moins un enfant ou si elle a assumé cette charge et sous réserve de conditions de ressources, n'est accordée qu'au seul conjoint survivant. Or, dans ce cas aussi, on peut se poser la question de l'exclusion du concubin, alors que le législateur a voulu de la même façon assurer à la personne survivante démunie un minimum vital.

De la même façon, le droit à une rente d'ayant droit en cas de décès de l'assuré à la suite d'un accident de travail est subordonné à la situation matrimoniale du survivant de l'assuré. En effet, le mariage doit avoir été contracté antérieurement à l'accident ou, à défaut, avoir duré au moins deux ans à la date du décès. Ces conditions ne sont pas exigées si un ou des enfants sont issus du mariage (article L.434.8 du Code de la Sécurité sociale). Il faut observer qu'en cas de divorce ou de séparation de corps, l'ex-conjoint n'a droit à la rente viagère que s'il a obtenu une pension alimentaire. Par ailleurs, si le concubin ne peut bénéficier d'une rente d'ayant droit, il peut toutefois se placer sur le terrain de la responsabilité civile (article L.451-1 du Code de la Sécurité sociale).

La Cour de cassation, dans son arrêt du 25 octobre 1990, étend la jurisprudence Carlat (Cass. 2 février 1990) – cet arrêt limite la notion d'ayant droit figurant dans l'article L.451-1 précité aux personnes limitativement énumérées aux articles L.434-7 à 14 du Code de la Sécurité sociale qui perçoivent des prestations en cas de décès accidentel de leur auteur – à la concubine et admet qu'en droit commun celle-ci puisse être indemnisée du préjudice occasionné par le décès de son concubin.

Compte tenu des discordances dans l'étendue de l'indemnisation assurée selon que l'on se place sur le plan de la responsabilité ou sur le plan de la Sécurité sociale, Jean-Jacques Dupeyroux a proposé de revoir le système en indiquant deux pistes :

- Soit donner à la victime et à ses ayants droits une option entre le droit des accidents du travail et droit de la responsabilité civile.
- Soit renoncer à l'indemnisation particulière du risque professionnel et uniformiser la réparation assurée par la Sécurité sociale, quelle que soit l'origine du préjudice, en donnant dans tous les cas le droit d'agir en responsabilité civile.

Enfin, la pension du conjoint survivant invalide, qui est attribuée au décès du bénéficiaire d'une pension d'invalidité ou de vieillesse à son conjoint lui-même atteint d'une invalidité, est aussi supprimée en cas de remariage.

2) Prise en compte de l'obligation alimentaire dans le cadre des prestations de Sécurité sociale ou servies par un régime de Sécurité sociale

Si l'obligation alimentaire prévue par le droit civil est l'expression même de la solidarité familiale à la différence des prestations de Sécurité sociale fondées sur la solidarité nationale, il n'en demeure pas moins que certaines prestations de Sécurité sociale réintroduisent le principe de subsidiarité de la solidarité nationale par rapport aux solidarités familiales par le recours à la technique de l'obligation alimentaire. Ce système permet d'allier solidarité nationale et solidarité familiale et conduit à lier le droit civil et le droit social. Trois prestations de Sécurité sociale relèvent de ce système : l'allocation de soutien familial, l'allocation de parent isolé et le revenu minimum d'insertion.

L'allocation de soutien familial ou ASF (articles L.523 et suivants, L.581-1 et suivants) s'est substituée à l'allocation d'orphelin en 1984. Cette allocation est servie à des familles monoparentales pour des enfants orphelins ou à des tiers recueillant des enfants orphelins. Elle peut être également versée pour des enfants dont l'un ou l'autre des parents ou les deux se soustraient ou se trouvent hors d'état de faire face à leurs obligations d'entretien de l'enfant, ou au versement d'une pension alimentaire mise à leur charge par décision de justice. Dans ce dernier cas, l'allocation a la nature d'une avance sur pension alimentaire récupérable par la CAF auprès du parent débiteur d'aliments ; celle-ci est subrogée dans les droits du créancier dans la limite du montant de l'allocation ou du montant de la créance si celui-ci lui est inférieur (article L.581.2 du Code de la Sécurité sociale). Pour pouvoir bénéficier de cette allocation, le parent créancier d'aliments doit être titulaire d'une décision de justice fixant la pension alimentaire et cette dernière n'avoir pas été payée pendant deux mois (article R.523.1 du Code de la Sécurité sociale).

Toutefois, l'allocation peut ne pas être recouvrée auprès du parent concerné si celui-ci se trouve hors d'état de faire face à son obligation d'entretien de l'enfant (cas des personnes percevant le RMI ou dont les ressources sont équivalentes ou inférieures au RMI : la loi de 1991 sur les voies d'exécution, qui prévoit qu'un montant équivalent au RMI doit être laissé au débiteur, s'applique).

L'ASF est versée pour chacun des enfants jusqu'à l'âge limite d'attribution des prestations familiales. Une ASF à taux plein est versée lorsque les deux parents de l'enfant sont absents, une allocation à taux partiel lorsqu'un seul l'est.

L'avance sur pension alimentaire peut également prendre la forme de l'allocation de parent isolé.

L'allocation de parent isolé, créée en 1976, est une prestation d'aide aux familles monoparentales tendant à leur assurer, pendant une période limitée, un revenu minimum calculé en fonction du nombre d'enfants à charge et soumis à une condition de ressources (articles L.524-1 et suivants du Code de la ss). Elle est égale à la différence entre le montant du revenu garanti et l'ensemble des ressources. Dans ces ressources, sont prises en compte les pensions alimentaires perçues par le parent isolé à concurrence du montant fixé par l'autorité judiciaire, sauf si l'intéressé apporte la preuve que bien qu'il ait utilisé les moyens mis à sa disposition par la loi pour en obtenir le versement, que tout ou partie de ces pensions ne lui est pas effectivement versé (article R.524.4 du Code de la ss). Les organismes débiteurs de prestations familiales sont subrogés de plein droit dans les droits du bénéficiaire de l'allocation de parent isolé créancier d'aliments à l'égard du débiteur d'aliments (article L.524-4 du Code de la Sécurité sociale). Le montant de l'allocation de soutien familial peut être déduit du montant de l'allocation de parent isolé lorsque l'allocataire n'agit pas contre le débiteur d'aliments.

De la même façon, la loi du 1er décembre 1988 relative au revenu minimum d'insertion subordonne le versement de cette allocation au fait, pour l'intéressé, de faire valoir ses droits alimentaires. À la différence de l'obligation alimentaire du droit civil, cette obligation est limitée aux créances alimentaires entre conjoints et entre parents et enfants. Elle est toutefois susceptible de dispense par décision du préfet.

Enfin, il existe une survivance de l'obligation alimentaire dans la récupération sur succession des arrérages servis au titre des allocations supplémentaires du minimum vieillesse (article L.815.6. css). Toutefois, ce recouvrement ne peut avoir pour conséquence d'abaisser l'actif net de la succession au-dessous de 250 000 francs (D.815-1). Ces allocations supplémentaires ont pour but de compléter les avantages de base dont bénéficient les personnes âgées ou invalides, lorsque ces avantages ne leur permettent pas de disposer d'un certain niveau de ressources.

Il faut observer que le nombre de bénéficiaires de ces allocations sont en diminution sensible, compte tenu de la montée en charge des régimes légaux de retraite, ce qui conduit à se demander s'il convient, dans ce cas précis, de maintenir cette survivance de l'obligation alimentaire, alors même que pour le RMI, la récupération des créances d'allocation du RMI auprès des héritiers sur la succession du bénéficiaire du RMI décédé (prévue à l'article 30 de la loi du 1er décembre 1988) n'a jamais été pratiquée en raison du défaut des décrets d'application.

II

Spécificité du droit de la Sécurité sociale

Dans le cadre de la généralisation du droit de la Sécurité sociale, le législateur a souhaité étendre le bénéfice de la prise en charge de certains risques à l'ensemble des personnes qui sont effectivement à la charge de l'assuré. L'extension de la notion de personne à charge lui a permis d'être au plus près des réalités concrètes et de passer outre les catégories purement juridiques. Cette notion est en effet indépendante de tout lien juridique et ne se confond donc pas avec l'obligation alimentaire, qui est purement familiale. Elle correspond à une aide effective et nécessaire que fournit une personne à une autre personne.

Comme la notion de personne à charge, la notion d'isolement est indépendante des catégories du droit civil. Elle constitue un critère de fait, indépendant d'institutions juridiques telles que le mariage.

Dans tous les cas, la difficulté réside dans la preuve qu'il faut apporter pour prouver soit l'isolement, soit la charge.

A. La personne isolée

L'isolement de l'allocataire est une condition d'attribution de deux allocations d'aide aux familles monoparentales : l'allocation de parent isolé et l'allocation de soutien familial.

Comme il a été précisé plus haut, l'allocation de parent

isolé est destinée à garantir un revenu minimal à toute personne isolée résidant en France et assumant seule la charge d'un ou plusieurs enfants ou étant en état de grossesse.

L'allocation de soutien familial est conçue comme il a été vu ci-dessus, soit comme une prestation familiale, soit comme une avance sur pension alimentaire impayée. Ouvre droit à l'allocation de soutien familial : tout orphelin de père ou de mère, ou de père et de mère, tout enfant dont la filiation n'est pas légalement établie à l'égard de l'un ou de l'autre de ses parents ou à l'égard de l'un et de l'autre, tout enfant dont le père ou la mère ou les deux se soustraient ou se trouvent hors d'état de faire face à leurs obligations d'entretien ou au versement d'une pension alimentaire mise à leur charge par décision de justice.

Selon l'article R.524.1 du Code de la Sécurité sociale, est considérée comme isolée la personne veuve, divorcée, séparée de droit ou de fait, abandonnée ou célibataire, sauf si elle vit maritalement. L'article R.523.5 du Code de la Sécurité sociale relatif à l'allocation de soutien familial se borne à énoncer que l'allocation cesse d'être due à compter du premier jour du mois au cours duquel le parent se marie ou vit maritalement. Ces textes sont muets sur la définition de la notion d'isolement.

L'absence de définition légale rend la pratique importante en la matière. L'isolement est donc une question appréciée au cas par cas. C'est ainsi que sont considérées comme isolées : la personne vivant seule ou dans sa famille ainsi que la personne vivant avec une personne du même sexe (Circulaire CNAF du 23 mai 1992). Le concubin homosexuel peut ainsi percevoir l'allocation de parent isolé, car il est considéré qu'il n'existe pas de vie maritale avec une personne de même sexe. La CNAF suit en cela la jurisprudence de la Cour de cassation (Cass. Soc. 11 juillet 1989). Cette situation créé une inégalité par rapport aux concubins hétérosexuels. Il conviendrait de mieux définir la condition d'isolement et de la préciser dans un texte. Après avoir relevé que la jurisprudence (cf. l'analyse de Daniel Buchet, *Droit Social* n° 3, mars 1997) utilise deux éléments clés : l'habitation en commun et la mise à disposition des ressources en commun, Philippe Steck (dans la même publication) suggère de retenir essentiellement la notion d'habitation en commun.

Au-delà de ce problème de preuve, se pose la question du statut du concubinage.

B. La personne à charge

1) Le conjoint, le concubin et le nouvel ayant droit

Le conjoint

Dans le domaine des prestations en nature de l'assurance maladie, la qualité d'ayant droit est reconnu au conjoint sans lui imposer la condition d'être à charge de l'assuré, mais dans la mesure où il ne bénéficie pas de son propre chef d'un régime obligatoire d'assurance maladie, n'exerce pas personnellement pour le compte de l'assuré ou d'un tiers une activité professionnelle ne motivant pas son affiliation à un tel régime pour le risque maladie, où il n'est pas assujetti au registre des métiers ou du commerce et où il n'exerce pas une profession libérale.

Le concubin

C'est certainement la législation sociale qui la première a admis en France l'assimilation des couples concubins aux couples mariés.

Depuis la loi du 2 janvier 1978 relative à la généralisation de la Sécurité sociale, le concubin est complètement assimilé au conjoint pour ce qui concerne les prestations en nature de l'assurance maladie et maternité. Au titre de l'article L.161.14 du Code de la Sécurité sociale, il lui suffit d'apporter la preuve qu'il se trouve à la charge effective et permanente de son concubin. Une attestation sur l'honneur justifie la situation de concubinage.

De la même façon, pour l'attribution du capital décès, la concubine qui était au jour du décès à la charge effective, totale et permanente de l'assuré sera reconnue bénéficiaire prioritaire, bien qu'au dernier rang (l'article L.361.4 fixant un ordre de préférence). Cela démontre bien le manque de cohérence de la législation en cas de décès de l'assuré. En effet, le concubin à charge peut prétendre au capital décès mais il ne peut bénéficier de l'allocation de veuvage, alors que ces deux prestations ont été instituées pour permettre au survivant qui se retrouverait sans ressources de bénéficier d'un minimum pour faire face à ses besoins.

De même, les dispositions relatives au RMI assimilent la situation de concubinage au mariage dans la mesure où son montant est majoré de moitié lorsque le foyer est composé de deux époux ou de deux concubins. En contrepartie, les ressources prises en compte pour déterminer le montant du RMI sont celles de toutes les personnes composant le foyer, y compris donc celles du concubin.

Le nouvel ayant droit

La jurisprudence de la Cour de cassation, dans son arrêt du 11 juillet 1989, a considéré que la notion de vie maritale visée par la loi était limitée à la situation de fait consistant dans la vie commune de deux personnes ayant décidé de vivre comme des époux, sans pour autant s'unir par le mariage, ce qui ne peut concerner, d'après elle, qu'un couple constitué d'un homme et d'une femme. Elle a rejeté ainsi l'application des dispositions de la loi du 2 janvier 1978 aux couples homosexuels et refusé de considérer les homosexuels comme de vrais concubins. Pour contrer cette décision et permettre de régler les difficultés les plus urgentes provoquées par le drame du sida chez les couples homosexuels, le législateur (articles 78 de la loi du 27 janvier 1993) a prévu la prise en charge d'une nouvelle catégorie d'ayant droit au regard de l'assurance maladie : la personne qui vit depuis douze mois consécutifs avec un assuré social et se trouve à sa charge effective, totale et permanente. La preuve de la charge se fait par une déclaration sur l'honneur cosignée par l'assuré. Il ne peut être pris en charge qu'un seul nouvel ayant droit par assuré.

Bien que le texte retienne une définition très exhaustive qui peut s'appliquer *a contrario* à l'enfant ayant dépassé les limites d'âge prévues et ne relevant pas du régime étudiant, aux ascendants, descendants collatéraux ou alliés qui ne remplissent pas

les conditions des articles L.313.3 alinéa 4 et R.313-13, il constitue de par sa volonté d'instaurer une couverture sociale en
faveur du concubin homosexuel (et bien que cela ne soit pas
dit explicitement), le plus grand écart du droit de la Sécurité
sociale par rapport aux conceptions civilistes de la famille.

En tout état de cause, on peut penser que la création d'une
couverture maladie universelle permettra d'assurer à toute personne résidant régulièrement en France une couverture maladie quelle que soit sa situation personnelle.

2) Les enfants

Les prestations familiales

Depuis le 1er janvier 1978, ouvre droit aux prestations familiales toute personne ayant à sa charge un ou plusieurs enfants
résidant en France (article L.512.1 css).

L'article L.521.2 du Code de la Sécurité sociale dispose que
les allocations familiales sont versées à la personne qui assume,
dans quelques conditions que ce soit, la charge effective et permanente de l'enfant. L'appréciation de la charge de l'enfant est
donc fondée essentiellement sur une notion de charge de fait.

S'il est vrai que la charge d'enfants étant naturellement
assumée par les parents légitimes, naturels ou adoptifs de l'enfant, les situations de droit et de fait sont dans la plupart des
cas confondues, il n'en demeure pas moins que la notion de
charge telle que posée sans être définie par la loi, permet de
prendre en considération la charge de fait allant jusqu'aux cas
d'accueil d'enfants par un tiers, avec ou sans lien de parenté,
avec ou sans projet d'adoption.

En effet, cette notion est indépendante de tout lien juridique existant entre la personne ouvrant droit aux prestations et
l'enfant dont elle assume la charge et notamment du lien de
filiation ou d'une décision judiciaire prononçant une délégation
parentale. L'enfant est présumé à charge de la personne ayant
à son égard les obligations légales incombant aux parents (article 203 et suivants, article 371-2 et suivants du Code civil).

Cependant, comme le précise J.-J. Dupeyroux (*Droit de la Sécurité sociale*, Dalloz, 13e édition), en raison de certains abus, des circulaires ministérielles (1987, 1990 et 1992) ou de la CNAF (1992), ont réintroduit des éléments imposés par le droit civil en définissant la condition de la charge comme s'entendant exclusivement de l'ensemble des responsabilités civiles dévolues aux représentants légaux de l'enfant. La question s'est principalement posée en raison du nombre important d'enfants provenant de l'étranger, accueillis par des familles françaises dans le cadre d'opérations de parrainage notamment, ou placés auprès de familles tiers, pour motifs de convenance.

La jurisprudence de la Cour de cassation condamne ces interprétations restrictives de la notion d'enfant à charge qui ne sont pas justifiées par les textes (Cass. Soc 27 janvier 1994 et Cass. Soc 19 mai 1994). Ces arrêts ont souligné notamment que la notion de charge résultait d'une situation de fait et n'impliquait ni l'obligation alimentaire, ni un titre juridique conférant la garde. Mais en l'absence de critères, le pouvoir d'appréciation (comme le relève Isabelle Sayn, *Enfant à charge et parent isolé ou les difficultés de mise en œuvre des critères de fait*, Groupe de recherche sur la socialisation CNRS, Lyon 2, 1996) est tel qu'une même situation peut faire l'objet de traitements différents selon la caisse d'allocations familiales qui aura à connaître la demande. Pour éviter de telles disparités de traitement, il conviendrait de donner des orientations pour cerner les contours de la notion de charge, sans pour autant lui faire perdre son caractère de notion de fait.

Bien que la notion de charge permanente n'ait jamais été définie dans les textes, cette condition peut être considérée comme étant remplie, dès lors que sa durée est au moins équivalente à neuf mois au cours d'une même année civile, ce par référence à la condition de résidence permanente en France des enfants, fixée à neuf mois au cours d'une année civile (art. R.512-1 du Code de la Sécurité sociale). De ce fait, un tiers recueillant un enfant pour une durée inférieure à neuf mois durant une même année civile ne peut être considéré comme assumant la charge permanente de ce dernier.

En cas de divorce des parents, la condition à charge effective et permanente de l'enfant est supposée remplie compte tenu du principe de l'unicité du foyer et de l'allocataire, par le parent qui s'est vu confier la garde juridique de l'enfant et au foyer duquel vit ce dernier.

L'assurance maladie

La notion d'enfant à charge prise en compte par l'assurance maladie, comme celle retenue par le droit des prestations familiales, est indépendante de tout lien juridique existant entre le bénéficiaire et l'enfant à charge. Aussi l'article L.313.3 confère-t-il la qualité d'ayant droit aux enfants non salariés de l'assuré ou de son conjoint, qu'ils soient légitimes, naturels, reconnus ou non, adoptifs, pupilles de la nation, dont l'assuré est tuteur ou enfants recueillis. En cas de divorce, la même solution que dans le cadre des prestations familiales s'applique.

Le RMI

Est considéré comme à charge l'enfant résidant au foyer de l'allocataire, âgé de moins de 25 ans, avec des ressources inférieures au montant de la majoration à laquelle il ouvre droit. Sont considérés comme à charge : les enfants ouvrant droit aux prestations familiales au moment de la demande du revenu minimum, les autres enfants qui sont à la charge réelle et continue du bénéficiaire. Cette notion est plus large que celle de charge au sens des prestations familiales. Ainsi rentrent dans cette définition : les enfants qui, sans ouvrir droit aux prestations familiales, sont à charge au sens de ces mêmes prestations (exemple : enfant unique de moins de 19 ans ou de moins de 20 ans, s'il est étudiant ou handicapé) et les enfants qui ne sont plus à charge au sens des prestations familiales, notamment en raison de leur âge, mais qui sont toujours présents au moment de la demande (exemple : enfant de 21 ans toujours au foyer). La notion de charge au sens du RMI n'implique pas un lien de filiation. Toutefois, pour l'enfant arrivé au foyer après son dix-septième anniversaire qui n'ouvre pas droit à des prestations familiales, la charge s'apprécie par l'existence d'un lien de parenté jusqu'au 4e degré inclus avec l'allocataire, son conjoint ou concubin.

L'âge

Dans ce domaine aussi, le droit de la Sécurité sociale montre son autonomie par rapport au droit civil tout en marquant des différences selon les prestations envisagées.

La majorité civile a en effet été fixée à 18 ans, alors que la limite fixée pour le bénéfice des prestations d'assurance maladie est de 16 ans (fin de l'obligation scolaire) ou 18 ans en cas d'apprentissage. Pour les prestations familiales, il est de 19 ans pour les jeunes inactifs ou dont la rémunération n'excède pas 55 % du smic (décret du 29 décembre 1997). Ces deux prestations se rejoignent pour la limite d'âge lorsque l'enfant poursuit des études ou s'il se trouve dans l'impossibilité d'exercer une activité professionnelle. L'âge alors retenu est de 20 ans. Comme on l'a vu, l'âge limite pour la majoration du rmi est de 25 ans.

3) Les ascendants, autres descendants, collatéraux et alliés

Certains autres membres de la famille bénéficient des prestations en nature de l'assurance maladie. Ce sont les ascendants, les descendants, les collatéraux jusqu'au 3e degré et les alliés jusqu'au même degré. Mais pour avoir la qualité d'ayants droit, ils doivent remplir une double condition : vivre sous le toit de l'assuré et se consacrer exclusivement aux travaux du ménage et à l'éducation d'au moins deux enfants de moins de 14 ans et à la charge de l'assuré (article L.313 – 4e Code de la Sécurité sociale). Ces deux conditions sont cumulatives. Une attestation sur l'honneur est établie par l'assuré.

Annexe 8

DONNÉES STATISTIQUES
SUR LES AFFAIRES RELEVANT
DU DROIT DE LA FAMILLE

Brigitte MUNOZ-PEREZ
Responsable de la cellule études à la Direction des affaires civiles et du sceau

1. **Structure du contentieux du droit de la famille**
2. **Divorce : importance des disparités géographiques des pratiques d'avocat en matière d'utilisation des différentes procédures**
3. **Divorce : proportion de couples avec enfant(s) selon les cas de divorce**
4. **Divorce pour faute : typologie des divorces pour faute demandés par l'épouse avec enfant et par l'époux avec enfant**
5. **Évolution des demandes relatives aux enfants naturels**

Affaires nouvelles tribunal de grande instance 1996
Structure du contentieux du droit de la famille

Objet des demandes	Nombre de demandes	Proportion pour 100 affaires relevant du droit de la famille
Total Affaires relevant du droit de la famille	**391 307**	**100,0**
Divorce	**168 505**	**43,1**
200 Dde divorce requete conjointe	57 089	14,6
201 Dde divorce demande acceptee	27 416	7,0
202 Dde div.rupt.vie commun.sep.fait	2 431	0,6
203 Dde div.rupt.vie commun.fac.ment	137	0,0
204 Dde divorce faute	78 548	20,1
205 Dde conv.sep.corps en divorce	2 341	0,6
206 Dde mes.prov.ou mod.mes.prov.div	420	0,1
207 Dde modific.mes.access.divorce	92	0,0
208 Act.relat.opposab.divor.etranger	31	0,0
Séparation de corps	**9 312**	**2,4**
210 Dde sep.corps requete conjointe	2 261	0,6
211 Dde sep.corps demande acceptee	1 691	0,4
212 Dde sep.corps.rupt.v.com.sep.fai	95	0,0
213 Dde sep.corps.rupt.v.com.fac.men	4	0,0
214 Dde sep.corps faute	5 245	1,3
215 Dde mes.prov.ou mod.mes.sep.corp	-	-
216 Dde modific.mes.access.sep.corps	6	0,0
217 Act.rel.opposab.sep.corps etrang	10	0,0
Post-divorce	**77 010**	**19,7**
220 Dde mod.autor.parent.ap.div-sep	17 035	4,4
221 Dde revis.prest.comp.ap.div-sep	828	0,2
222 Dde modif.p.alim.enft.ap.div-sep	43 411	11,1
223 Dde modif.p.alim.conj.ap.div-sep	1 085	0,3
224 Dde modif.drt visite.ap.div-sep.	10 857	2,8
225 Dde rel.au bail epoux ap.div-sep	5	0,0
226 Dde relat.liquid.reg.matrimonial	3 789	1,0

Affaires nouvelles tribunal de grande instance 1996
Structure du contentieux du droit de la famille

Objet des demandes	Nombre de demandes	Proportion pour 100 affaires relevant du droit de la famille
Mariage, régimes matrimoniaux	**26 518**	**6,8**
230 Demande en nullite de mariage	701	0,2
231 Dde main-levee oppos.a mariage	18	0,0
232 Dde nullite acte epoux	10	0,0
233 Dde autoris.acte par epoux	280	0,1
234 Dde representation autre epoux	80	0,0
235 Dde mesure d'urgence par epoux	24	0,0
236 Dde homolog.changt reg.matrim.	25 138	6,4
237 Dde separation biens judiciaire	86	0,0
239 Autres ddes rel.reg.matrimonial	181	0,0
Obligations alimentaires	**27 560**	**7,0**
240 Dde aliment entr.parent ou allie	9 030	2,3
241 Dde decharge dette alimentaire	28	0,0
242 Dde aliments success.epoux	15	0,0
243 Dde entretien enft majeur	2 013	0,5
244 Recours entre codebit.aliments	124	0,0
245 Recours tiers pay.ctre deb.alim.	2 103	0,5
246 Contribution aux charges mariage	5 915	1,5
247 Action a fins de subsides	454	0,1
248 Dde rel.p.dir.ou rec.publ.p.alim	53	0,0
249 Autres ddes obligation aliment.	7 825	2,0
Filiation légitime	**1 103**	**0,3**
250 Action desaveu paternite	249	0,1
251 Act.contestat.patern.legitime	91	0,0
252 Autre act.contest.presomp.patern	202	0,1
253 Act.retablis.presompt.paternite	79	0,0
254 Action en contes.etat.enft legit	39	0,0
255 Action en reclam.etat enft legit	21	0,0
256 Act.en revendic.enft legitime	22	0,0
257 Dde legitimation post-nuptias	308	0,1
259 Dde legitimation par autor.just.	92	0,0

Affaires nouvelles tribunal de grande instance 1996
Structure du contentieux du droit de la famille

Objet des demandes	Nombre de demandes	Proportion pour 100 affaires relevant du droit de la famille
Filiation naturelle	**14 871**	**3,8**
260 Act.contestat.ou null.reconnaiss	1 601	0,4
261 Act.recherch.paternite naturelle	736	0,2
262 Act.recherch.maternite naturelle	10	0,0
263 Dde restit.enft ap.consent.adopt	4	0,0
264 Dde declaration abandon	388	0,1
265 Dde adoption simple	6 110	1,6
266 Dde adoption pleniere	4 489	1,1
267 Dde revocation adoption simple	54	0,0
269 Autres ddes fil.naturelle,adopt.	1 479	0,4
Autorité parentale	**49 130**	**12,6**
270 Dde drt visite grd-paren.ou autr	2 461	0,6
271 Dde regl.confl.exerc.autor.paren	967	0,2
272 Dde delegation autor.parentale	3 133	0,8
273 Dde decheance autorite parentale	362	0,1
274 Dde restitut.autorite parentale	189	0,0
275 Dde rel.aut.parentale enft natur	42 005	10,7
276 Dde ouvert.tutel.prest.soc.enfts	6	0,0
277 Dde mod.m-levee.tut.pres.soc.enf	-	-
278 Dde ouv.mesure assistance educat	4	0,0
279 Dde mod.m-levee.mes.assist.educ.	3	0,0

Affaires nouvelles tribunal de grande instance 1996
Structure du contentieux du droit de la famille

Objet des demandes	Nombre de demandes	Proportion pour 100 affaires relevant du droit de la famille
Partage, indivision, succession	**15 947**	**4,1**
280 Dde en partage ou contest.partag	8 506	2,2
281 Dde null.acte effec.s.bien indiv	185	0,0
282 Dde rel.pouvoirs gest.bien indiv	133	0,0
283 Dde rel.charges et revenus indiv	95	0,0
284 Dde rel.option successorale	14	0,0
285 Recours s.success.par organ.soc.	2	0,0
286 Dde conv.usuf.conj.en rent.viag.	8	0,0
289 Autres ddes matiere de success.	7 004	1,8
Libéralités	**1 351**	**0,3**
290 Dde null.liberal.ou claus.liber.	429	0,1
291 Dde revoc.liberal.ou caduc.legs	155	0,0
292 Dde reduction.liberalite	27	0,0
293 Dde delivrance legs	139	0,0
294 Dde revision charges liberalite	15	0,0
295 Rec.ctre donat.legat.par org.soc	1	0,0
296 Dde rel.liberal.conj.survivant	21	0,0
297 Dde rel.rapport a succession	70	0,0
299 Autres ddes rel.liberalites	494	0,1

Source : S/DSED répertoire général civil

Divorces prononcés en 1995 selon le cas de divorce

De fortes disparités d'un TGI à l'autre

Juridictions	Total	%	Demande conjointe	Demande acceptée	RVC	Faute
Moyenne nationale :	119 733	100,0	42,0	13,3	1,4	43,2
Paris	6 089	100,0	64,5	5,4	1,2	28,9
TGI REGION PARISIENNE :						
Bobigny	2 959	100,0	40,3	6,4	1,4	51,9
Nanterre	2 916	100,0	46,1	7,0	2,1	44,8
Créteil	2 564	100,0	45,9	10,3	1,0	42,9
Evry	2 302	100,0	39,4	15,9	0,5	44,1
Versailles	2 225	100,0	46,0	13,6	0,9	39,5
Pontoise	1 986	100,0	35,7	8,8	0,5	55,0

Les juridictions qui prononcent un nombre important de divorces :

Lille	3 152	100,0	48,7	2,9	1,2	47,2
Marseille	2 910	100,0	28,1	24,4	0,8	46,7
Lyon	2 682	100,0	44,3	11,6	1,0	43,1
Bordeaux	2 770	100,0	43,2	13,2	2,0	41,6
Toulouse	2 548	100,0	41,8	22,6	1,2	34,4
Aix-en-Provence	1 970	100,0	40,2	15,9	0,8	43,1
Strasbourg	1 649	100,0	26,6	19,4	0,7	53,3
Valence	1 523	100,0	42,9	13,9	1,8	41,4

Les juridictions qui prononcent une proportion importante de divorces sur dde acceptée :

Peronne	147	100	9,5	51,7	1,4	37,4
Ales	152	100	11,8	51,3	1,3	35,5
Chaumont	356	100	12,1	48,9	2,2	36,8
Nancy	1 244	100	15,0	46,0	1,9	37,1
Lorient	546	100	16,5	45,8	1,8	35,9
Saint-Pierre	380	100	6,1	39,2	3,2	51,6
Narbonne	283	100	30,0	37,8	1,1	31,1
Dijon	1 008	100	34,7	32,9	2,6	29,8
Grenoble	1 244	100	43,6	32,1	1,7	22,6
Mulhouse	1 016	100	20,9	30,3	0,8	48,0

Source : S/DSED répertoire général civil

Divorces 1994 – Proportion de couples avec enfant(s)

Auteur de la demande, Cas de divorce Attribution des torts et application article 248-1 CC	TOTAL DIVORCES		
	TOTAL	Contradictoire	Réputé contradictoire
TOTAL	63,2		
Procédures gracieuses	58,2		
Requête conjointe	58,2		
conversion sur dde conjointe	100,0		
Divorces contentieux	66,6	67,3	64,1
TOTAL FAUTE	68,5	69,1	66,9
FAUTE Demandé par l'épouse	70,2	70,1	70,5
Torts exclusifs époux	72,6	74,9	70,7
Avec indication des griefs	72,6	74,7	70,7
Sans indication des griefs (article 248-1 cc)	75,0	77,8	66,7
Torts exclusifs épouse	69,1	69,1	
Avec indication des griefs	68,0	68,0	
Sans indication des griefs (article 248-1 cc)	80,0	80,0	
Torts partagés	67,1	67,2	64,3
Avec indication des griefs	68,3	68,5	60,0
Sans indication des griefs (article 248-1 cc)	66,7	66,7	66,7
FAUTE Demandé par l'époux	63,2	66,6	44,6
Torts exclusifs époux	60,0	60,0	
Avec indication des griefs	59,0	59,0	
Sans indication des griefs (article 248-1 cc)	66,7	66,7	
Torts exclusifs épouse	61,1	72,9	43,9
Avec indication des griefs	61,3	74,2	43,9
Sans indication des griefs (article 248-1 cc)	57,1	57,1	
Torts partagés	65,5	66,0	50,0
Avec indication des griefs	67,0	67,3	50,0
Sans indication des griefs (article 248-1 cc)	64,5	65,1	50,0
Demande acceptée	66,7	67,5	63,8
dde acceptée demandé par l'épouse	67,1	67,7	65,0
dde acceptée demandé par l'époux	65,8	67,1	60,0
Rupture de la vie commune	17,1	13,2	21,9
RVC épouse	24,1	33,3	21,7
RVC époux	12,2	9,4	22,2
Conversion	54,2	53,1	56,3
Conversion épouse	60,7	62,5	58,3
Conversion époux	45,0	43,8	50,0

Source : ministère de la Justice, S/DSED , enquête divorce 1994.

Lecture du tableau :

62,2% des couples qui ont divorcé en 1994 ont des enfants mineurs. Cette proportion est de 58,2 % pour les couples qui divorcent sur demande conjointe et de 66,6% pour ceux qui divorcent à l'issue d'une procédure contentieuse.

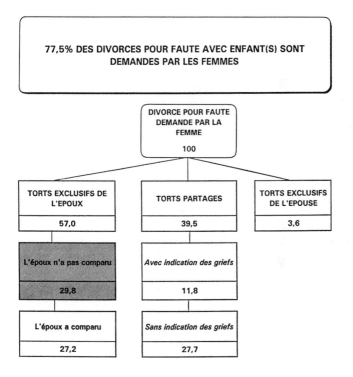

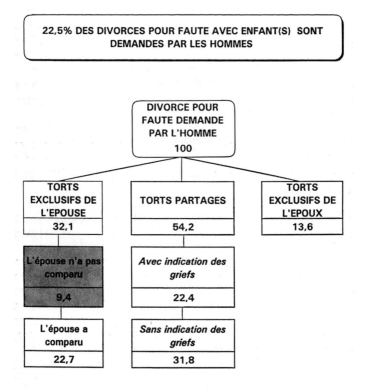

22,5% DES DIVORCES POUR FAUTE AVEC ENFANT(S) SONT DEMANDES PAR LES HOMMES

DIVORCE POUR FAUTE DEMANDE PAR L'HOMME
100

TORTS EXCLUSIFS DE L'EPOUSE
32,1

TORTS PARTAGES
54,2

TORTS EXCLUSIFS DE L'EPOUX
13,6

L'épouse n'a pas comparu
9,4

Avec indication des griefs
22,4

L'épouse a comparu
22,7

Sans indication des griefs
31,8

Évolution des demandes relatives
aux enfants naturels

La part des naissances hors mariage ne cesse de croître depuis le milieu des années soixante-dix, en raison du développement de nouvelles formes de vie conjugale. Aujourd'hui, environ 280 000 enfants naissent hors mariage, soit plus d'un enfant sur trois. Ces transformations des modèles familiaux ne sont pas sans incidence sur les demandes en justice. On observe en effet une forte croissance des demandes relatives aux enfants naturels devant les juridictions depuis ces dernières années (voir tableau page suivante).

De l'ordre de 25 000 en 1988, elles avoisinent 70 000 en 1996, soit une augmentation de 165 %. *On constate donc que les juridictions sont aujourd'hui presqu'autant saisies de demandes formées par les parents d'enfants naturels que par les époux divorcés.*

Les demandes relatives à l'exercice de l'autorité parentale, à la résidence habituelle ou au droit de visite quant aux enfants naturels ont connu la plus forte croissance (+ 365 % en l'espace de 8 ans).

De 1988 à 1993, il a été possible de distinguer les demandes conjointes d'autorité parentale de la compétence du juge des tutelles (RGC de TI) des demandes contentieuses formées devant le juge aux affaires matrimoniales (RGC des TGI) codées sous un même poste générique de la nomenclature des affaires civiles (275). Ainsi, en 1993, sur les 24 900 demandes formées, un peu plus d'un tiers avaient un caractère gracieux (8 500).

Depuis l'entrée en vigueur de la loi du 8 janvier 1993, qui a opéré un important transfert de compétence au profit du juge aux affaires familiales, la distinction est opérée par le type de fiche – gracieux/contentieux – sur laquelle sont enregistrées les demandes.

Les statistiques de 1996 font apparaître une baisse très sensible des demandes d'exercice conjoint de l'autorité parentale (3 773, contre 8 513 en 1993) et une accélération de la hausse *des demandes contentieuses relatives à l'exercice de l'autorité*

*parentale, à la fixation de la résidence habituelle des enfants
mineurs, ou au droit de visite quant aux enfants naturels*
(38 232 demandes en 1996, contre 16 400 en 1993).

Tableau – Évolution des demandes relatives aux enfants naturels
1988-1996

Objet de la demande principale introductive d'instance	1988	1993	1994	1995	1996
TOTAL	**25 937**	**50 812**	**56 246**	**61 170**	**69 919**
NOM	**5 477**	**7 677**	**7 631**	**7 776**	**8 257**
Dde changement de nom enfant naturel	5 354	7 509	7 507	7 716	8 160
Dation ou reprise nom enfant naturel	123	168	124	60	97
OBLIGATIONS ALIMENTAIRES	**10 051**	**16 406**	**15 333**	**15 956**	**17 309**
Pension alimentaire enfants naturels[1]	**8 477**	**14 430**	**14 492**	**15 512**	**16 855**
Action a fins de subsides	1 574	1 976	841	444	454
TGI	246	270	600	421	440
TI[2]	1 328	1 706	241	23	14
AUTORITE PARENTALE					
Dde rel.autorité parentale enft naturel TGI + TI)	**8 794**	**24 932**	**31 391**	**35 322**	**42 006**
TI	2 907	8 513	727	8	1
TGI	5 887	16 419	30 664	35 314	42 005
FILIATION NATURELLE	**1 615**	**1 797**	**1 891**	**2 116**	**2 347**
Action en contestation de reconnaissance et dde en nullité de reconnaissance	1 180	1 197	1 276	1 404	1 601
Action en recherche de paternité naturelle	402	583	598	698	736
Action en recherche de maternité naturelle	33	17	17	14	10

Source : S/DSED répertoire général civil - DACS - Cellule Etudes -

---

1. Les enquêtes sur l'application de la nomenclature des affaires civiles, réalisées par la DACS en 1997, ont révélé que les demandes de pension alimentaire pour des enfants naturels étaient très souvent codées au poste 249 « autres demandes en matière d'obligations alimentaires » et non au poste 240 « demandes d'aliments entre parents et alliés ». Nous avons considéré ici que la grande partie des demandes codées sous le poste 240 concernaient des enfants naturels. On constate également que des demandes de pensions alimentaires pour enfants naturels étaient codées de façon impropre « actions aux fins de subsides » par les TI.
2. Avant 1994, les greffes des tribunaux d'Instance ont codé à tort des demandes d'aliments sous la rubrique 247 « actions à fin de subsides » pour lesquelles ils n'étaient pas compétents.

LISTE DES MEMBRES DE LA COMMISSION

Anne-Marie BROCAS
> Chef de service, adjoint au directeur à la direction de la Sécurité sociale

Françoise BUSNEL
> Inspecteur départemental de l'Action sociale — Bureau famille, enfance, jeunesse à la direction des Affaires sociales

Catherine CHADELAT
> Sous-directeur de la Législation civile, de la Nationalité et de la Procédure — Direction des Affaires civiles et du Sceau

Sylvie COHU
> Chargée de mission à la direction de la Sécurité sociale

Thierry COUZIGOU
> Magistrat, direction des Affaires civiles et du Sceau

Isabelle COUZY
> Chef du Bureau des Affaires judiciaires et de la Législation, direction de la Protection judiciaire de la jeunesse

Françoise DEKEUWER-DEFOSSEZ
> Professeur de droit à l'université Lille-II

Caroline ELIACHEFF
> Psychanalyste, médecin responsable du CMP d'Issy-les-Moulineaux

Jeanne FAGNANI
> Sociologue, directrice de recherche au CNRS

Marie-Christine GEORGE
  Magistrat, juge aux Affaires familiales au tribunal de grande instance de Créteil

Catherine LABRUSSE-RIOU
  Professeur de droit à l'université Paris-I

Henri LERIDON
  Démographe, directeur de recherche à l'INED

Claude MARTIN
  Sociologue, chargé de recherche au CNRS

Odile MONDINEU
  Magistrat, conseillère à la cour d'appel de Paris

Brigitte MUNOZ-PEREZ
  Responsable de la cellule études à la direction des Affaires civiles et du Sceau

Lucile OLIER
  Économiste, administrateur de l'INSEE

François DE SINGLY
  Professeur de sociologie à l'université Paris-V, directeur du Centre de recherches en sociologie de la famille

Jean-Claude SOMMAIRE
  Sous-directeur Développement social de la famille et de l'enfance à la direction des Affaires sociales

Pierre STROBEL
  Responsable du Bureau de la recherche à la CNAF

LISTE DES EXPERTS AUDITIONNÉS

Françoise BAQUE DE ZAN
    Avocate, vice-présidente de la Conférence des bâtonniers

Didier BLANCHET
    Directeur de l'ENSAE

Gérard CHRISTOL
    Avocat, président de la Conférence des bâtonniers

Pierre-Jean CLAUX
    Notaire, professeur associé à l'université Paris-XII

Hugues FULCHIRON
    Professeur de droit à l'université Lyon-III

Michel GRIGNON
    Économiste au CREDES

Étienne MARIE
    Directeur de la CNAF

Antoine MATH
    Conseiller à la CNAF

Marie-Thérèse MEULDERS-KLEIN
    Professeur de droit à l'université catholique de Louvain,
Directeur du Centre de droit de la famille

Michèle TRIBALAT
    Démographe, directrice de recherche à l'INED

TABLE

Deuxième partie

LE DROIT

ANNEXES

TABLE 413

Cet ouvrage a été transcodé
par NORD COMPO (Villeneuve-d'Ascq)
et achevé d'imprimer
par la SOCIÉTÉ NOUVELLE FIRMIN-DIDOT
(Mesnil-sur-l'Estrée)
en juin 1998

N° d'impression : 43154
N° d'édition : 7381-0644-0
Dépôt légal : juin 1998
Imprimé en France

21